« Grand angle »

Mythologies :
– Gravelaine, Joëlle de : **La Déesse sauvage.** Les divinités féminines : mères et prostituées, magiciennes et initiatrices.
– Lachaud, René : **Magie et initiation en Egypte pharaonique.**

Psycho-épanouissement :
– Cameron, Julia : **Libérez votre créativité.** Osez dire oui à la vie !
– Cudney, Milton et Hardy, Robert : **Choisir le succès.** Comment sortir de la spirale de l'échec.
– Murdock, Maureen : **Le Parcours de l'héroïne,** ou la féminité retrouvée.
– Parfitt, Will : **Comment abattre nos murs intérieurs.** L'élimination de nos blocages.
– Pierrakos, Eva : **Le Chemin de la transformation.**

Religions/Spiritualités :
– Amri, Nelly et Laroussi : **Les Femmes soufies ou la passion de Dieu.** L'univers extatique et sociologique des femmes musulmanes.
– Feuga, Pierre : **Tantrisme.** Doctrine, pratique, art, rituel…

Santé :
– Hark, Helmut : **La Force de guérison de l'Arbre de vie.**
– Stevanovitch, Vlady : **La Voie de l'énergie.** L'éveil et le développement du chi, ou énergie vitale.

Symbolisme :
– Berno, Simone : **Tarot et psychologie des profondeurs.**
– Lonegren, Sig : **Les Labyrinthes.** Mythes traditionnels et applications modernes.

Tradition :
– Bayard, Jean-Pierre : **Le Sens caché des rites mortuaires.** Mourir est-il mourir ?
– Huang, Kerson et Rosemary : **Yi Jing.** Le sens originel restitué du *« Livre des mutations »*.
– Marol, Jean-Claude : **Blason : langue vivante.** Comment retrouver les racines du Moi emblématique.
– Walker, Barbara : **Cristaux :** mythes et réalités.

Tarot et psychologie des profondeurs

« **Grand angle**/Symbolisme »

Photo Delphine Orban.

L'AUTEUR :

Après une licence et une maîtrise d'histoire à la Sorbonne, Simone Berno fût chargée de recherche en sociologie dans un laboratoire associé au C.N.R.S. et à l'Unesco. Ensuite, elle s'oriente vers les métiers de la communication, crée des événements culturels, anime une troupe de théâtre et devient responsable de la communication des régions à la S.N.C.F.

Parallèlement, elle entreprend un travail personnel de psychothérapie basé sur des techniques psychocorporelles venant des Etats-Unis (cri primal, gestalt, bioénergie). Elle suit une analyse jungienne et se forme au métier de psychothérapeute par une approche pratique et théorique des travaux de Freud, Jung, Reich et Erikson.

Sa rencontre avec les tarots fut déterminante pour son activité professionnelle et sa vision du monde. Elle les étudie minutieusement au regard de la tradition kabbalistique et des données modernes de la psychologie. Ils deviennent alors l'instrument concret du développement de son intuition et une orientation de recherche féconde pour le développement personnel. Elle anime conférences et émissions de radio sur ce thème.

Aujourd'hui, elle enseigne cette approche nouvelle des tarots à Paris, où elle reçoit en tant que psychothérapeute.

Simone Berno
(psychothérapeute, tarologue)

Tarot et psychologie des profondeurs

Pratique du tarot au quotidien pour le développement personnel

Ouvrage publié sous la direction de Aline Apostolska

Editions Dangles
18, rue Lavoisier
45800 ST-JEAN-DE-BRAYE

Les reproductions des arcanes majeurs de ce livre sont celles de l'ancien Tarot de Marseille (Grimaud, France Cartes).

ISSN : 1160-3380
ISBN : 2-7033-0426-9

Introduction

Le tarot a une origine traditionnelle. Cet *art des arcanes,* comme se nomme le tirage des cartes du tarot, est transmis de génération en génération depuis le Moyen Age et probablement depuis l'Antiquité. Dans sa forme actuelle la plus usitée en France – à savoir le tarot de Marseille – il est l'héritier des savantes recherches des alchimistes des XIIIe et XIVe siècles en Provence, et plus particulièrement à Marseille.

Ces alchimistes étaient des chercheurs de l'âme humaine. Ils ont produit le tarot de Marseille pour illustrer **la quête de l'homme en vue de sa réalisation** et l'utiliser pour se guider dans ce chemin.

A ses origines, le tarot était un outil de connaissance au plus noble sens du terme (1). Cet ouvrage cherche à lui redonner ses lettres de noblesse afin de montrer aux lecteurs quel outil profond et quel guide efficace et précis le tarot peut être sur le **chemin de la connaissance de soi.**

Le tarot est porteur d'un enseignement sur l'existence, dont le caractère traditionnel rejoint les découvertes récentes de la psychologie des profondeurs. Les concepts élaborés par Carl Gustav Jung au fil de sa vaste expérience de psychothérapeute, puis enrichis par de nombreux chercheurs contemporains (tels Marie-Louise von Franz, Etienne Perrot, Jean et Jeanine Assens...), se retrouvent en écho dans la structure et l'illustration des arcanes du tarot.

---

1. Voir l'ouvrage de Jean-Pierre Bayard : *La Pratique du tarot* (Editions Dangles).

Ces derniers représentent tout un champ d'archétypes et de symboles animant notre vie intérieure et représentant, «comme par hasard», telle ou telle situation extérieure que nous vivons, avons vécue ou allons vivre.

S'agit-il d'une forme de prédétermination? Notre destin est-il écrit? Je ne le pense pas. Par contre, les processus psychiques, les sentiments et les conceptions qui nous animent façonnent notre vécu extérieur et appellent, dans une certaine mesure, un type de situation déterminée. Par exemple, une personne habitée par un sentiment d'échec aura beaucoup de mal à réussir un projet, alors que l'inverse est tout aussi vérifiable. Quelqu'un persuadé de façon profonde de sa réussite dans un domaine trouvera les ressources et la ténacité en lui pour mener à bien son affaire.

De là naît le besoin de connaître ses ressorts cachés et profonds, qui échappent à la volonté consciente, car personne ne souhaite consciemment rater ce qu'il entreprend.

C'est là où le tarot intervient et trouve son utilité. **Il permet d'éclairer la face cachée de la personne,** ses motivations internes, puis il peut l'aider dans son évolution ou sa transformation, si nécessaire, par des conseils et des orientations précises. Instrument symbolique, le tarot est à la fois un enseignant, un révélateur et un catalyseur d'énergies.

Le tarot est constitué de 78 cartes (ou arcanes) dont 22 arcanes majeurs et 56 arcanes mineurs. Les arcanes majeurs servent de base à ce livre. Ils peuvent se répartir en quatre catégories constituées de 5 cartes chacune, plus une cinquième catégorie centrale formée d'un couple de cartes.

Cette structure est à l'image de la quaternité des fonctions psychiques définies par Jung, qui représente une sorte de géographie interne de notre personne. Cette quaternité jungienne se compose des énergies psychiques du *sentiment,* de la *pensée,* de l'*intuition* et de la *sensation.* A ces quatre fonctions s'ajoute une fonction centrale, qui synthétise et unifie l'ensemble. Selon Jung, cette organisation correspond à un grand ordre interne de la personne et du monde. Le tarot se fait l'écho de cet ordre. Les alchimistes l'ont structuré à l'image de la psyché et d'une organisation cachée des choses.

Il existe de nombreuses formes du tarot. J'ai choisi le tarot de Marseille pour cette étude, pour ses caractéristiques de simplicité, de rigueur et de clarté dans les symboles.

L'originalité de cet ouvrage porte sur les différentes façons de pratiquer le tarot dans un but de **connaissance de soi,** soit pour faire le point avec soi-même, soit pour répondre à des questions ponctuelles de la vie quotidienne ou à des interrogations plus vastes et profondes sur son existence et le sens de sa vie.

Bien qu'il existe de nombreux écrits sur les tarots, il m'a paru nécessaire de revenir, au début, sur la signification des arcanes. La lecture que j'en propose s'appuie sur les connaissances traditionnelles de la science des symboles et sur les concepts de la psychologie des profondeurs.

En m'appuyant sur une analyse logique et précise des images symboliques de chaque carte, je présente une *lecture psychique* de cette carte qui est aussi le fruit de mon expérience de consultations avec de nombreuses personnes. Ainsi chaque carte évoque-t-elle un champ particulier de la psyché humaine, dans ses côtés positifs et dans ses problématiques.

A partir de cette base de connaissances, il devient possible d'aborder l'art du tirage, car le tirage des tarots relève véritablement de l'art dans la mesure où il se doit d'allier le plan de la connaissance à celui de la sensibilité et de l'intuition. C'est une création à part entière.

Puis j'aborde des exemples pratiques de personnes ayant eu divers types de problèmes personnels à résoudre, et pour lesquels nous avons travaillé avec l'aide du tarot. Ce dernier chapitre permet d'illustrer de façon concrète et simple l'apport original et riche d'une telle démarche en compagnie des tarots.

CHAPITRE I

Quelques grandes notions de psychologie

Les tarots sont un véritable livre de symboles, dont les pages seraient séparées pour permettre au lecteur de les délier et de les relier à sa guise et selon ses besoins. Pour bien saisir l'enjeu d'un travail avec les tarots, abordons l'univers du symbole.

1. Les symboles

Les symboles se retrouvent partout dans notre vie ; du logo d'une entreprise à l'expression d'une idée, notre quotidien est imprégné de langage symbolique. Leur usage est universel et provient de la nuit des temps. « Les symboles sont au centre, ils sont le cœur de la vie imaginative. Ils révèlent les secrets de l'inconscient, conduisent aux ressorts les plus cachés de l'action, ouvrent l'esprit sur l'inconnu et l'infini (1). »

Le symbole est une image ou une réalité concrète qui représente une chose, de nature intangible, difficile à saisir directement, dont le caractère est secret voire inconnu. De ce fait, il constitue un pont entre le conscient et l'inconscient, l'univers éclairé et celui de l'obscurité.

1. *Dictionnaire des symboles,* introduction (p. 5 ; Robert Laffont).

La signification d'un symbole est toujours multiple. Malgré ses diverses formes, on constate cependant qu'il est perçu de façon relativement identique par des personnes fort différentes. Personnellement, j'ai souvent vu des gens ne connaissant pas du tout les tarots en faire une première lecture spontanée et cohérente dans le champ de signification de l'arcane. Cela se répète pratiquement à chaque fois, ce qui surprend beaucoup l'assistance avertie.

« Au travers des symboles s'expriment des vérités profondes : l'explication de phénomènes cosmiques, la structure dynamique du cosmos, le fonctionnement du psychisme humain... Ces images sont un héritage collectif ; elles appartiennent à l'humanité. Elles ont une valeur identique dans des civilisations très éloignées les unes des autres (2). » Cela est globalement vrai. Néanmoins, une même image peut prendre des significations relativement diverses de par le monde. Aussi me paraît-il sage d'inscrire les tarots dans le champ symbolique propre à la culture occidentale dont ils sont issus.

Saisir la valeur d'un symbole, c'est réaliser une alliance subtile entre les connaissances accumulées et l'intuition. Il semble bien qu'il soit alors question de relier les deux hémisphères du cerveau : le droit porteur des fonctions imaginatives et intuitives, et le gauche porteur de la logique et du raisonnement. Cette alliance du côté rationnel et irrationnel est à l'image de ce *mysterium conjonctionis* défini par Jung comme union des contraires, porteur de la vérité profonde de la personne.

A la différence du « signe », qui reste dans un univers connu en le représentant, le symbole porte une dimension et une efficacité plus profondes. « Il peut être comparé à un cristal restituant différemment la lumière selon la facette qui la reçoit. On peut encore dire qu'il est un être vivant, une parcelle de notre être en mouvement et en transformation. De sorte qu'à le contempler, à le saisir comme objet de méditation, on contem-

2. Nadia Julien : *Le Dictionnaire des symboles* (p. 5 ; Marabout).

ple aussi la propre trajectoire qu'on s'apprête à suivre, on saisit la direction du mouvement dans lequel l'être est emporté (3). »

Ainsi, l'étude et la pratique des tarots peuvent-elles permettre – au travers de leur langage symbolique – de saisir les orientations internes d'une personne, qu'elles soient conscientes ou inconscientes, et ainsi révéler les étapes probables de son évolution. De la même façon, elles ouvrent la porte à une transformation possible de cette évolution en saisissant les ressorts cachés de nos actions présentes et à venir. Cela peut aussi être une façon de se mettre en accord avec soi-même, et d'accompagner le mouvement intérieur qui se révèle par nos actions conscientes.

Parmi les symboles, il est des images primordiales que Jung définit comme innées à l'esprit humain ; il les a nommées « archétypes ».

2. Les archétypes

Ceux-ci sont de grandes structures ou « dominantes d'agencement du psychisme qui ne sont pas manifestes en tant que telles, mais apparaissent sur le plan de la conscience sous forme d'images oniriques, de fantasmes ou de thèmes de rêveries (4) ».

Les notions de Dieu, Mère, Père, Homme, Femme, Serpent, Soleil… sont quelques-unes de ces images primordiales qui constituent une sorte d'héritage collectif ancestral mais dont le contenu reste en creux, telle une matrice prête à recevoir la signification que la personne va lui donner au fil de sa propre histoire et de son époque.

Ainsi, les images que l'on peut avoir de l'homme et de la femme sont-elles en évolution et interfèrent-elles sur nos comportements et sur le regard que l'on porte sur l'autre. Certaines grandes figures des arcanes majeurs des tarots m'ont

3. R. de Becker : *Les Machinations de la nuit* (p. 259 ; Paris, 1965).
4. Marie-Louise von Franz : *Rêves d'hier et d'aujourd'hui* (p. 193 ; Albin Michel).

évoqué les archétypes, d'autres me parlent plus simplement de symboles.

Cependant, loin d'être figée, l'étude des symboles du tarot ouvre sur une **création continue** et l'aspect vivant du symbole y est à l'œuvre. L'idée d'une structure primordiale de la psyché se retrouve dans l'organisation des tarots. Ils donnent l'image d'un ordre, archétype d'une structure qui soutiendrait le monde : notre psyché.

3. La psyché

Un ensemble d'images et de représentations du monde et de l'homme vivent en nous. Nous pouvons appeler « psyché » ce miroir de l'univers et de nous-même. Ce nom est également donné au miroir en pied dans lequel on peut se voir totalement.

Ces idées qui nous habitent sont la source de nos façons d'être et d'agir. La conscience que l'on en a peut nous permettre de saisir notre destin plutôt que de subir passivement l'état des choses. J'ai toujours été étonnée du peu de distance existant entre les mots « physique » et « psychique » ; seul un agencement différent des lettres et un petit « c » en plus marquent la différence entre ces deux plans.

Le biologiste Rémy Chauvin évoque l'interaction du psychique sur les phénomènes physiques. A propos des expériences physiques il écrit : « Un acte c'est quelque chose qui est fait par un observateur, autrement dit par une conscience ; c'est-à-dire que la conscience est partie constituante obligatoire de la physique : elle crée les phénomènes en les mesurant. Ce qu'il y aurait de plus important dans l'univers, c'est la conscience (5). »

Ainsi, par sa pensée l'homme crée l'univers qui l'entoure ou, du moins, contribue à sa création. Cette capacité de la conscience est difficile à cerner et à maîtriser. Cependant, nous en

---

5. Rémy Chauvin : *La Fonction psy* (p. 21 ; Robert Laffont).

avons un reflet au travers des phénomènes psychiques. La psyché semble être le lieu de liaison entre l'univers matériel et celui de l'esprit. Elle contient et propose un potentiel de circuits de relations entre ces deux pôles. Selon la façon de se positionner par rapport à l'un et à l'autre, nous allons obtenir des résultats concrets différents dans notre vie. L'objectif de ce livre est d'éclairer certaines de ces relations et leurs résultats concrets dans l'existence.

Il s'agit d'entrer dans le miroir tout en gardant la conscience de ce qui se passe hors du miroir. C'est donc la relation entre le conscient et l'inconscient qui est l'enjeu de ce travail avec les tarots. La psyché devient objet d'étude pour notre conscience, ce qui conduit à la structurer et à l'animer. C'est un **facteur de vie.**

4. Le Moi

« J'entends par Moi un complexe de représentations formant, pour moi-même, le centre du champ conscienciel, et me paraissant posséder un haut degré de continuité et d'identité avec lui-même... Mais le Moi n'étant que le centre du champ conscienciel ne se confond pas avec la totalité de la psyché ; ce n'est qu'un complexe parmi beaucoup d'autres. Il y a donc lieu de distinguer entre le Moi et le Soi, le Moi n'étant que le sujet de ma conscience, alors que le Soi est le sujet de la totalité de la psyché, y compris l'inconscient (6). »

Précisons que pour Jung les complexes sont des formations psychiques naturellement inhérentes à l'homme et ne constituent pas, a priori, un problème dans la vie de celui-ci. Cependant, un complexe mal intégré à l'ensemble de la personnalité, peut agir comme un aspirateur d'énergie et gêner de façon importante l'évolution personnelle.

---

6. C. G. Jung : *Types psychologiques* (p. 456 ; Buchet Chastel).

Le Moi, en tant que complexe, se comporte de la même façon. Il est utile au développement personnel. Une personne ayant un Moi peu structuré se trouve entravée dans sa réalisation et va avoir tendance à n'agir qu'en réaction à l'environnement. Elle se trouve sous la dépendance de l'extérieur et éprouve de grandes difficultés à installer ses propres désirs et volontés. Cette personne devra renforcer la structure de son Moi pour pouvoir assumer une juste relation entre le conscient et l'inconscient. Nous verrons que le travail avec les tarots peut contribuer très largement à obtenir ce résultat.

Par contre, un Moi trop fort peut représenter un obstacle à une harmonisation de l'être en empêchant d'autres aspects d'émerger, faute de place. Le Moi agit comme un tyran, imposant sa loi et sa façon de faire et de penser, sans égard pour d'autres dimensions de la personne.

Dans ce cas, l'utilisation des tarots va permettre de faire émerger des contenus refoulés en leur donnant de l'énergie par la lecture symbolique des arcanes. Cela va constituer un véritable souffle d'air pour la personne, qui aura le sentiment d'une ouverture dans sa vie, ce qui pourra se concrétiser également.

5. Le Soi

Marie-Louise von Franz donne du concept central de la psychologie de Jung la définition suivante : « Le Centre et la périphérie de la totalité de la personnalité, c'est-à-dire de sa partie consciente et inconsciente ; l'Homme dans sa totalité ou la totalité de l'Homme (7). »

Du Soi émane un certain nombre de messages énergétiques et symboliques, notamment dans les rêves. Il semble représenter en chacun de nous un centre régulateur qui tend à rééquilibrer en permanence nos énergies, ou à les réorganiser dans une certaine perspective. Celle-ci reste cependant cachée à

7. Marie-Louise von Franz : *Rêves d'hier et d'aujourd'hui* (p. 197 ; Albin Michel).

notre conscience. On peut tout au plus constater certains effets, échappant au contrôle de notre volonté, qui induisent une direction donnée à notre énergie.

Parfois, les signaux du Soi sont très ténus et requièrent de notre part une attention subtile. Mais ce n'est pas toujours le cas ; il arrive que nous soyons placés, au contraire, devant un véritable monument qui nous arrive sans que nous l'ayons cherché. Dans tous les cas, nous avons la liberté de prendre en considération ou pas de tels signaux.

Le Soi est de nature vivante, il s'adapte à chaque étape de notre histoire et de nos choix. « Du point de vue psychologique, le Soi peut être considéré comme l'expérience de Dieu en nous (8). » Cette image intérieure de la divinité est elle aussi vivante et non fixée une fois pour toute par un dogme. Bien que la plupart du temps inconsciente, cette *Imago Dei* n'en joue pas moins le rôle de guide intérieur, distinct de nos pensées conscientes.

Jung a appelé « processus d'individuation » la capacité de l'homme de relier en lui les phénomènes conscients et inconscients, c'est-à-dire d'établir un rapport harmonieux entre le Moi et le Soi. Il s'agit d'un élargissement de la conscience qui amène la personne à se différencier du collectif, notamment en réalisant les contenus de l'inconscient collectif propre à son histoire. Réintégrer le Moi dans la dimension plus vaste du Soi c'est, selon Jung en accord avec les grandes traditions religieuses, « le but de la Vie, car le Soi est l'expression la plus complète de ces combinaisons de destin qu'on appelle un Individu (9) ».

Dans le cheminement de son processus d'individuation, une des premières rencontres que la personne va faire est celle de son « ombre ».

---

8. G. Adler : *Etudes psychologiques jungiennes* (p. 253 ; Georg).
9. Jung : *Dialectique du Moi et de l'inconscient* (p. 298 ; Folio).

6. L'ombre

« La psychologie des profondeurs entend par l'ombre les qualités jusqu'ici laissées pour compte dans le processus d'intégration consciente de la personnalité. Il se compose de traits en partie refoulés, en partie non vécus de l'individu, qui furent exclus de la vie en raison des préjugés sociaux, éthiques, pédagogiques ou autres, et qui retombèrent par conséquent dans l'inconscient. L'ombre remplit un rôle compensatoire par rapport à la conscience ; c'est pourquoi ces effets peuvent aussi bien être négatifs que positifs (10). »

L'ombre, comme son nom l'indique, est très proche de la lumière, c'est-à-dire de la conscience. Ces aspects de nous-même – refoulés ou jamais encore vécus – sont à la lisière de l'inconscient et peuvent être rapidement mis en lumière.

Cependant, une personnalité suffisamment forte est nécessaire pour assumer la confrontation avec cette dernière, car il peut s'agir d'une véritable empoignade avec de tels contenus. Nous verrons comment les tarots peuvent proposer des soutiens dans le cadre d'une telle situation.

Pour aller vers des zones plus profondes de la psyché, il apparaît nécessaire d'opérer cette confrontation avec l'ombre. S'en dispenser serait risquer de voir s'unir des aspects refoulés, donc souvent négatifs, avec d'autres énergies plus profondes de la personnalité qui viendraient émerger. Il s'agit de faire le nettoyage de l'ombre pour que le champ soit net, notamment pour qu'apparaissent l'anima et l'animus.

7. L'anima, l'animus

Il existe en chaque homme un pôle opposé féminin, une sorte d'image de la femme idéale que l'on peut mettre en relation avec son âme. De même, chez la femme vit le pôle opposé

---

10. M.-L. von Franz, *op. cit.* (p. 196).

masculin, image de l'homme idéal, en rapport avec son âme. Aussi Jung appela-t-il ces fonctions *anima* et *animus*. Ces images intérieures sont agissantes sur les comportements de chacun. Ainsi l'homme connaît en lui-même, exprimés ou pas, une certaine sensibilité, des humeurs, des sentiments ou des émotions. Tout cet univers est de l'ordre de son féminin intérieur. Les rapports qu'il va entretenir avec cet univers vont dépendre des images et des expériences qu'il a vécues avec les femmes, et en premier lieu avec sa mère.

La femme, elle, va sentir en elle des opinions, des conceptions, des idées sur le monde et les personnes, y compris sur elle-même, qui vont constituer son univers intérieur. Pour elle aussi, les expériences vécues et les images reçues de l'homme – et en premier lieu de son père – vont déterminer les relations qu'elle va entretenir avec cet univers intérieur.

M.-L. von Franz donne de ces deux termes la définition suivante (11) :

« L'anima : personnification de la nature féminine dans l'inconscient de l'homme, l'image de l'âme du sexe opposé ou encore l'image de la femme intérieure chez l'homme.

« L'animus : personnification de la nature masculine dans l'inconscient de la femme. L'animus se manifeste souvent dans la projection sur des autorités de nature spirituelle. C'est par lui que s'exprime l'image intérieure de l'homme chez la femme. »

Anima et animus forment une richesse interne à chaque sexe. Cependant, ils apparaissent d'abord entachés des images parentales et des images collectives sur l'homme et la femme, qu'elles soient positives ou négatives. Le chemin de l'individuation appelle la prise de conscience de telles images pour s'en libérer et trouver la réalité personnelle et autonome de son univers intérieur, quitte à réaffirmer un accord avec ces « taches » du passé qui deviennent alors des « attaches » librement consenties : les liens du cœur et de l'esprit.

---

11. *Op. cit.* (p. 193).

L'anima, chez l'homme, détermine son Eros ; l'animus, chez la femme, détermine son Logos.

CHAPITRE II

Les 22 arcanes majeurs et la quaternité psychique

Le 4 symbolise l'ensemble de la création, l'universel ; c'est une image de totalité. Dans toutes les grandes traditions il est synonyme de plénitude et de réalisation. Ainsi les rois et les chefs sont-ils appelés « maîtres des quatre mers, des quatre soleils, des quatre univers… ». Il y a quatre points cardinaux, quatre éléments, quatre bras à la croix, quatre vérités essentielles dans le bouddhisme, quatre lettres dans le nom sacré de Dieu (YHVH) et dans celui du premier homme (Adam), quatre évangélistes… A l'instar de ces traditions, Jung a basé sa théorie de la psyché sur le chiffre 4, en définissant quatre grandes fonctions psychiques : la sensation, l'intuition, la pensée et le sentiment. Se faisant, il poursuit un cheminement très humain, qui fut celui des initiés et des alchimistes « pour lesquels la quaternité constituait un axiome fondamental dans la poursuite du Grand Œuvre et la recherche de la Pierre philosophale (1). »

Jung a observé que nous étions fort différents dans notre façon d'appréhender le monde, et que chacun vivait surtout sur un mode dominant. Ainsi avons-nous une fonction psychique qui prédomine et une autre qui serait plus refoulée, sa

1. *Dictionnaire des symboles* (*op. cit.*, p. 798).

complémentaire. Les deux fonctions restantes sont dites « fonctions annexes » ; nous les utilisons plus occasionnellement et en alliance avec la fonction dominante.

Les quatre fonctions se répondent deux à deux, de façon complémentaire : la pensée complète le sentiment et la sensation complète l'intuition.

Quelqu'un qui est de *type pensée* a tout un travail à faire pour révéler son univers du sentiment, tandis qu'un *type intuitif* va devoir s'occuper de l'univers tangible et sensible pour se réaliser pleinement.

Les tarots sont ici un outil très intéressant pour définir le type psychologique d'une personne. En effet, les 22 arcanes majeurs peuvent se répartir sur les quatre fonctions psychiques. Les arcanes mineurs le sont, eux, d'emblée par leur famille. En outre, chacune de ces fonctions s'exprime selon deux modes : extraverti ou introverti.

– L'**extraverti** est tourné vers l'extérieur, il concentre ses intérêts sur des objets, situations et personnes externes. C'est ainsi qu'il fait l'expérience de la vie. Il est ouvert aux influences extérieures.

– L'**introverti** est tourné vers l'intérieur, ses centres d'intérêt sont plus psychologiques, réflexifs et internes d'une façon générale. C'est son mode d'expérimentation de la vie. Il est peu sensible aux influences externes.

Chaque fonction psychique pouvant être vécue sur un mode extraverti ou introverti, cela conduit à définir huit grands types de fonctionnement de l'être humain. Nous allons étudier ces huit catégories psychologiques, puis leurs relations avec les arcanes majeurs du tarot.

1. Les arcanes dans les quatre fonctions

– Sentiment : arcanes 2, 6, 12, 15 et 19.
– Pensée : arcanes 3, 7, 10, 16 et 20.

SENTIMENT :

PENSEE :

FONCTION CENTRALE :

SENSATION :

INTUITION :

– Fonction centrale : arcanes 11 et 22.
– Sensation : arcanes 4, 8, 13, 17 et 21.
– Intuition : arcanes 1, 5, 9, 14 et 18.

Cette répartition s'appuie sur la structure de l'arcane 21, le Monde, où l'on peut voir un personnage central (la fonction centrale) entouré de quatre personnages dans chaque coin de la carte (les quatre fonctions psychiques en relation avec les quatre éléments). Il s'agit bien d'une représentation de la structure de la psyché dans l'espace.

Chaque fonction psychique est en rapport avec un élément, un évangéliste, une lettre du tétragramme sacré (nom de Dieu dans la kabbale), et l'un des quatre personnages de l'arcane le Monde.

2. La fonction sensation

La sensation est liée à la terre. C'est l'élément Terre, ou « élémentaire » dans la langue des oiseaux (2).

La sensation symbolise ce qui est premier, fondamental et archaïque dans l'être humain. Elle représente le rapport de la personne avec l'univers concret et matériel. La sensation a une dimension extérieure et une dimension intérieure, qui correspondent aux deux types psychologiques d'extraverti et d'introverti. A l'extérieur, le rapport des sens avec le monde va déterminer pour la personne la valeur de tel ou tel objet (situations, personnes ou choses). Le *type sensation extraverti* s'oriente en fonction de la qualité de sensation que lui apportent les éléments extérieurs. Il est, de fait, dépendant de ses sens, ce qui peut avoir un côté rationnel comme irrationnel, car la pensée n'entre pas toujours dans les choix d'un sensitif, même s'il n'en a pas conscience et croit agir en toute logique. A l'inté-

2. *La langue des oiseaux* est l'appellation donnée par les alchimistes du Moyen Age à la technique qui consiste à rechercher le sens caché des choses et des mots, en faisant des relations phonétiques entre les mots. Cette technique ancestrale a été largement reprise par la psychanalyse.

rieur, il s'agit des sensations ou ressentis internes, perception subjective de phénomènes extérieurs. Cette perception se traduit par des sensations corporelles en rapport avec l'extérieur, et non un processus physique interne, et dont le caractère est indiscutablement physique (à la différence de l'intuition ou du sentiment). Par exemple, un *introverti-sensation* va ressentir la présence de quelqu'un dans une pièce avant même de l'avoir vu, tout comme il ressentira qu'il manque quelque chose dans le salon, que le cadre habituel est transformé, pour découvrir ensuite seulement l'absence ou le déplacement d'un objet. Ce type de ressenti interne est plus difficile à cerner car moins bien connu. Il n'en est pas moins important et l'on peut penser qu'il y a autant de personnes vivant la sensation sur un mode interne que de personnes la vivant sur un mode externe.

La fonction sensation est aussi à l'œuvre dans toute action. Une bonne capacité d'agir passe par une énergétisation juste de cette fonction. A l'inverse, une difficulté d'agir reflète une mauvaise circulation de l'énergie psychique dans celle-ci.

La fonction sensation est essentiellement utile pour entrer en contact avec le côté matériel de la création. Elle est liée à la capacité de s'incarner, c'est-à-dire de vivre son corps. Une personne coupée de son corps sera coupée de ses sensations et, par là même, de sa capacité d'intervenir concrètement sur sa vie. Révéler cette problématique peut éclairer une situation et mettre sur la voie d'une résolution, alors même que les apparences peuvent être contraires. Par exemple, quelqu'un de très actif peut supposer être dans une bonne énergie sensation et ne pas comprendre pourquoi ses efforts ne portent pas leurs fruits. Dans un tel cas, il est fréquent de constater que cette personne est en fait coupée de ses réelles sensations corporelles et que ses actions sont extérieures à sa réalité physique interne. Aussi, tous ses efforts semblent vains, car elle n'est pas dans son axe.

C'est comme si cette personne agissait sur la base d'un autre corps que le sien. Parfois, il peut s'agir d'un corps « collectif », comme un groupe ou une structure concrète.

Par contre, quelqu'un en bonne relation avec son corps va pouvoir développer une activité efficace. Bien sûr, cet aspect n'est pas le seul à entrer en jeu dans la réussite d'une action, mais il en constitue la base.

Une personne de *type sensation extravertie* dominant sera tournée vers l'action et l'extérieur. Elle développera une curiosité pour les événements de ce monde et se plongera dans l'activité avec plaisir. Elle sera d'un abord facile, comme l'on dit d'une personne de contact. Elle recherchera les sensations physiques dans le sport, l'amour, les relations humaines et les expériences de la vie. Elle aimera faire vivre son corps au travers de toutes sortes d'activités.

Une personne de *type sensation introvertie* dominant sera tournée vers l'intérieur. Elle développera des activités où les sens jouent le premier rôle. Elle recherchera les situations qui stimulent le ressenti interne et l'art de vivre des émotions physiques, comme la musique, la pratique énergétique, mais aussi le contact avec les autres et avec la matière, comme dans les arts plastiques. Elle sera concrète et à l'écoute de son ressenti intérieur.

La fonction sensation est complémentaire de la fonction intuition. Une personne ayant une fonction sensation dominante aura sa fonction intuition dans l'ombre. Elle aura besoin de développer cette dernière pour se réaliser pleinement, faute de quoi elle risquera de se trouver entraînée dans un quotidien par trop limité, manquant de projets et d'orientations. Un sentiment de frustration naîtra d'un manque mal défini. Seul le développement de son intuition peut la guider efficacement vers d'autres horizons et lui apporter une bouffée d'air. Les tarots sont très opérants dans ce genre de situations, à condition que la personne s'ouvre un peu à l'idée qu'une autre dimension que le concret existe.

La fonction sensation est en rapport avec l'évangéliste saint Luc, auquel est associée l'image du bœuf reprise dans l'arcane le Monde. Luc fut médecin et artiste peintre, deux fonctions en relation avec le corps et la matière. Le bœuf symbolise la force, la fidélité et le travail, trois qualificatifs admirables pour notre propre corps et la terre.

La fonction sensation est liée à la quatrième lettre du tétragramme sacré, le « Hé ». Dans la kabbale, cette lettre est associée à l'image d'une fenêtre et symbolise la vie universelle. Elle représente l'acte de vouloir et de sentir. Lettre de passage entre le corps et l'esprit, elle traduit le fait de « respirer au rythme de l'esprit ». Il est à noter que la lettre « Hé » se trouve deux fois dans le tétragramme. Son autre position est celle de la fonction pensée, ce qui nous incite à dire que la sensation et la pensée sont faites de la même énergie, mais vibrant à une place différente. La sensation serait-elle le fruit de notre pensée ?

Autrement dit, notre façon de voir le monde et nos idées influenceraient-elles jusqu'à notre sensation du réel ? A l'inverse, nos expériences concrètes façonneraient-elles nos modes de pensées, et nos opinions ? Les exemples concrets qui seront abordés dans ce livre permettront d'apporter quelques réponses à ces questions.

3. La fonction intuition

L'intuition est liée à l'élément Feu, énergie en rapport avec le désir, la capacité créatrice et transformatrice. Le feu, en tant qu'intuition, est une force de vie : c'est la libido.

Le Feu purifie, transforme et permet de faire renaître le nouveau de ses cendres. La fonction intuition est à l'image de cet élément : elle concerne les potentialités de la personne ou d'un objet extérieur. Elle permet de pressentir ce qui va advenir, ou ce qu'il est possible de réaliser au regard de la situation présente. Cette fonction est peu reconnue dans la société, bien qu'elle soit très utilisée, par exemple lorsque nous imaginons l'avenir, inventant ce que pourrait devenir telle ou telle chose. Toutes formes de projets, de prévisions et d'idées créatives relèvent de la fonction intuition. Elle nous permet d'avoir une approche globale et synthétique d'une situation. Tout comme nos forces créatrices, nos désirs sont liés à cette énergie.

L'intuition peut être projetée à l'extérieur ou vécue à l'intérieur. Projetée, elle se porte sur des objets ou personnes externes, en imaginant leur devenir. Par exemple, un directeur souhaitant embaucher fera jouer son intuition dans son choix, en imaginant quel candidat agira au mieux de ce qu'il recherche pour ce travail. Un acheteur d'art utilise également son intuition pour repérer les artistes qui ont un avenir intéressant, projetant l'accueil de leurs œuvres auprès du public. Avoir l'impression qu'une personne nous convient, au-delà d'une apparence physique, et cela dès le premier regard, s'appelle un coup de foudre. Il s'agit bien du feu et de l'intuition.

Aussitôt se pose la question de la *fiabilité* de nos intuitions. En fait, l'intuition n'est pas plus ou moins fiable que les trois autres fonctions psychiques. Pour chacun, elle dépend de la façon dont on se place par rapport à l'objet de son intuition. Autrement dit, si l'on est en accord profond avec soi-même, c'est-à-dire *dans son axe,* l'intuition aura toutes les chances d'être juste. Mais si des complexes nous perturbent dans notre attitude à l'égard de telle ou telle chose, l'intuition risque d'être faussée. Cela se comprend assez bien. Par contre, il est plus inhabituel d'exprimer qu'il en va de même pour la fonction sensation qui, quoique physique, est très subjective.

Il s'agit de sortir de l'idée reçue selon laquelle ce que nos sens expriment représente la vérité. Or, chacun sait que des témoins d'une même scène ne voient pas la même chose (voir, en exemple, les rapports de gendarmerie), ou que la sensation physique peut être perturbée par l'humeur, l'ambiance… L'objectivité de la sensation est tout aussi tributaire d'autres éléments que celle de l'intuition.

Si la sensation est une fonction concrète et l'intuition une fonction imaginaire, elles ont toutes deux une base réelle et une dimension subjective.

Quant à l'*intuition introvertie,* elle se manifeste par des flashs, des images perçues intérieurement, voire même des sensations physiques, révélant un aspect caché de soi-même, d'un tiers ou d'une situation. Ainsi, une personne arrivant dans un lieu peut y ressentir un malaise inexpliqué par l'extérieur, pouvant être le fruit de son intuition. Il est possible qu'elle pressente que les relations avec les personnes de ce lieu ne seront pas agréables pour elle, ce qu'elle pourra rapidement vérifier. Se pose alors la question : cette personne a-t-elle induit de telles réactions ou en a-t-elle eu l'intuition ?

Seule l'expérience répétée et l'analyse logique de telles situations permettent d'apporter une réponse à cette question, sur le plan mental (celui de la pensée) ; mais la personne concernée peut aussi avoir le sentiment très net d'être dans le vrai ou pas (fonction sentiment).

En résumé, l'intuition introvertie est une capacité à ressentir quelque chose de caché ou qui risque d'advenir, et qui a trait à la relation de la personne avec autrui et le monde, compte tenu de l'état conscient et inconscient de cette même personne.

L'*intuition extravertie* est la capacité de pressentir le potentiel d'une personne ou d'une situation, et son avenir possible ou probable au vu de ce potentiel.

Une personne coupée de son intuition risque de se heurter souvent à la réalité, car elle ira dans des directions ou vers des personnes qui ne lui conviennent pas. Elle sera coupée de ses désirs profonds ou de la perception de ceux des autres, et cela quels que soient les propos tenus. A l'inverse, une personne à l'écoute de son intuition percevra la réalité profonde de son désir ou de celui d'autrui, même lorsque les circonstances, l'environnement ou les discours tenus paraîtront contraires ou simplement différents.

On peut parler ici d'un guide intérieur. Les tarots font travailler la fonction intuition en cela qu'ils activent le guide intérieur. Ils permettent d'éclairer les orientations le plus en accord avec l'être profond, dans la limite humaine des capacités du lecteur, c'est-à-dire de son évolution ou de la résolution de ses complexes. On retrouve ici la notion d'axe pour établir la fiabilité de la lecture des tarots. Plus la personne qui interprète les cartes est dans son axe – c'est-à-dire dans son désir de faire une lecture pour une personne donnée – plus sa lecture aura de chances d'être juste, d'où l'importance de se sentir en confiance avec la personne qui interprète ou vous accompagne dans l'interprétation de votre tirage. Faire jouer l'intuition c'est être à l'écoute de la petite voix interne qui peut vous dire si vous vous sentez bien ou non avec cette personne.

L'intuition est complémentaire de la fonction sensation. Une personne intuitive aura à développer ses capacités de sensation, car la complémentarité lui permettra d'asseoir ses intuitions sur une réalité tangible. Sinon, elle risque de se perdre dans des histoires fantasmatiques, fruit de son ressenti interne ou d'une lecture par trop imaginaire du réel. Par contre, l'intuition liée à la sensation permet de saisir une réalité profonde sous forme notamment de projets, et de la mettre en œuvre avec succès, c'est-à-dire de réaliser des projets bien adaptés à ce que l'on est et à ce que l'on vit. C'est une harmonieuse et juste relation entre l'intérieur et l'extérieur.

La fonction intuition est liée à saint Marc, l'évangéliste. Son animal fétiche est le lion. Image royale de puissance et de générosité, le lion symbolise une personnalité épanouie, qui sait s'affirmer et faire respecter son territoire. Marc fut un homme direct et vivant, parfois un peu fruste, mais rapide. Ces qualités, tout comme celles du lion qui le symbolise, sont à mettre en rapport avec l'intuition.

L'intuition est liée à la lettre « Iod » du tétragramme sacré. C'est la première lettre du nom de Dieu et c'est aussi la plus petite de l'alphabet hébreu. Presque comme un point, une sorte de virgule, le Iod symbolise l'impulsion première de la vie. Il est associé à l'image de la main, qui représente ce qui agit, donne et reçoit. Il s'agit ici de la puissance vitale qui se projette dans l'espace, l'acte créateur. C'est aussi une image du pouvoir et de la transmission de ce dernier.

L'intuition est une fonction en relation avec nos pouvoirs et nos possibilités de les retransmettre. Il est des formes d'enseignement qui passent par d'autres processus que les canaux strictement rationnels. Il en est ainsi de tout enseignement initiatique, dont l'étude des tarots. Mais la logique et le raisonnement sont également nécessaires pour choisir, comprendre et enchaîner des formes de tirages et la lecture des arcanes.

4. La fonction pensée

Logique et raisonnement sont les attributs de la fonction pensée. Cette dernière est liée à l'élément Air. Tout comme la fonction sensation, liée à la Terre, elle est en relation avec ce qui est « élémentaire ». Nous avons vu que la même lettre « Hé » symbolise la Terre et l'Air dans le tétragramme sacré « Iod, Hé, Vaw, Hé ». Ainsi, à la base de la création se trouvent la pensée et la sensation, l'une liée à la matière, aux sens et au corps, et l'autre liée au souffle, à la respiration et à l'esprit. Physique et spirituel sont faits de la même substance, vibrant à un niveau différent. De ce fait, le corps et l'esprit sont en correspondance et peuvent s'influencer mutuellement, consciemment et même inconsciemment.

Par exemple, lorsqu'une personne change sa façon de penser et décide que telle chose sera désormais possible pour elle, il est très fréquent que cela le devienne véritablement dans le concret. Certains appellent ce processus pensée créatrice. La pensée influence et peut créer un nouveau réel. L'inverse est également vrai. Une personne qui ose se jeter à l'eau et faire l'expérience d'une nouvelle activité, transforme sa façon de penser du mode : « Je suis incapable de changer quoi que ce soit » vers : « Je peux intervenir sur les événements », avec tout ce que cela suppose de répercussions sur sa vision du monde. Dans ce cas, c'est la sensation nouvelle qui a modifié la pensée. Lorsqu'un acte réussit, alors qu'il n'a pas été pensé parce que contraire au mode habituel de penser, il s'agit d'un phénomène de synchronicité. Jung la définit ainsi : « La synchronicité signifie d'abord la simultanéité d'un certain état psychique avec un ou plusieurs événements extérieurs qui apparaissent comme des éléments parallèles signifiants par rapport à l'état subjectif du moment, et éventuellement *vice versa.* » Qu'il se passe une chose sur un plan concret et une autre sur un plan abstrait ou intérieur, et que la relation entre les deux ait un sens, signifie qu'il existe un ordre du monde.

Revenons à la fonction pensée et à l'Air, son élément. Il symbolise la spiritualisation qui humanise les pulsions primitives. C'est un élément actif et masculin, comme le Feu. Tandis que la Terre et l'Eau sont féminines et réceptives.

L'Air est en rapport avec le souffle et le vent. On lui associe les notions de liberté : « Etre libre comme l'air » et de clarté : « La pensée éclaire le monde. »

Une personne de *type pensée dominante* sera intellectuelle, curieuse des choses de l'esprit, s'exprimera avec clarté et aura des idées précises. Elle devra, par contre, développer un juste rapport aux choses matérielles et à son corps, notamment en se mettant à l'écoute de ses sensations, sinon elle risque d'intellectualiser et de ne pas avoir de réel impact sur les situations de sa vie. Sa pensée, coupée de la sensation, tournera à vide et ne sera pas vraiment féconde, pouvant aller jusqu'aux idées obsessionnelles. Elle aura besoin d'établir le lien manquant entre les fonctions pensée et sensation.

A l'inverse, une personne de *type sensation dominante,* coupée de sa pensée, vivra de nombreuses expériences concrètes, ressentira beaucoup mais ne saura pas exprimer ni tirer les significations de ce qu'elle vit. D'où des situations qui risquent de se répéter sans fin, alors même que la personne ne souhaite plus les vivre. Elle devra faire le lien avec sa fonction pensée pour pouvoir nommer ce qui se passe dans sa vie et en elle, afin de pouvoir transformer ces situations.

La **pensée extravertie** se caractérise par la capacité d'exprimer avec clarté et légèreté la signification de ce que l'on perçoit à l'extérieur. C'est la faculté de nommer, c'est-à-dire d'identifier, séparant ainsi une chose donnée du grand Tout. La pensée extravertie distingue les éléments les uns des autres. Sa qualité est de séparer et d'extraire.

La **pensée introvertie** se caractérise par la faculté de comprendre la signification des choses que l'on perçoit à l'intérieur de soi. Comprendre est un phénomène interne de la pensée, tandis qu'exprimer en est l'aspect externe. La pensée introvertie a pour objet la personne elle-même, alors que la pensée extravertie prend ses objets à l'extérieur. Comprendre est la reconnaissance, en soi-même, de ce qui se passe chez quelqu'un d'autre. Exprimer est, par contre, la reconnaissance externe de ce qui se passe en soi-même.

La fonction pensée est en relation avec l'évangéliste saint Jean dont l'animal symbole est l'aigle. Jean exerçait le métier de pêcheur avec son père, lorsqu'il entendit la parole du Christ de devenir « pêcheur d'hommes ». Il en eut une compréhension immédiate. Il fut l'apôtre préféré de Jésus. Quant à l'aigle, il a la réputation d'avoir la vue perçante et même de pouvoir regarder le soleil en face. Animal solaire, symbole d'une haute spiritualisation, clairvoyant et psychopompe, il a une dimension royale. Il apporte la lumière sur terre. Il est lié à la conscience et à la puissance ; ici, il s'agit de celle de l'esprit.

Ainsi la fonction pensée nous permettrait de saisir les choses lointaines et profondes en rapport avec notre soleil intérieur, le Soi. La dimension spirituelle ne peut être atteinte sans l'aide de la pensée car, sinon, on risque de se brûler les yeux au contact de certaines énergies, et ainsi de s'aveugler.

Cet enseignement de l'aigle est très fécond, car nombre de dévôts deviennent aveugles à la réalité, faute d'esprit d'à-propos dans leur cheminement spirituel. Lorsque ce dernier est basé trop exclusivement sur la fonction sentiment, complémentaire de la pensée, il risque d'égarer la personne dans l'humidité d'une dévotion sans discernement.

A l'inverse, la pensée coupée de sa fonction complémentaire, le sentiment, devient aride et stérilise ce qu'elle touche.

Une personne de *type pensée dominante* aura à développer son sentiment pour harmoniser ses énergies, sinon elle risque de bien réussir professionnellement mais de se retrouver isolée des autres et d'éprouver des difficultés à vivre une vie intime satisfaisante. Trop sèche, il lui manquera l'eau du sentiment qui permet de relier les choses et les gens.

A l'inverse, l'alliance de la pensée et du sentiment permet de discerner ce qui est réel de ce qui est illusion ou imagination, tout en rendant les relations fluides et continues.

La pensée correspond à la deuxième lettre du tétragramme sacré, le « Hé ». La kabbale nous enseigne que Hé est lié à la vue et à la main droite. Il représente la capacité de voir, donc de discerner, et celle d'agir vers l'extérieur (main droite), donc de créer une relation entre soi-même et les autres. Ce sont deux caractéristiques de la pensée : savoir dire et créer des liens avec l'univers externe.

Une personne trop repliée sur elle-même peut s'ouvrir sur le monde, si elle développe sa fonction pensée. Un tel processus est remarquable, car il n'apparaît pas comme une évidence à première vue, dans les cas de trop grande introversion.

Il est aussi fréquent de voir des gens vivre alternativement sur le mode pensée et sur le mode sentiment, ne faisant pas le lien entre ces deux fonctions. Il s'agit pour eux de « penser » le lien, de transformer leur regard sur le monde et donc leurs idées, pour aboutir à celle de « la relation possible ». Deux choses différentes – comme la pensée et le sentiment – peuvent coexister sans s'annuler ou se combattre. Lorsqu'une personne vit la coupure entre les deux, cela peut trouver son origine dans un conflit avec un des parents, lorsque ce dernier n'autorise pas l'enfant à être différent de lui.

5. La fonction sentiment

Le sentiment est lié à l'élément Eau. Le *Dictionnaire des symboles* évoque trois thèmes dominants comme significations symboliques de l'eau : source de vie, moyen de purification et centre de régénérescence. L'eau a aussi la fonction de relier, d'unifier et de fondre les choses entre elles. Fécondante, notamment lorsqu'elle vient du ciel, elle devient symbole spirituel image du Christ : « Si quelqu'un a soif, qu'il vienne à moi et qu'il boive (3). »

Le sentiment est une fonction ressourçante et bienfaisante. Dans sa nature féminine, il caractérise un état, mais il peut aussi être actif. Il permet d'établir des relations entre les êtres : les relations affectives. A la différence de la sensation, il permet de toucher ou d'être touché par quelqu'un ou quelque chose sans contact physique. De ce fait, il active l'Esprit en nous. Si l'émotion est une sensation physique, le sentiment que je qualifierai d'émotion sublimée, est de caractère spirituel.

Une personne de *type sentiment dominant* fonctionnera à l'affectif dans les choix de sa vie. Elle ira vers ce qu'elle juge « important ». C'est un mot clé des personnes-sentiment. Elle sera liante, aimable ou au contraire revêche et renfermée (sentiment négatif). Elle sera attirée par la spiritualité et le travail psychique.

Une personne de *type sentiment extraverti* exprimera volontiers ce qu'elle ressent et établira des relations avec aisance. Elle aura tendance à s'orienter sur des coups de cœur, de façon plutôt impulsive. Elle donnera de l'importance à sa vie amoureuse et amicale. Ses humeurs assombriront sa vie ou lui apporteront la joie de vivre. Elle aimera partager tout cela avec les autres.

Une personne de *type sentiment introverti* sera captivée par la connaissance des mouvements de l'âme. Elle fera volon-

3. Evangile selon saint Jean (VII, 37).

tiers un travail analytique ou une psychothérapie. Elle peut être portée vers des exercices spirituels. Très compréhensive, elle attirera les autres par sa capacité réceptive et son écoute attentive.

La fonction sentiment est complémentaire de la pensée. Une personne de *type sentiment dominant* devra développer sa capacité de réflexion pour ne pas être trop happée par son côté sentimental. Une trop forte sensibilité est souvent le signe d'un déséquilibre entre ces deux fonctions ; il est alors nécessaire de renforcer la capacité d'analyse d'une situation extérieure ou d'un état intérieur. Pensée et sentiment peuvent s'exprimer en termes de chaleur.

Quelqu'un qui est trop proche des autres, nous le dirons trop chaleureux. Il risque de se retrouver coincé dans des situations qu'il ne souhaite pas, sans pouvoir oser dire ce qui lui déplaît de peur de briser certains liens et de blesser l'autre. Il aura besoin du côté froid du raisonnement logique pour trouver une issue à de telles situations. Par contre, une personne affectivement froide et distante devra développer une pensée chaleureuse pour établir des relations satisfaisantes avec l'extérieur.

Je souhaite ici dire que l'amour passe par toutes les fonctions psychiques et, bien que le sentiment en soit le véhicule privilégié, il n'en est pas le seul moyen d'expression.

La fonction sentiment est liée à l'évangéliste saint Matthieu, représenté par l'ange du Verseau. Matthieu était percepteur de l'impôt, riche et cultivé, lorsque Jésus lui dit cette seule parole : « Suis-moi. » Matthieu laissa tout pour le suivre.

Cet apôtre symbolise bien la réaction du type sentiment. Ce qui est important pour lui a déterminé les choix de sa vie. C'est le seul des quatre évangélistes à n'être pas représenté par un animal, mais par un ange ou un homme verseur d'eau. Le sentiment est spécifique de la qualité humaine. Il n'est pas de l'ordre des pulsions. Et en ce sens il faut le distinguer de l'émotionnel qui relève plus de la sensation, ou qui est un sentiment encore enfoui dans l'inconscient. Le Verseau, onzième signe du zodiaque, a le sens de la fraternité, de l'harmonie et du progrès. Il est en rapport avec « le monde à venir ». Dialogue du cœur et communauté spirituelle le caractérisent.

Le sentiment est lié à la lettre « Vaw », troisième lettre du tétragramme sacré. Elle fait le lien entre le premier et le second Hé, c'est-à-dire qu'elle relie l'univers de l'esprit et celui du corps. C'est la fonction de l'âme. La lettre Vaw a pour image un crochet. Elle symbolise la médiation, l'action d'unir et de ressourcer. C'est aussi la main gauche, celle qui reçoit et exprime l'affectif. A l'image de cette lettre, le sentiment est constitué d'une part de jugement, bien que différent du jugement de la pensée (c'est avoir le sentiment de), et d'une autre part de réactions physiques, les affects ou émotions qui se distinguent des sensations proprement dites. Il fait le lien entre les deux niveaux en lui-même. De ce fait, il peut être mis en correspondance avec la fonction transcendante. Le rôle de cette dernière est de rassembler les contraires et ainsi d'unifier la personne.

Enfin, le sentiment peut être comparé à une source dans laquelle l'être se rafraîchit et puise le renouvellement de ses énergies.

CHAPITRE III

La symbolique des arcanes

Nous allons retrouver un certain nombre de symboles dans l'ensemble des 22 arcanes majeurs. Par exemple, les couleurs, les personnages, leurs positions, les vêtements et accessoires ont une valeur symbolique, attribuée par les traditions. Ainsi la main portée à la taille est symbole royal depuis l'Antiquité, le port de la tiare à trois niveaux vient de la tradition chrétienne. L'alchimie a défini une valeur pour chaque couleur ; quant aux chiffres, ils ont une signification qui provient de la tradition hébraïque, la kabbale. J'évoque ici simplement quelques grands aspects de ces symboles pour permettre au lecteur de se repérer et je donne une bibliographie sur ces sujets pour ceux qui souhaitent les approfondir.

1. Les personnages

Les hommes représentent l'univers de l'action et de la volonté, une certaine façon d'agir, tandis que les femmes illustrent plutôt celui du sentiment et de la réflexion, une certaine façon d'être. Certains relèvent du pouvoir temporel et sont liés à la vie sociale, d'autres sont liés au pouvoir intemporel et à la vie spirituelle. Les animaux – réels ou mythiques – symbolisent les instincts et les pulsions. Les personnages ailés ont une dimension spirituelle, comme les oiseaux qui représentent l'esprit.

a) La position des personnages

De face, les personnages sont statiques, ils évoquent le constat. De profil, ils sont en mouvement. De trois quarts, ils sont à la fois dans l'action et la réflexion. Lorsqu'ils regardent vers la gauche de la carte, ils sont tournés vers la matière, le concret et l'origine. Lorsqu'ils regardent vers la droite de la carte, ils sont tournés vers l'esprit, l'abstraction et l'avenir. De face, ils regardent le présent. Le visage tourné vers le haut indique une inclination à la quête spirituelle ; le visage tourné vers le sol indique un sens du service.

b) Les parties du corps

Le visage est le reflet de l'âme et du côté humain du personnage. Les mains expriment son activité et sa façon de donner et de recevoir. Les pieds et les jambes illustrent la démarche dans la vie et les pulsions sexuelles. La poitrine symbolise le cœur et le souffle. Les épaules sont le lieu des responsabilités. Les genoux représentent le rapport à la terre et aux choses de la foi. Le cou est le lieu de l'expression. La taille est le lieu de l'affirmation personnelle.

c) Les vêtements

Le manteau est symbole de ce que l'on donne à voir à l'extérieur, c'est l'habit social. La robe ou le pourpoint est l'habit interne, celui de l'intimité et de la vie privée. Le chapeau est ce qui protège la tête, c'est le lien au sacré. Les chaussures expriment l'âme et les pulsions. Les gants symbolisent la sensibilité.

La nudité représente le naturel et la vérité.

d) Les accessoires

Les crosses et sceptres sont des attributs de pouvoir. L'écusson et le drapeau signalent une identité. La trompette est un symbole de communication. La balance représente la mesure. Les lanternes sont des lumières pour prendre conscience. Enfin, les quatre attributs des arcanes mineurs (l'épée, le denier, la coupe et le bâton) se retrouvent en accessoires dans les majeurs :

– L'**épée** représente ce qui tranche et sépare ; c'est la parole et la pensée.

– Le **denier** symbolise la matière, le concret et l'identité dans sa plénitude.

– La **coupe** est le sentiment, le réceptif et ce qui étanche la soif, le spirituel.

– Le **bâton** est le symbole de la puissance, de la créativité et de l'énergie sexuelle.

2. Les couleurs

Le **rouge** représente le côté actif, la vie, le sang, la colère.
Le **bleu** illustre le côté réceptif, le spirituel, le froid.
Le **vert** est la fécondité, le naturel, le végétal.
Le **jaune** est l'intuition, l'ordre général des choses, le sacré.
Le **noir** est l'inconscient, la matière première de l'œuvre.
Le **blanc** est la conscience, la clarté et la pureté.

3. Les arcanes

Cinq arcanes majeurs illustrent chaque fonction psychique et chaque élément. Pour Pythagore, cinq est le chiffre de l'harmonie et de l'équilibre qui illustre le centre. Il symbolise l'homme comme lieu de rencontre des deux axes de l'univers, l'un vertical, l'autre horizontal, et leur point de jonction, le centre, cœur de l'homme. A l'image de ce chiffre cinq, le parcours proposé par ces arcanes est celui d'une humanisation. Il s'agit de devenir « homme ». Ce parcours s'organise en cinq étapes successives, comprenant à chaque fois quatre arcanes : la *quaternité psychique.* Ces étapes correspondent au développement de l'Œuvre pour les alchimistes du Moyen Age.

A chaque niveau l'aspirant va connaître une expérience qu'ils ont symbolisée par une couleur. Ainsi vont se succéder l'**œuvre au noir,** étape de la prise en considération de l'inconscient, l'**œuvre au jaune,** naissance de l'intuition et de la vie intérieure, l'**œuvre au blanc,** purification des énergies, et enfin l'**œuvre au rouge,** transformation vitale. Ces quatre étapes aboutissent à une cinquième, celle de la réalisation, c'est l'**or philosophique** ou transmutation de la matière en or. C'est la réalisation du Grand Œuvre (1).

Dans le tarot, ces cinq étapes, comprenant quatre fonctions, sont illustrées par vingt arcanes qui s'organisent en cinq quaternités et se répondent en couple complémentaire (2). Leur synthèse s'effectue en un point central, celui de la quintessence de l'être. C'est la fonction centrale ou transcendante, composée du dernier couple d'arcanes. Ainsi avons-nous la totalité des 22 arcanes majeurs.

Voyons la symbolique de chacun, leur rapport à la fonction psychique à chaque étape de l'Œuvre et les problématiques qui y sont associées.

---

1. Bernard Roger : *A la découverte de l'alchimie* (Dangles).

2. Des arcanes sont dit complémentaires lorsque la somme de leur chiffre est égale à la totalité des arcanes majeurs, soit 22. Ainsi, le Bateleur (n° 1) est-il complémentaire du Monde (n° 21), la Papesse (n° 2) est-elle complémentaire du Jugement (n° 20), etc. Cette complémentarité est signifiante au plan symbolique. Les arcanes complémentaires se conjuguent ou s'opposent au niveau de leur signification.

4. Première étape : l'œuvre au noir, le principe

Sentiment : la Papesse.
Pensée : l'Impératrice.
Sensation : l'Empereur.
Intuition : le Bateleur.

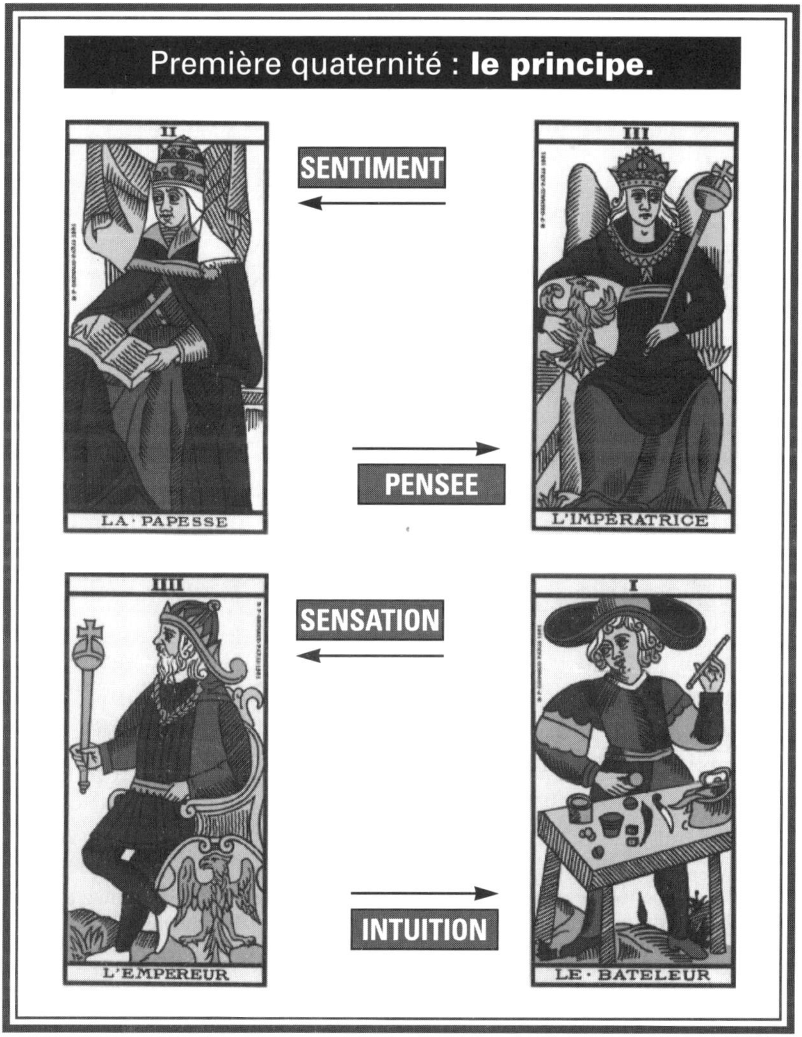

Les quatre premiers arcanes illustrent le principe de chaque fonction psychique. Le tarot propose une approche originale de ces fonctions. Il définit la sensation et l'intuition comme principes actifs et de caractère masculin, tandis que la pensée et le sentiment sont réceptifs et de caractère féminin dans leur essence. En effet, deux hommes illustrent les premières (respectivement l'Empereur et le Bateleur) et deux femmes représentent les secondes (l'Impératrice et la Papesse).

La sensation et l'intuition se manifestent d'abord par un acte vers l'extérieur ; c'est une présence au monde. La pensée et le sentiment se manifestent d'abord par une qualité, une façon d'être ; c'est une présence à soi-même. L'étude de ces arcanes le révèle plus amplement.

Cette étape est celle de l'œuvre au noir. La *nigredo,* ou matière première des alchimistes, fonde l'œuvre. L'aspirant commence son périple initiatique. Il va prendre conscience de ce qui s'émeut en lui, il discerne l'existence de l'inconscient et la place de celui-ci dans sa vie.

L'élément associé à cette étape est la Terre, symbole du concret et matrice de toutes choses. A ce stade, la personne perçoit son existence et commence à être présente à elle-même.

a) La sensation : l'Empereur

Le chemin du concret débute par le quatre. Le tarot nous indique que tout ce qui est incarné, matérialisé, se manifeste par une quaternité. L'énergie « Une » se manifeste « quatre ». Il en est ainsi dans les rêves ; le Soi se représente sous forme de quatre personnages, quatre objets, quatre pièces dans une maison, ou par un espace carré (3).

3. Jung évoque très souvent l'existence de quaternité dans les rêves, lui attribuant la fonction d'une totalité en rapport avec le Soi. Il a trouvé confirmation de son hypothèse dans des livres d'alchimie, notamment le *Rosarium* qu'il cite : « Notre pierre est faite des quatre éléments » ou encore : « Dans l'or philosophal, les quatre éléments sont réunis en proportions égales. » (Jung : *Psychologie et alchimie*, p. 223 ; Buchet-Chastel.)

L'Empereur, représenté par le quatre, exprime une personnalité aboutie et carrée. Il va rationaliser, organiser, agir efficacement sur les choses tangibles.

L'Empereur symbolise l'acte. Sa main droite, plus importante que la gauche, tient le sceptre du pouvoir surmonté du symbole de l'antimoine, qui représente pour les alchimistes l'esprit (la croix) se dégageant de la matière (le cercle). L'Empereur maîtrise la matière, tournant ses regards vers celle-ci (côté gauche). Il est tendu vers ce qui est objectif.

Sa barbe et ses cheveux blancs indiquent qu'il a de l'expérience. Son cou blanc montre qu'il est conscient de la portée de ses paroles. Enfin, ses pieds blancs évoquent une âme claire et une démarche consciente.

Il porte la main gauche à la taille, ce qui est le signe de la royauté dans l'Antiquité. Pour l'Empereur, le royaume qu'il dirige est son propre univers. Il maîtrise sa personnalité, son ego. D'ailleurs, son action est dépourvue d'égoïsme. Il agit pour le bien de tous. Sa tunique bleue révèle la dimension spirituelle qui l'habite, tandis que le rouge de ses bras signale son activité et sa vitalité.

S'il évoque bien la fonction sensation, notamment au travers de sa capacité d'agir, il est aussi en relation avec les trois autres fonctions psychiques :

– Son trône repose sur un aigle, symbole d'une *pensée* puissante, capable de réunifier les contraires. Pour agir, il s'appuie sur une pensée unificatrice.

– Son sceptre est de couleur jaune, symbole de l'*intuition.* Son pouvoir sur le monde s'appuie sur l'intuition.

– Le collier qui orne sa poitrine se termine par une émeraude, pierre du *sentiment.* Son action est toujours en relation avec ce qu'il ressent.

L'Empereur est une image du père dans sa fonction concrète d'homme actif, ouvert sur le monde, au regard objectif et bienveillant. C'est le symbole de la virilité, capacité de définir ce que l'on veut et de pouvoir mettre en œuvre ce qui est nécessaire pour sa réalisation. Tel est l'Empereur. Cet aspect concerne aussi bien les hommes que les femmes, quoique différemment.

Principe de la sensation, l'Empereur symbolise la capacité d'action sur le monde et la maîtrise de soi-même.

Dans sa *dimension extravertie,* ses sens lui permettent de se repérer correctement dans le monde et ainsi de pouvoir agir en accord avec l'extérieur.

Dans sa *dimension introvertie,* il a la maîtrise de ses sensations et les gouverne pour leur donner une utilité, car son regard est posé sur le monde.

L'Empereur est un individu actif, très organisé qui sait diriger et commander les autres. C'est un vrai chef, au sens où il sait mettre chacun à sa place en fonction de ses compétences et de ses désirs. Il a le sens du concret et trouve des solutions pratiques aux diverses situations. Son esprit rationnel lui permet de simplifier efficacement les relations entre les gens et de résoudre des choses complexes. Généreux, il apporte son soutien et son aide à ceux qui l'entourent. Il a un sens élevé des responsabilités. C'est un bon compagnon comme un père attentif et présent. Il ne fait pas étalage de sa puissance, mais s'en sert activement pour le bénéfice de la terre et de ses habitants.

Lorsque l'énergie sensation, dans son principe, est refoulée ou mal intégrée, cela se traduit dans un tirage par l'Empereur à l'envers (étant entendu que le consultant va brasser tous les arcanes, faces cachées, dans tous les sens, pour permettre de faire le point sur ses énergies).

Carte inversée : les problématiques de cet arcane à l'envers se traduisent essentiellement par des difficultés à agir ou par des actes inadéquats, dispersés, violents, irraisonnés. Cela peut être une personne trop autoritaire, voire tyrannique avec les autres comme avec elle-même, ou bien quelqu'un qui n'aboutit pas ses actes et reste velléitaire, désorganisé, voire gagné par la panique devant l'action. Dans tous les cas, il est question de formes d'impuissance face à la matière. Elles traduisent le manque d'une référence masculine virile efficace et bienveillante, c'est-à-dire l'image d'un bon père dans sa fonction première et matérielle. Le rôle générique du père est d'ouvrir l'enfant sur le monde en l'amenant à se repérer (à se construire un père intérieur) dans l'espace et le temps. Pour ce faire, l'enfant va utiliser ses sens ; c'est ce qui va lui permettre de sentir qu'il est un être distinct de sa mère. Ce rôle, symboliquement masculin, peut être tenu par la mère également, grâce à son masculin intérieur. Lorsque les parents n'ont pas pu transmettre cette capacité à l'enfant, faute de l'avoir eux-mêmes, ce dernier doit se construire cette référence, une fois adulte.

Cela passe par un juste rapport à son corps et à la sensation de ce dernier dans l'espace. Les gens qui ne s'orientent pas bien, qui ont tendance à se cogner, ne mesurant pas bien l'espace physique qu'ils occupent, ont manqué d'une présence physique masculine. Il y a aussi des pères physiquement présents, mais tellement absents de fait que leur corps ne remplit pas cette fonction de présence. La relation au corps du père (ou d'un homme qui va remplir cette fonction) permet de reconnaître un autre corps que celui de la mère, et ainsi de s'identifier par similitude ou différence. Si l'enfant ne connaît que le corps de la mère, il ne peut pas s'identifier, par manque de référence, car une référence unique n'en est pas une. Au contraire, elle maintient l'enfant dans une fusion-confusion avec la mère.

L'arcane l'Empereur représente la présence de l'homme, avec son attribut phallique qu'il tient dans la main droite, symbole de sa puissance. Ceux qui n'ont pas pu voir, sentir, toucher, entendre et parler avec le père ont à se construire leurs dimensions sensitives pour pouvoir s'incarner pleinement et agir efficacement. Faute de quoi, cela risque de les « coller » à la fonction complémentaire de la sensation, c'est-à-dire l'intuition, et en particulier à l'arcane complémentaire de l'Empereur : la Lune (rappelons que deux arcanes sont complémentaires lorsque la somme de leur chiffre égale la somme totale des arcanes majeurs, soit 22 ; ainsi l'Empereur [4] et la Lune [18] font-ils 22). Cet arcane symbolise le monde de l'imaginaire et des fantasmes. Nous l'étudierons avec l'intuition. Le manque de rapport au concret conduit à rester dans un univers intérieur d'illusions. C'est le cas de personnes qui ne parviennent pas à agir et se racontent toutes sortes de scénarios dans leur tête.

Par contre, l'action coupée de l'intuition et du monde intérieur tourne vite à vide et finit par épuiser celui qui agit. Dans ce cas, elle perd sa signification, étant coupée de l'ordre interne de la personne, et ce manque de sens devient source de fatigue.

Seule l'action basée sur l'univers intérieur personnel est source d'équilibre et de réussite, car elle répond à une nécessité interne. Cette dernière peut se révéler par une donnée extérieure, mais alors la personne accueillera celle-ci et la prendra comme sienne. Par exemple, une personne cherche à transformer sa vie professionnelle et fait des démarches en ce sens, dans deux directions auxquelles elle a pensé. Mais rien ne semble aboutir jusqu'au jour où une tierce personne vient lui proposer une nouvelle activité dans un secteur auquel elle n'avait pas encore songé. Toutefois, cela correspond à son désir et, surtout, c'est possible. Cet exemple montre que la mise en œuvre pratique, même si elle ne débouche pas sur ce que l'on en attend, aboutit toujours à faire évoluer la situation.

L'énergie déplacée par l'action amène du nouveau en accord avec l'intérieur. C'est une question de temps. Autrement dit, la matière déplacée par l'action va finir par trouver d'elle-même la bonne conjonction, permettant une solution. Tout se passe comme si la matière des choses était douée d'intelligence, et l'univers un état de conscience. Michel Random, qui travaille avec les plus grands physiciens d'aujourd'hui, écrit : « L'univers est un Tout, c'est-à-dire un ordre, une intelligence homogène, une continuité entre tous les plans. De l'infiniment petit à l'infiniment grand, tout plan, tout état de l'être, semble distinct de l'autre et s'y trouve en même temps relié par un état de transition (4). » Pour moi, cet état de transition constituerait une sorte de pont vers un rêve de la conscience-univers, comme si ce dernier rêvait le monde, se rêvait lui-même, essayant de nous guider vers la réalisation de ce rêve, son incarnation en quelque sorte.

Agir serait alors réaliser le rêve caché de l'univers, celui-ci nous guidant par les réactions concrètes suscitées par nos actions. Ainsi, la philosophie de l'action – prônée par diverses traditions – à condition de rester à l'écoute de ce qui se passe, est une façon d'avancer dans le chemin de la connaissance, même si l'on ne sait pas où cela conduit réellement. Et l'Empereur la symbolise.

b) L'intuition : le Bateleur

L'arcane qui débute le tarot, le Bateleur, illustre le principe de l'intuition. C'est la flamme de vie en nous. Cette énergie fondamentale brûle au plus profond de l'être. Il est question du désir, notamment du désir de vivre. L'intuition porte le désir. Avec le Bateleur, arcane n° 1, il est aussi question de l'éner-

---

4. Michel Random : *La Tradition et le vivant* (p. 51 ; Le Félin).

gie Une, de ce qu'il y a d'unique en nous. A l'image du *« puer eternus »*, l'enfant éternel en relation avec le divin (5), le Bateleur est l'enfant créateur qui porte toutes nos capacités. C'est l'arcane du potentiel ; de lui tout peut naître.

Le Bateleur est une sorte de magicien, homme de rue, fantaisiste, joueur, inventant sans cesse de nouveaux tours et n'ayant pas sa langue dans sa poche. Il est jeune, debout, en mouvement et il dispose de nombreux accessoires pour son service, dont une table importante et chargée d'objets.

Il s'agit de toutes ses capacités. Celles qu'il tient en main, le denier et le bâton, et celles qui sont sur sa table, l'épée et la coupe. Le Bateleur possède les quatre énergies des arcanes mineurs du tarot (denier, bâton, épée, coupe) qui symbolisent respectivement les quatre éléments et les quatre fonctions psychiques : sensation, intuition, pensée et sentiment. Le denier dans sa main droite représente son centre de gravité ; il s'appuie sur sa matière, son corps, pour agir. Le bâton dans sa main gauche représente son intuition, son désir créateur ; il l'élève pour s'en servir. Sur la table couleur chair, qui symbolise son propre corps, son incarnation, se trouvent des coupes, ses sentiments : rouge comme le sang, c'est la vie profane, et jaune

5. Le *« puer eternus »* est une image antique d'un archétype de l'éternité du renouvellement de la divinité au travers de la vie qui se renouvelle. Voir, de Jung : *Mysterium conjonctionis* (t. II, p. 40 ; Albin Michel).

comme l'or c'est la vie sacrée. Il y a aussi une épée et son étui, qui représente sa pensée qu'il peut montrer ou ranger, à sa guise. Puis des deniers, 4 rouge comme l'énergie cosmique matérialisée, et 3 jaune comme la trinité symbole de l'Esprit-Saint. Des dés expriment le destin du Bateleur ; on peut y voir les chiffres 1 et 5, soit l'unité divine et le chiffre de l'humain. Le destin du Bateleur est d'exprimer la divinité dans l'humain, ou l'humanité du divin. Enfin, son sac jaune nous révèle qu'il a une besace, comme les alchimistes du Moyen Age qui s'en servaient comme signe de reconnaissance. Ainsi le Bateleur est-il sur le chemin de la connaissance, de la quête de la pierre philosophale. Son sac est prêt à recevoir ses expériences.

Le Bateleur a toutes les énergies. Il bouillonne de vie. Avec lui tout est possible mais rien n'est encore réalisé. Il symbolise le projet. Potentiel ou principe, il est encore lié à l'absolu, à l'idéal qui ne s'est pas confronté au concret. Eternel débutant, créateur d'idées neuves, il entreprend avec allant et spontanéité.

A moitié dans l'action (le rouge de son costume), à moitié dans la réflexion (le bleu), le Bateleur a quelque chose de l'androgyne. En lui les contraires ne sont pas défusionnés, c'est l'unité. Mais celle-ci est un début et non un aboutissement, ce que sera l'arcane complémentaire le Monde, arcane 21 où s'allient dans le chiffre de l'arcane, le un et le deux. Avec le Bateleur, l'histoire commence et le travail reste à faire, mais tous les éléments sont là pour que ça marche.

Dans sa *dimension extravertie,* le Bateleur exprime le fait de projeter, d'imaginer des choses nouvelles. Il représente une action débutante. C'est la capacité d'initiative et l'acte créateur.

Dans sa *dimension introvertie,* il symbolise les potentialités d'une personne ainsi que l'idéal qu'elle porte en elle. Il représente ce que celle-ci rêverait d'être ou de rencontrer, soit l'être idéal. C'est un facteur de cohésion interne et une source d'énergie vitale.

Le Bateleur est une personne dynamique, entreprenante, qui ose prendre des risques dans la vie. Vive et spontanée, elle a un caractère jeune et ouvert. Sa présence est légère, car elle agit avec esprit. Toujours à l'affût des nouveautés, curieux et joueur, l'individu Bateleur sait se mettre en avant pour interpeller son auditoire sur la dernière découverte scientifique ou le blouson dernier cri. Il aime les domaines de recherche, tout ce qui est à la pointe et à l'avant-garde. Inventif autant qu'intuitif, il sait créer des ambiances vivantes et partir sur la pointe des pieds lorsque c'est nécessaire.

Son dynamisme le pousse à ouvrir des routes inexplorées, aussi bien concrètes, comme des voyages, que dans le domaine de l'esprit, telles des recherches. Ses richesses sont nombreuses, mais il n'en assommera jamais les autres. Il préfère imaginer des choses nouvelles, jouer d'un instrument, chanter ou discourir pour son plaisir. C'est un être plein de joie de vivre.

Carte inversée : les problématiques du Bateleur sont une difficulté à passer du projet à la réalisation, une tendance à rester un éternel enfant, le refus de l'effort et de tout ce qui n'est pas le jeu, enfin une certaine difficulté à s'imposer, comme s'il manquait de consistance. Il peut s'agir d'une fixation à l'enfance et au monde de l'esprit. Amoureux de la perfection, il risque de refuser l'incarnation, par nature imparfaite. Par exemple, quelqu'un imagine un nouvel appareil ; son idée est superbe et, dans son esprit, cet appareil fonctionne idéalement. Cependant, cette perfection risque d'être brisée par la réalisation pratique de celui-ci. Or la personne ne veut pas quitter ce monde idéal, donc elle ne réalise pas l'appareil. Son idée reste lettre morte parce que cette personne ne parvient pas à se « défixer » de l'univers intérieur fictif et parfait. Il s'agit du fonctionnement d'une intuition créatrice coupée de la sensation qui, elle, permettrait la mise en œuvre pratique. Cette fixation à l'enfance peut se traduire par un refus des sens et parfois de la sexualité, dans une sorte de recherche de pureté.

Ainsi, les purifications à répétition – d'ordre alimentaire ou autre – relèvent-elles de cette problématique. Ce sont des personnalités qui ressentiront sans cesse le besoin de se purifier ou de se purger. Leur corps est perçu comme impur. Elles voudraient n'être qu'esprit et s'arrêter à l'arcane 1 (le Bateleur) sans atteindre la dualité, l'arcane 2 (la Papesse) qui symbolise la vie dans la matière. C'est un désir de l'intuition sans la sensation.

Cette situation peut trouver son origine dans une enfance vécue sur un mode trop dur, physiquement ou sensitivement parlant. L'enfant trouve alors refuge dans l'univers imaginaire, celui des légendes et des contes de fées. La réalité sensorielle est un repoussoir pour lui, et la beauté n'existe que dans ce monde d'intuition, esprit intériorisé qui se refuse à tous contacts avec l'extérieur. Cela va développer des qualités dites médiumniques, c'est-à-dire une communication qui passe uniquement par l'esprit, sans support matériel, non pas que lesdits supports n'existent pas, mais parce que l'enfant les refuse (par exemple, si le rapport physique avec la mère a été désagréable, parce que cette femme était malade physiquement ou psychiquement, comme dépressive, et dégageait des ondes physiques négatives). Pour échapper à ces sensations pénibles, l'enfant a dû se réfugier en lui-même et refuser de ressentir ce qui aurait pu porter atteinte à sa vie. Un tel schéma inscrit dans l'inconscient induit les réactions de l'adulte fixé à l'univers intuitif, imaginaire ou spirituel.

Les problématiques liées au Bateleur à l'envers relèvent souvent de problèmes de la petite enfance. Il s'agit d'une difficulté à accepter la vie dans sa plénitude, pouvant aller jusqu'au refus de vivre. Ainsi, un enfant qui n'a pas été entendu dans son désir peut développer adulte l'idée qu'il n'arrivera jamais à se faire entendre, ou que telle tâche est démesurée pour ses forces. Il aura tendance à enfouir ses véritables désirs, pour ne pas se trouver confronté à ce problème. Cette attitude se conjuguera avec une attirance marquée pour les choses spirituelles coupées de toutes réalités concrètes.

L'arcane complémentaire du Bateleur est le Monde, qui symbolise une réalisation pleine et harmonieuse dans le monde extérieur, et qui est dans la fonction sensation. Pour se réaliser, l'intuition et le désir ont à se concrétiser à l'extérieur, afin que la personne trouve sa place dans le monde.

c) La pensée : l'Impératrice

La pensée, dans son principe, est illustrée par l'arcane n° 3, l'Impératrice. Tout comme l'Empereur symbolise la puissance masculine, l'Impératrice est la puissance féminine dans le tarot. Le féminin c'est la pensée, le masculin c'est l'action.

L'Impératrice symbolise le verbe, la parole créatrice, la pensée féconde et tout ce qui a trait au processus de transformation.

La pensée, dans son principe, est d'abord une capacité de recevoir, comme l'évoque l'Impératrice assise de face, statique, dans une robe bleue (couleur réceptive et spirituelle). Son activité se manifeste dans sa tête et dans sa démarche intérieure (rouge de la couronne et de la robe sur les jambes). Elle est consciente de ses pensées comme l'indique le blanc des cheveux, et elle les exprime, ce que traduit la pomme d'Adam, conformation spécifique aux hommes qui souligne le lieu de la gorge chez cette femme. Par sa capacité réflexive, l'Impératrice règne sur son univers intérieur (sceptre dans sa main gauche, celle du cœur et du réceptif), tandis qu'elle tient le blason à l'aigle dans sa main droite, exprimant son activité extérieure. L'aigle voit loin, il symbolise la compréhension qui perce les vérités à jour. L'Impératrice cherche à comprendre le monde, et elle-même. Puis elle l'exprime et sa parole devient créatrice. Elle symbolise l'art de la communication.

La pensée et son expression, la parole, permettent d'accéder à la maîtrise de soi et d'avoir une action sur les événements. Il est remarquable de constater que, même non exprimée, une pensée claire et positive peut avoir une influence sur une situation. La pensée – comme la parole – a le pouvoir de transformer les relations. Parfois une pensée peut être plus efficace qu'une parole. Par contre, la pensée exprimée gagne en clarté. Elle est utile sur le plan de la conscience. Elle contribue à structurer et, ce faisant, élargit la dimension humaine.

La pensée et la parole permettent de faire un lien entre nous-même et le reste du monde. Elles nous relient à l'origine. La parole distingue ; elle permet d'identifier, donc de séparer une chose du grand magma originel, de séparer l'enfant de sa mère. Une fois distinctes, deux personnes peuvent se lier et s'aimer. Avant cette distinction, le lien est impossible ; c'est le règne de la fusion-confusion, situation qui ne permet pas à l'amour de se développer. La pensée, dans son principe, va d'abord identifier, séparer, et ainsi faire naître symboliquement l'individu. Par la pensée et la parole, la personne entre dans le processus d'individuation de façon active. Elle participe au devenir de l'individu qu'elle est potentiellement. Pour cela, l'arcane 3 nous dit d'être réceptif et de nous mettre à l'écoute de quelque chose en nous qui pense : ça pense en nous et c'est cela qui peut nous panser, nous guérir.

Jésus guérissait par sa parole. Le métier de psychothérapeute n'est-il pas un écho de cette activité de Jésus-Christ, lui qui fut membre d'un groupe déjà nommé les thérapeutes, médecins du corps comme de l'âme ? Comme l'exprime Françoise Dolto (6) : « A la lecture des Evangiles, je découvre que Jésus enseigne le désir et y entraîne. Je découvre que ces textes de deux mille ans ne sont pas en contradiction avec l'inconscient des hommes d'aujourd'hui… qu'ils illustrent et éclairent les lois de l'inconscient découvertes au siècle dernier. » Témoignage intéressant de cette grande psychanalyste sur l'écho existant entre la tradition, ici chrétienne, et la pensée contemporaine.

Dans sa *dimension extravertie,* l'Impératrice évoque la pensée créatrice, la parole vivante et chaleureuse qui anime le monde. Elle entre en relation avec les autres, et leur apporte une pensée claire et positive.

Dans sa *dimension introvertie,* elle illustre la capacité de réfléchir, l'intelligence de l'esprit et de l'âme. Elle accueille les faits et gestes d'autrui en les comprenant, leur donnant ainsi un sens et un réconfort.

L'Impératrice est une personne vivante, intelligente et compréhensive. Elle entre facilement en relation avec autrui, créant ainsi des liens entre les personnes. Créatrice, elle aime les activités artistiques où elle excelle. Elle est aussi très bon public. Elle possède l'art de communiquer, exprimant bien sa pensée et comprenant celle des autres assez rapidement. Son esprit clair et direct lui ouvre les portes des activités intellectuelles. Mais il lui paraît toujours nécessaire de formuler sa pensée en accord avec ses sentiments. C'est une personne très humaine, qui préfère se taire plutôt que d'être blessante. Elle cherche aussi à se comprendre et à se connaître, ce qui lui permet d'exprimer ce qu'elle a pu découvrir en elle-même. Créatrice, intelligente et chaleureuse, c'est une image de femme très positive.

Carte inversée : les problématiques de l'Impératrice sont de l'ordre des difficultés d'expression et de communication, des

---

6. Françoise Dolto : *L'Evangile au risque de la psychanalyse* (p. 15 ; Le Seuil, collection « Points »).

pensées négatives et obsédantes, des paroles blessantes ou autoritaires. Une personne dont les pensées se formulent difficilement aura, de ce fait, un rapport délicat avec autrui. Elle ne parviendra pas à entrer en communication de façon satisfaisante avec les autres.

Et lorsque sa pensée se met en route, toutes les idées risquent de venir en même temps, ce qui en rend l'expression impossible ou brutale. Il s'agit d'un sentiment de trop de matériaux à exprimer en regard de la capacité de la pensée à les organiser. Si la fonction pensée ne parvient pas à faire le tri nécessaire, c'est soit qu'elle est occupée ailleurs et n'est pas disponible, soit qu'elle est trop refoulée et n'a pas l'énergie suffisante. Dans le premier cas, ce qui l'occupe alors est un complexe, c'est-à-dire un centre autonome d'énergie qui fonctionne sans être relié au reste de la personnalité et agit comme un aspirateur d'énergie. Il s'agit de définir ce complexe pour pouvoir libérer la pensée de son emprise. Dans le second cas, la personne a manqué de référence pour développer sa pensée. Notamment lorsque les parents ont exprimé de façon brutale ou négative ce qu'ils pensaient, l'enfant a pu se dire qu'il ne voulait pas de ce type de relations conflictuelles. Il a dû alors refouler ses pensées pour ne pas être envahi par le négatif, et vivre sur un autre mode.

A l'inverse, quelqu'un qui exprime sa pensée avec violence, sans ménagements ni attentions, a pu vivre une relation parentale où rien ne se disait mais où les sentiments négatifs s'accumulaient. Pour éviter les ressentiments, qui proviennent de sentiments refoulés, cette personne aura tendance à tout dire, même si elle blesse l'autre se faisant.

Il apparaît très vite que la pensée est liée au sentiment, sa fonction complémentaire. Une pensée coupée du sentiment sera froide, tranchante ou autoritaire. Par contre, une pensée trop envahie par le sentiment, sera confuse, obscure et agaçante.

Les sentiments négatifs risquent d'empêcher une personne de s'exprimer, car elle peut avoir conscience que ses paroles sont mauvaises ; or, ce n'est pas ce qu'elle souhaite. C'est le cas de la jalousie ou de la colère qui entraînent à dire ou à penser des choses avec lesquelles on n'est pas profondément en accord.

Alors qu'une bonne alliance entre la pensée et le sentiment conduit à une pensée féconde, claire et chaleureuse.

L'arcane complémentaire de l'Impératrice est à ce titre très parlant, car c'est le Soleil, image de chaleur, de solidarité humaine, qui se trouve dans la fonction sentiment. Ce qui complète la pensée créatrice c'est le sentiment d'amour. Fille du Soleil, l'Impératrice exprime le rayonnement de ce dernier, c'est-à-dire du centre dans l'être, le Soi.

d) Le sentiment : la Papesse

L'arcane n° 2, la Papesse, exprime le sentiment dans son principe. Cette femme majestueuse symbolise la matière, l'incarnation de la naissance à la mort. Elle nous présente grand ouvert le livre de la vie, couleur chair, nous disant ainsi qu'elle a le savoir sur l'existence et qu'elle détient la puissance vitale. La Papesse, c'est notre corps, notre temple, réceptacle de l'étincelle divine cachée à nos yeux par des voiles de chair. Elle nous invite à lire ce que nous sommes dans notre incarnation. Elle symbolise la présence. C'est une image de Grande Mère, c'est Isis, Eve ou Marie. Puissance de la vie, elle déborde même du cadre, vers le haut, entrant dans la case de l'esprit réservée au chiffre. Elle révèle ainsi qu'il n'y a pas de frontière entre la matière et l'esprit. La Papesse porte en elle un mystère, celui de la vie.

Ainsi la vie, dans sa manifestation première, est l'essence du sentiment. Aimer c'est d'abord une présence. La présence est concrète, c'est notre corps ou ce qui le symbolise (un mouchoir, un objet, une lettre, un parfum, une musique…), une impression ressentie qui nous rappelle une présence. Mais cela peut être aussi une pensée, et nous ressentons la présence – ou au contraire l'absence – de l'être aimé. Le sentiment va naître de la relation à la présence de quelqu'un. La présence d'une personne exprime la personne tout entière. Or, le sentiment est une fonction globale qui ne peut pas se disséquer, comme la pensée par exemple. Le sentiment concerne l'être dans sa totalité.

Par contre, nous pouvons être partagé au plan du sentiment, et toute notre personne ne parvient pas alors à s'impliquer dans une direction, tiraillé que nous sommes vers autre chose. La Papesse, c'est aussi cette dualité, qui peut tourner au conflit interne.

Cependant, l'énergie vitale est sacrée (comme l'atteste le caractère religieux du personnage) ; elle est créatrice (dans la langue des oiseaux des alchimistes nous dirions : ça crée, sacré) et l'amour de la vie peut ressurgir à tout moment.

Le sentiment, dans son principe, est un amour pour l'existence dans toutes ses formes, ce qu'illustre la Papesse, symbole de la vie qui prend forme. C'est la source de tous les sentiments, positifs ou négatifs. L'amour de la vie peut nous rendre une séparation triste ou gaie, tout dépend de ce dont elle est porteuse au regard de cette vie même.

La Papesse, dans sa *dimension extravertie,* exprime le sentiment face à l'existence, à la sienne et à celle des autres ainsi que des choses. Elle manifeste une certaine façon d'être qui va déterminer l'ambiance environnante.

La Papesse, dans sa *dimension introvertie,* illustre la capacité de ressentir d'une personne. Elle est ouverte à son univers intérieur, elle connaît et reconnaît ses sentiments. Elle est présente à elle-même.

La Papesse est une personne dont la présence apporte soutien, chaleur et réconfort aux gens qui la côtoient. Par sa façon de se tenir dans l'espace et de se comporter, même sans paroles, elle exprime un amour de l'existence qui vivifie tout ce qui l'entoure. Elle est fécondante et également féconde. Elle offre avec générosité ses richesses intérieures et personnelles. Quand elle aime, elle se donne sans compter. Mais elle sait aussi très bien se réserver lorsqu'elle n'aime pas. Elle est capable de conserver ce qui doit l'être, car elle est très attachée à maintenir la continuité de l'énergie vitale.

Son sentiment pour l'existence peut l'amener à des excès, car elle n'est pas morale, et une chose compte par-dessus tout pour elle : la vie. Maternelle et protectrice, elle possède en outre une grande autorité. Elle en use surtout dans un but pragmatique, car elle veille à faire aboutir dans le concret les choses de l'esprit. Cela vient sans doute de son sentiment aigu de l'existence.

Carte inversée : les problématiques de la Papesse sont des difficultés à se sentir exister, à accepter son incarnation, donc son corps, à manifester sa présence et à être présent à soi-même.

Une personne coupée de sa réalité physique sera aussi coupée de ses sentiments profonds. N'ayant pas conscience de sa présence, elle pourra importuner les autres par une attitude pesante, alourdissant l'atmosphère de ses silences vides. Elle-même peut en être très gênée, ne trouvant rien à dire et cherchant désespérément quelque chose dans sa tête… qui ne vient pas. Et pour cause, elle cherche dans la mauvaise direction ! Le problème n'est pas l'absence de pensées, mais vient de la coupure d'avec son incarnation qui lui apporterait la nature de ses sentiments et, sur cette base, soit quelque chose à dire, soit une attitude sans paroles mais habitée, donc légère. Le poids de cette Papesse à l'envers vient du fait que le corps n'est pas habité par le sentiment. La personne ne s'aime pas et devient pesante pour elle-même et son entourage.

Cette situation trouve son origine dans de mauvaises relations à la mère, notamment au cours de la nutrition du nouveau-né. La maman (ou le père s'il s'occupe de nourrir l'enfant) n'a pas fait passer de l'amour avec la nourriture donnée à l'enfant. Le premier rapport à la matière s'inscrit donc déshumanisé, et l'enfant dissocie le concret et le sentiment. L'amour du parent passe en premier lieu par le fait de nourrir l'enfant. Lorsque le sentiment du parent est une demande d'amour et non un don, l'enfant est tout de suite manipulé dans ses propres sentiments. En réaction, il risque de se couper de ces derniers pour ne plus sentir la manipulation. Ce faisant, l'enfant s'est coupé de sa réalité physique ; il ne peut plus être présent à lui-même car il va ressentir un sentiment négatif à l'égard du parent, et cela est trop dangereux à cette époque, car il risque de perdre l'amour du parent, amour dont il a un besoin vital.

Les problématiques liées à la Papesse peuvent aussi provenir d'une grossesse ou d'un accouchement difficiles, laissant des traces dans l'inconscient du corps. Le sentiment est perturbé, le goût pour la vie aussi. Très souvent, cela se traduit par des pensées négatives de caractère obsessionnel, car la fonction complémentaire est contaminée. Il s'agit de remonter à la source du sentiment négatif réactivé par la vie présente de l'adulte, pour désamorcer le côté vécu comme dangereux, car la personne n'est plus nouveau-né et cela se produit automatiquement avec la prise de conscience. Les pensées négatives disparaissent dans le même temps.

Le sentiment est complémentaire de la pensée. Une personne fonctionnant sur le sentiment coupé de la pensée sera trop émotive, sensible pour un rien et ne parviendra pas à canaliser ses sentiments. Elle aura tendance à ruminer de sombres humeurs ou à s'exalter très rapidement. Le côté cyclothymique (qui est le fait de passer rapidement d'une humeur ou d'une attitude à une autre opposée) révèle cette coupure entre les sentiments et la pensée. Cette personne sera victime de ses sentiments ou mouvements d'humeurs sans parvenir à les contrôler. Une juste alliance du sentiment et de la pensée permet de prendre une distance à l'égard de son ressenti, sans toutefois le refouler.

L'arcane complémentaire de la Papesse est le Jugement. Il exprime la capacité de comprendre, de discerner le vrai du faux et il appartient à la fonction pensée.

Une personne présente à ses sentiments avec discernement, trouvera les chemins d'une vie heureuse.

5. Deuxième étape : l'œuvre au jaune, la manifestation

Sentiment : l'Amoureux. *Pensée :* le Chariot.
Sensation : la Justice. *Intuition :* le Pape.

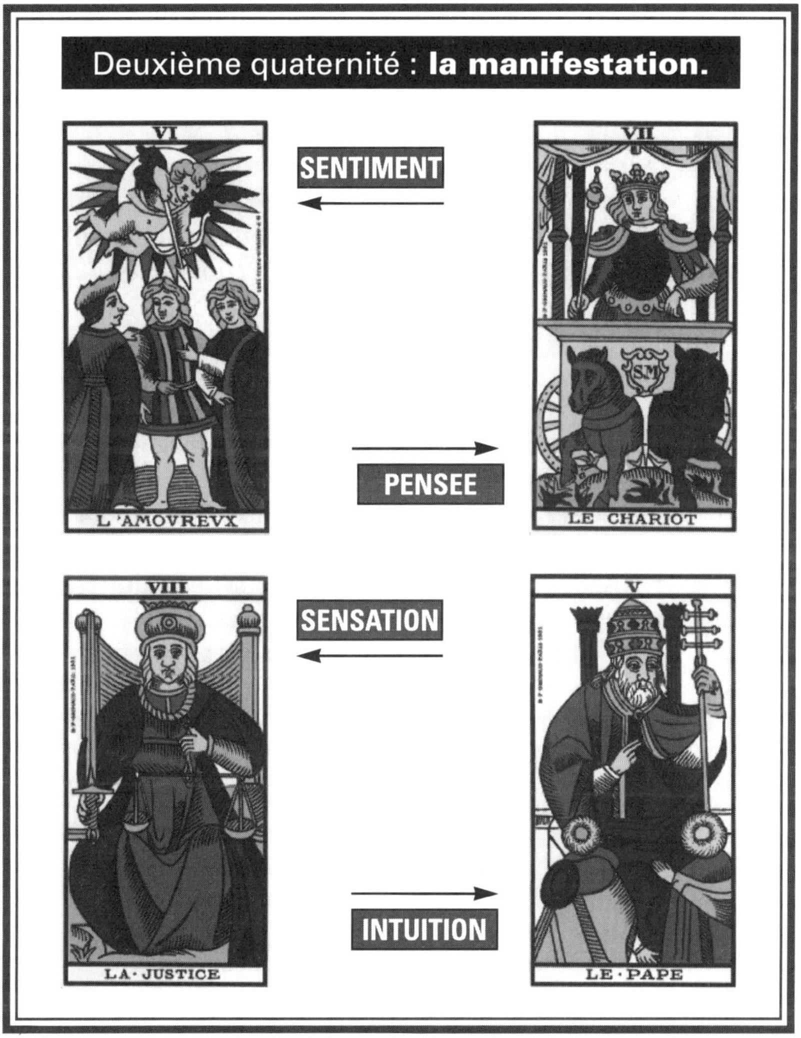

Les arcanes 5, 6, 7 et 8 illustrent la seconde étape de l'œuvre, celle de la manifestation. Il s'agit de la nature de chaque fonction psychique, comment elle se révèle et se vit.

La première quaternité exprime l'émergence des fonctions psychiques, la seconde exprimera leur réalité concrète. C'est aussi le premier enseignement que l'initié tirera de l'expérience. En effet, les cinq étapes de l'œuvre voient alterner le fait de faire l'expérience de quelque chose et celui d'en tirer une leçon pour la prochaine expérience à un autre niveau, jusqu'à l'étape finale de la réalisation.

C'est l'œuvre au jaune ou *citrinitas* qui fait le passage entre l'œuvre au noir et l'œuvre au blanc. Ce passage a été supprimé chez certains alchimistes et l'on passe directement de la *nigredo* à l'*albedo.* « A la *nigredo* succède le lavage *(ablutio, baptisma)* qui conduit directement à l'*albedo* (passage au blanc). L'*albedo* est en quelque sorte l'aube, alors que le *rubedo* (quatrième étape) est le lever du soleil. Toutefois, la transition est formée par le *citrinitas* (passage au jaune) (7). » Cette transition correspond à la phase de l'intuition de l'ordre intérieur, qui prépare sa réalisation dans l'œuvre au rouge, *rubedo.* Alors que l'œuvre au blanc sera une prise de conscience, l'œuvre au jaune est la prescience ou l'intuition de la vérité des choses. Après l'expérience du concret, la personne ressent le potentiel porté par celui-ci. Elle projette l'avenir à partir de ce qui est, elle voit plus clair en elle et autour d'elle. Elle se transforme. C'est l'élément Feu qui détruit et transmute la matière. A ce stade, la personne prend conscience d'elle et de sa vie et va imaginer ce qu'elle peut être.

a) La sensation : la Justice

La Justice tire les premières leçons des actions de l'Empereur. Il est ici question d'un équilibre. Après une certaine façon de faire, il s'agit d'une certaine façon d'être.

7. Jung : *Psychologie et alchimie* (p. 302).

Les sensations vont remettre de l'ordre dans le corps et dans la matière extérieure. La Justice pèse le pour et le contre d'une situation (la balance), puis elle tranche (l'épée) et prend une décision. Le résultat en est une remise en ordre, un rééquilibrage. Cet arcane exprime le moment du bilan (la femme est bien en face de nous et nous regarde), quand il est bon et nécessaire de regarder les choses en face. Elle le fait avec une grande humanité (cheveux couleur chair) et beaucoup de chaleur (robe rouge). Mais il y a une loi d'équilibre dans la vie, et toutes choses doivent suivre ce cours (les attributs et le trône couleur jaune or).

Par exemple, si quelqu'un part d'un endroit, la nature ayant horreur du vide il sera remplacé ou il y aura une restructuration. Dans tous les cas, son départ ne laissera pas une place vide, excepté si cela est voulu comme tel, mais ce n'est alors plus une vacuité mais le fruit d'une volonté. Dans l'univers, le vide crée un appel. C'est une loi d'équilibre de l'ordre cosmique. Il en est de même avec notre corps. Tout manque crée un besoin, et le trop appelle une purification, un rejet. Lorsque ce processus ne peut se faire, la nature crée des compensations pour répondre à sa loi d'équilibre général.

Toute expérience vécue au niveau de la sensation amène à faire un tri pour emmagasiner ce qui est jugé utile, par une instance consciente ou inconsciente. Nos sens effectuent ce tri. Ainsi, nous recevons de multiples informations auditives chaque jour, mais nous sommes capables de ne vraiment entendre qu'une partie de celles-ci. Ce tri s'effectue très souvent à notre insu, par exemple lorsque l'on est concentré sur un travail et que l'on n'entend plus les bruits de la rue. Nos sens viennent aider notre objectif créateur. C'est l'illustration d'une juste alliance des fonctions complémentaires : sensation/intuition.

La Justice est rigoureuse, mais elle reste chaleureuse et humaine. Elle permet de mesurer, dans les plateaux de sa balance, d'un côté l'idéal, de l'autre les limites matérielles, pour pouvoir prendre une décision. Par exemple, une personne veut s'acheter une automobile et rêve d'une belle voiture neuve. Elle va étudier de combien d'argent elle dispose et, à partir de là, faire la part des choses pour décider du type de véhicule qu'elle va finalement acquérir. En tranchant, la Justice permet d'aller vers une nouvelle action. Elle représente une situation de passage entre une action et une autre. Cette étape, qui nécessite un arrêt pour faire le point, n'est pas un blocage mais une phase de bilan pour un nouveau départ.

Dans sa *dimension extravertie,* la Justice observe les éléments d'une situation à l'aide des sens, puis elle effectue un certain tri, ce qui aboutit à une prise de décision.

Dans sa *dimension introvertie,* la Justice rééquilibre intérieurement la personne. Les lois de la nature qui nous gouvernent établissent une remise en ordre physiologique et psychique.

La Justice est une personne équilibrée, rigoureuse et juste. Elle est à l'écoute des grandes lois naturelles et guide ses actions pour rester en accord avec ce grand équilibre. L'harmonie est pour elle une chose essentielle, dans sa dimension concrète aussi bien que psychologique. Elle recherche la position la plus adaptée à une situation, tout en tenant compte des éléments matériels et des rêves, ou de l'idéal. Elle sait prendre des décisions sans se précipiter ni tarder. Ces dernières sont toujours favorables au côté humain, car elle a à cœur de préserver une certaine chaleur et hospitalité. Humaine et décidée, la Justice a un tempérament solide ; on peut vraiment compter sur elle.

Carte inversée : les problématiques de la Justice sont des difficultés à faire le tri, à se décider et à trouver un équilibre. Cela peut se traduire par un problème pour conserver l'intégrité de son territoire. C'est une personne qui aura tendance à se laisser envahir, n'osant pas prendre les mesures nécessaires pour écarter ce qui la gêne et remet en cause son équilibre. La peur de prendre une décision trouve son origine dans un désir de rester en fusion avec l'autre. En effet, prendre une décision c'est prendre position et se séparer du côté que l'on n'a pas choisi. Cette rupture fait écho au vécu des premières tentatives de rupture, de différenciation d'avec l'un des parents ou le frère, la sœur. Si celle-ci a été traumatique (l'enfant risquant de perdre l'amour de l'autre s'il se distingue), l'adulte aura tendance à vouloir être comme tout le monde et surtout à ne pas se faire remarquer.

Un autre aspect de cette problématique est l'instabilité et le manque d'équilibre. Pour quelqu'un qui manque de persévérance et de rigueur, il sera difficile de tirer partie des actions entreprises du fait de son instabilité. Là, il s'agit de la fonction paternelle déficiente. Le père n'a pas poussé l'enfant à affirmer son caractère, ou n'a pas été un modèle suffisant pour le stimuler en ce sens. Devant le premier obstacle, la personne change de route, ne supportant pas la confrontation physique ou psychologique avec celui-ci. Elle flanche, ne pouvant garder l'équilibre. Cela peut se traduire également par le fait de se placer dans des situations par trop périlleuses, ce qui conduira à remettre en cause la situation générale et l'action entreprise.

Prendre position, c'est s'installer dans une situation donnée. Le refus de cette installation est le fruit d'une révolte interne, fixation à un moment de l'existence où celle-ci fut effective mais peut-être pas exprimée contre qui de droit.

L'arcane complémentaire de la Justice est la Tempérance. C'est une image de modération et d'intelligence intuitive ; elle tempère la rigueur de la Justice en lui apportant la souplesse de l'intuition. Elle lui évite d'être trop rigide et figée sur ses positions par un échange diplomate avec l'autre partie.

Le rigorisme et l'immobilité seraient les fruits d'une sensation coupée de l'intuition. Telle une personne ressentant une situation comme négative et qui se bloque, ne cherchant pas la négociation qui, seule, peut amener une issue sans toutefois entamer son territoire. L'alliance de la Justice et de la Tempérance ouvre les portes pour sortir des conflits de façon juste et sans excès.

b) L'intuition : le Pape

Le Pape tire les enseignements des intuitions du Bateleur. Cet homme religieux a une expérience (barbe et cheveux blancs) qui permet de donner à l'intelligence intuitive et fougueuse du Bateleur, une direction en accord avec ce que l'on est. C'est le sens du mot religieux *religare* (relier l'être à lui-même, à ses profondeurs, là où une autre instance inconsciente peut le guider). Le Pape est une figure du guide intérieur, celui qui va exprimer la vision personnelle du monde de l'individu, sa morale en quelque sorte. Ce que le Pape a compris de l'existence, il pourra l'enseigner à son tour à de jeunes adeptes. Ces petits Bateleurs seront alors à même de révéler plus profondément le sens de la vie. Le Pape bénit et enseigne ; il donne des limites et des autorisations. En se mettant à l'écoute de son intuition, le Pape peut exprimer ce qui est bien et ce qui est mal. Ce faisant, il élève ses disciples qui représentent des aspects plus jeunes et instinctifs dans la personnalité. Il les fait grandir et les organise, afin que ces aspects instinctifs puissent trouver le cadre nécessaire à leur développement. Il donne des

limites à ses désirs, pour leur permettre de se réaliser. Car le désir sans limite restera dans l'absolu et ne parviendra pas à devenir réalité, soit par refoulement, soit par trop de violence déstructurée. Ainsi ouvre-t-il une voie pour ses projets. Le Pape représente une image du père positif qui guide et enseigne l'enfant, participant ainsi à l'élever.

Ce guide religieux tient la croix sacerdotale à trois niveaux, symbole de son savoir sur les trois plans du corps, de l'âme et de l'esprit. Il n'assène pas aux autres ses connaissances, il les suggère (sa main est gantée, symbole de pouvoir et de délicatesse). Son chiffre, le cinq, nous indique que cet arcane représente le chemin de l'homme, de l'humanisation.

C'est le rôle de l'homme que de relier le ciel et la terre, l'esprit et la matière. Pour cela, il peut tirer la leçon de ses désirs et de ses intuitions. Notamment, il peut comprendre que son désir le pousse vers ce qu'il a à entendre, car désir et intuition sont liés. Cela ne signifie pas qu'il s'agit d'écouter et de répondre au désir tout le temps, mais qu'il s'agit d'entendre ce qu'il exprime et de comprendre dans quel sens il nous pousse. Ensuite, l'homme est libre de faire le choix de le suivre ou pas. Le Pape exprime la direction que prend tel ou tel désir, telle ou telle intuition.

Dans sa *dimension extravertie,* le Pape est un enseignant, un guide pour autrui, car il reconnaît le sens pris par les choses. Il exprime ce qu'il sait avec bienveillance et humanité.

Dans sa *dimension introvertie,* le Pape a l'intuition de la signification de ses désirs. Il sait se donner des limites, mais aussi s'autoriser à vivre d'une certaine façon, car il se construit une morale personnelle, en accord avec son centre.

Le Pape est quelqu'un de relié avec le centre inconscient de sa personne, qui agit intuitivement dans la bonne direction pour son développement personnel. Il est guidé de l'intérieur, ou a su trouver un guide extérieur (qui va, en fait, exprimer ce qu'il a en lui). Intuitif et bienveillant, il est de bon conseil pour ses amis et son entourage. Il a une certaine autorité du fait de ses paroles avisées. Il sait aussi reconnaître celui qui lui est supérieur, acceptant de se mettre à son écoute et à son école.

Il a le sens de la hiérarchie, des traditions et des structures collectives. Il sait donner une direction sage à ses impulsions en les organisant de la façon la plus favorable. Bon enseignant ou bon élève, il n'est pas attaché aux places de pouvoir. Le sien est ailleurs, et il peut passer de façon fluide d'une position à une autre. Il est vigilant mais compatissant pour celui qui est dans l'erreur. C'est un père attentif et bienveillant.

Carte inversée : les problématiques liées au Pape sont des difficultés à savoir s'orienter dans l'existence, à se donner des limites ou à oser certaines choses. C'est un dogmatisme, une façon rigide d'être attaché à certaines traditions ou croyances. Ou, à l'inverse c'est une révolte permanente qui n'a pas de sens réel dans le présent de la personne. Ce dernier aspect est le contre-pied d'un rigorisme intérieur refoulé. Ce qui apparaît c'est la révolte, alors qu'en dessous il y a une voix rigide qui dicte des principes trop stricts. Par exemple, quelqu'un qui refuse toute discipline, toute règle dans le quotidien, peut très bien avoir un dictateur interne qui exige de lui un maintien militaire, et cela en permanence. Des règles de conduite trop strictes ou une absence de règles aboutissent au même résultat sous des formes différentes, c'est-à-dire une difficulté à trouver la façon juste de se conduire, celle qui est le plus en accord avec le centre de soi-même ou, pour le moins, la plus sage.

Ainsi, un père qui n'a pas donné de règles précises, mais qui, selon son humeur, dit oui un jour et non le lendemain, est très insécurisant pour l'enfant. Ce dernier ne se sent jamais vraiment autorisé à faire quelque chose car il lui manque le lien entre la réalité concrète et la réflexion sur celle-ci. À la place, il a eu droit aux humeurs du père. Cela peut créer une angoisse face à toute prise de position. L'adulte aura à se reconstruire cette fonction paternelle à l'intérieur, pour se sentir béni du dedans, ce qui lèvera l'angoisse.

Se sentir béni, c'est-à-dire s'accepter tel que l'on est et dans ce que l'on désire, est une nécessité pour s'humaniser. En effet, ce que l'on désire est en rapport avec qui l'on est, et là réside le besoin d'accepter intérieurement ce désir.

Par exemple, quelqu'un aura envie d'être le meilleur dans son activité, mais jugera cela comme de l'orgueil et s'empêchera d'agir dans ce sens. En fait, un désir de la sorte peut être porteur pour que l'individu se réalise. La voix moraliste, qui juge, rejette le désir comme non conforme à une certaine idée de comment il faut être. Cette voix est un mauvais guide car elle ne sait pas intégrer le désir dans la conception du monde qu'elle développe. Elle émane certainement d'un complexe et non du centre de la personne. Il s'agit d'éclairer ce dernier pour s'en détacher et ne plus subir l'aspiration d'énergie qu'il développe.

Une autre personne désire avoir un enfant mais pense que ce souhait risque de la bloquer chez elle et d'entraver sa vie active. Cela crée un conflit interne, source d'une angoisse. Derrière cette idée se cache la voix moraliste qui dit qu'une mère doit rester au foyer pour s'occuper de son enfant. Une fois ce Pape à l'envers débusqué, il deviendra possible de trouver le chemin juste, celui du Pape à l'endroit qui autorise et rend la vie possible en accordant ses désirs et sa conception éthique du monde.

Le Pape est cette instance qui se manifeste dedans ou à l'extérieur, et qui guide dans le sens de la vie.

L'arcane complémentaire du Pape est l'Etoile. Elle symbolise la nature dans sa vérité et la foi en la vie. Faire confiance à sa nature profonde est une façon sûre de trouver à se guider dans l'existence. C'est une alliance de la sensation et de l'intuition au plan vital, celui de la manifestation.

c) La pensée : le Chariot

Le Chariot va tirer les leçons de ce que pense l'Impératrice. Il va s'en servir pour avancer dans la vie.

La réflexion de l'Impératrice guide le Chariot dans sa démarche qui rend opérative les idées de celle-ci. Pour cela, il allie deux tendances en lui-même : le côté actif tourné vers les choses concrètes, et le côté spirituel, réceptif, tourné vers ce qui est abstrait (symbolisés par les deux chevaux rouge et bleu, et le sigle S.M. sur le chariot, soufre et mercure).

Chaque cheval s'oriente vers son domaine, mais le personnage dirige l'ensemble de façon cohérente, en amenant l'esprit à regarder du côté de la matière, sans oublier toutefois sa direction propre (attitude du cheval bleu). Le personnage couronné représente le Moi, l'instance consciente qui dirige nos pas.

Le Chariot symbolise le Moi, partie immergée de ce qui constitue le tout de notre individualité. Alors que l'Impératrice crée de la pensée, le Chariot la met en œuvre au sens où ses pensées guident sa démarche. Ainsi dirige-t-il sa vie, sans contraintes ni tensions. C'est le chemin de la réussite de ce que l'on souhaite, car dans le Chariot se réalise l'union des désirs inconscients, pulsionnels (les chevaux) et de la volonté consciente (le personnage). Ce qu'il pense et ce qu'il veut sont en accord avec ce qu'il est, d'où la réussite de ses actions. La devise du Chariot pourrait être : « Je pense ma vie en accord avec ce que je ressens et ce que j'aime est la clé de ma réussite. »

Sur le *plan extraverti,* le Chariot pense à ce qui va le faire progresser. Il dirige de façon cohérente son existence et s'assume dans une certaine indépendance.

Sur le *plan introverti,* le Chariot réfléchit aux éléments nécessaires à son évolution, en se mettant à l'écoute de ses désirs et de son ressenti. C'est ainsi qu'il élabore une certaine image de lui-même qui va guider ses pensées.

Le Chariot est un personnage actif, en mouvement, qui s'assume dans une grande indépendance. Il aime prendre en main sa destinée et agir selon ses pensées. Il est volontaire et sait diriger une situation vers son évolution positive avec aisance, sans brutalité ni à-coups. Il a l'intelligence des situations et sait mener les choses vers leur réussite. Il est à l'écoute de ses désirs, de ce qu'il ressent et de ce qu'il aime. Il sait bien se définir car il a une juste conscience de lui-même. Cela en fait un agréable compagnon. Mais il aime sa liberté et a besoin de pouvoir aller à sa guise.

Il a confiance en lui-même, c'est une grande qualité pour ce qu'il entreprend et pour ceux qui le côtoient. Car, de ce fait, il fera ce qu'il est capable de faire, ni plus ni moins. C'est quelqu'un de fiable.

Il sait s'imposer en société, sans ostentation, car son caractère, bien défini, lui permet d'avoir un certain rayonnement.

C'est un chef qui laissera beaucoup de latitudes à ses collaborateurs, attendant d'eux qu'ils sachent aussi se prendre en charge. S'il s'affirme et se réalise, ce ne sera pas au détriment de ses proches, car il leur souhaite de réussir également.

Carte inversée : les problématiques du Chariot sont des difficultés à s'assumer, à vivre de façon indépendante, un manque de confiance en soi et une tendance à se laisser submerger par ses pulsions. Ce n'est plus la tête qui dirige (le prince), mais ce sont les réactions émotionnelles et instinctives (les chevaux). Par exemple, on dit que quelqu'un est « aveuglé » par la colère : il ne parvient plus à voir la réalité, ni à réfléchir correctement, ses pensées sont perturbées par un sentiment négatif qui trouble sa vision du monde et la fausse. Dans ce cas, la fonction pensée est trop faible et ne parvient pas à surmonter l'invasion du sentiment négatif. Il s'agit de renforcer cette fonction, liée à l'Air, qui seule peut assécher ce trop-plein d'Eau de la fonction sentiment envahissante.

Le manque de confiance en soi peut trouver son origine dans une congélation de la fonction pensée. C'est le cas de quelqu'un dont les parents lui ont refusé d'exprimer son point de vue, car seul le leur avait droit de cité. Cette attitude des parents révèle que ceux-ci, déjà, manquaient de confiance en eux-mêmes.

Le résultat est le refoulement et la « congélation » des pensées personnelles, sources de reproduction du manque de confiance en soi. Il en est ainsi d'une personne dogmatique, qui assène ses opinions comme des vérités évidentes et ne laisse pas l'autre le contredire, sous-entendant : « C'est moi qui commande ici, et tu ne me tiendras pas tête. » Alors, la personne ne tient pas tête et donc ne tient pas ses pensées, étant pétrifiée par l'attitude dictatoriale de l'autre. Il lui faudra retrouver le chemin de sa pensée pour maîtriser ses pulsions sans les refouler. Car la tendance d'une telle personne peut être de se couper en deux, au niveau de la taille, refoulant ainsi tout son côté instinctif, pulsionnel, de peur d'être dépassée par celui-ci, car elle

« sait » qu'elle ne peut pas tenir tête (en fait, aux pulsions de l'autre).

Le manque d'indépendance se traduit par le besoin d'être sans cesse soutenu par quelqu'un ou en présence des autres. La personne ne parvient pas à penser par elle-même et recherche l'approbation d'un autre individu à l'égard de ses faits et gestes ou de ses idées. Ou bien celle-ci ne supporte pas la solitude ; le fait de se retrouver face à elle-même la conduit à l'angoisse. Ces deux attitudes relèvent du même processus que le manque de confiance en soi. Il s'agit d'amener cette personne à se définir et à se discerner par la pensée.

Le développement de la pensée équilibre la fonction complémentaire, le sentiment. Ainsi le Chariot permet-il de faire vivre l'arcane complémentaire, le Diable, sans refouler les désirs et les sentiments sulfureux qu'il exprime, car le Chariot les canalise de façon productive. Au contraire, un Chariot coupé du sentiment serait une affirmation froide et par trop solitaire de sa personnalité. Car une pensée précise et active coupée des pulsions fera fuir les autres par l'ambiance glaciale qu'elle installera. Tandis qu'une affirmation personnelle en accord avec ses sentiments profonds est de nature à rassembler autour de soi.

d) Le sentiment : l'Amoureux

L'Amoureux tire l'expérience du sentiment éprouvé par la Papesse. La Papesse ressent l'existence de façon positive, et cela la conduit à aimer la vie sous toutes ses formes. L'Amoureux en retire le sentiment d'être parmi les autres, égal et différent, capable de les aimer et d'être aimé d'eux. C'est la joie de vivre et de partager des moments avec ses semblables. C'est le plaisir et la capacité d'instaurer une intimité qui unit les êtres par le cœur en leur laissant leur individualité. L'amour n'est pas fusion des personnalités, c'est une union, un lien entre des individus distincts. Dans l'Amoureux, le personnage

central unit la beauté extérieure, symbolisée par la jeune femme blonde, et la beauté intérieure que représente la femme couronnée à l'allure ingrate. Il sait être touché par ces deux formes de sensibilité. Le sentiment peut prendre des chemins différents (intérieur ou extérieur) qui se valent et se rejoignent. L'Amoureux ne se pose pas la question de choisir entre les marques extérieures ou intérieures de la grâce ; il les relie en son cœur. Il aime la souplesse et la rigueur, la tendresse et la fermeté. Ses valeurs différentes trouvent à s'harmoniser dans son sentiment.

Ces deux femmes représentent aussi la vieillesse et la jeunesse, signifiant que l'Amoureux aime tous les âges de la vie et peut être amoureux à tout âge. Elles sont aussi la mère et l'épouse, la femme intérieure (la sensibilité de la personne) et la femme extérieure (la compagne). L'Amoureux ne les oppose pas, mais les concilie. Les flèches de l'amour viennent d'en haut, du monde du soleil, c'est dire que le sentiment a une dimension spirituelle, nous reliant à l'esprit. C'est la compréhension du cœur, la plus élevée, la plus entière.

Dans sa *dimension extravertie,* l'Amoureux est celui ou celle qui aime ses proches, sans faire de distinction dans la qualité de son sentiment. De ce fait, il attire et rassemble autour de lui.

Dans sa *dimension introvertie,* l'Amoureux ressent de l'amour pour des choses ou des êtres différents ; cela lui permet d'harmoniser en lui des tendances apparemment opposées. C'est un facteur de cohésion interne.

L'Amoureux est un personnage aimant, qui attire autrui par sa faculté de ressentir. Il n'hésite pas à montrer ses sentiments, car il accorde de la valeur à son ressenti profond.

C'est une personne qui aime être entourée, créant facilement des liens affectifs, en général pour le plaisir de ceux qui l'entourent. Elle est attentive aux réalités de chacun, et cherche à harmoniser les ambiances et les relations. C'est un diplomate parfait dans les litiges, qui saura trouver la voie du rassemblement. Il aime les relations intimes où peuvent s'exprimer les sentiments de chacun. Personnage compréhensif, l'Amoureux fait parler son cœur. Il préfère les positions du juste milieu plutôt que les attitudes extrêmes, car il est porté à rechercher les motivations internes qui révèlent le côté humain des choses et des gens. Lorsqu'une décision s'impose, il fera toujours le choix du cœur. Il sait aussi bien accueillir sa sensibilité que reconnaître et accepter celle des autres. C'est une image de l'éternel féminin, ce que Jung a appelé l'anima, instance psychique qui aime et rassemble.

Carte inversée : les problématiques de l'Amoureux sont d'ordre affectif et relationnel. Il s'agit de difficultés à accueillir ses sentiments et à reconnaître ce qui le touche. Plus une personne sera proche et plus cette difficulté sera grande. Cela traduit une peur de perdre l'amour ou l'amitié de l'autre si on montre ses sentiments ou ses pulsions, d'où une intimité délicate ou impossible. Le sujet ne peut être proche de quelqu'un de peur de se retrouver coincé dans cette relation, du fait de l'impossibilité qu'il ressent à exprimer ce qui est en lui. Cela conduit à des comportements de fuite et d'isolement. Un sentiment de manque d'amour peut s'installer, créant un vide intérieur, source d'angoisse qui est, en fait, le fruit d'un isolement trop grand et d'un manque de relations de proximité.

Le mode de vie actuel dans les villes tend à accentuer ce phénomène. Mais l'origine se retrouve dans une relation parentale soit trop étouffante, soit trop distante, ou dans une éducation où l'on n'a pas été autorisé à montrer ce que l'on ressentait. Mais aussi lorsque les sentiments négatifs priment dans les relations familiales, conflits fréquents entre les parents par exemple, l'enfant peut se fermer à toute intimité, cette dernière devenant synonyme de souffrance.

Toute blessure affective peut conduire à une attitude de retrait et à un sentiment de manque affectif. Pour faire évoluer une telle situation, il est nécessaire d'utiliser la fonction pensée pour reformuler des sentiments plus humains. Par exemple, quelqu'un a le sentiment qu'un de ses collègues ne l'aime pas et en souffre. Il lui faudra vérifier cette impression par des initiatives concrètes pour connaître la réalité de celle-ci. Car il s'agit fréquemment d'une projection et, en fait, c'est la personne elle-même qui n'aime pas son collègue, sans oser se l'avouer. Sortir des idées préconçues pour aller à l'épreuve de la réalité est une façon de conjuguer les fonctions sentiment et pensée. Il est à noter que dans ce cas le sentiment va se traduire par une idée négative : « Je pense qu'il ne m'aime pas », alors qu'il s'agit d'un ressenti formulé par une pensée. Ce type de réaction est spécifique des personnes (notamment des hommes) coupées de leur sentiment. L'individu croit que c'est une pensée alors qu'il s'agit d'un sentiment. Il est déterminant de remettre les fonctions en place, car l'issue est dans la pensée, ce qui paraît impossible tant qu'il y a confusion.

L'arcane complémentaire de l'Amoureux est la Maison-Dieu, arcane symbolisant la recherche de la vérité, hors des clichés qui enferment. C'est une pensée pragmatique, une pensée agissante qui complète le sentiment pour lui donner une base de réalité. L'amour du proche, qui s'appuie sur la réalité objective de celui-ci, réalise une juste alliance du sentiment et de la pensée.

6. Troisième étape : l'œuvre au blanc, la transformation

Sentiment : le Pendu. *Pensée :* la Roue de fortune.
Sensation : l'arcane 13. *Intuition :* l'Hermite.

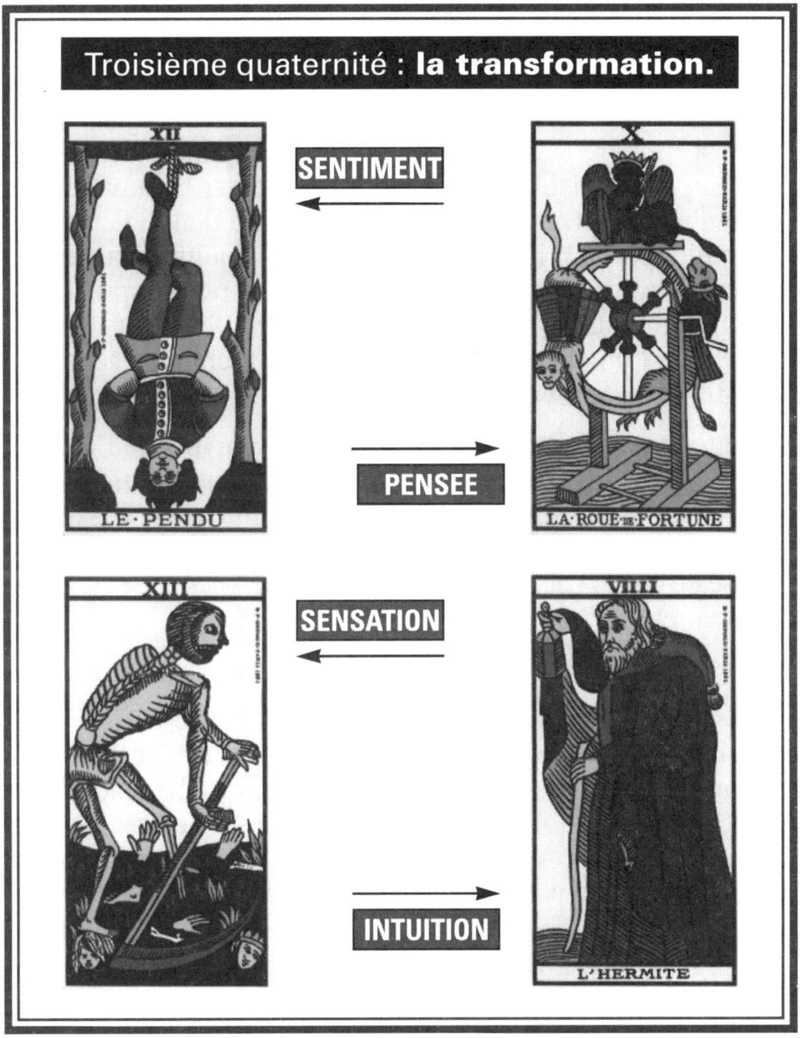

Cette troisième étape de l'œuvre est le moment médian où l'on va faire le point avant de repartir vers la seconde partie de l'évolution : les étapes 4 et 5. Phase de bilan et expression des deux premières étapes, la phase 3 a une dynamique interne de transformation. Elle transcende la forme pour révéler l'esprit de la forme. L'émergence de cet esprit de la matière sera plus manifeste dans les deux phases suivantes. Mais avec cette troisième quaternité se joue le passage de ce qui existe et est intégré ou accepté, à ce que cela signifie. Le sens de la vie commence à se révéler.

C'est l'œuvre au blanc qui est associée, dans l'alchimie, à l'aigle et symbolise le besoin de faire émerger la lumière et la compréhension. Cette pénétration du regard de l'aigle permet de développer la prise de conscience. Un double mouvement est possible : la matière se laisse pénétrer par l'esprit (c'est une ouverture de la personne) ou la matière s'élève et se transforme (c'est un allégement de contenus psychiques négatifs). Il s'agit d'un nettoyage psychique.

Cette étape de l'œuvre correspond à l'univers de l'Air. Le chiffre trois indique la transformation et l'ouverture sur un monde plus grand. La personne comprend mieux le sens de son incarnation et perçoit qu'un ordre plus grand l'entoure. C'est la prise de conscience de l'univers des archétypes et de l'inconscient collectif.

a) La sensation : l'Arcane sans nom

L'arcane 13 est le seul arcane qui n'est pas nommé. Le nom d'un arcane symbolisant sa Terre, sa matière, l'arcane 13 n'a pas de réalité tangible ; il est tout entier dans les domaines psychique et spirituel. Avec lui, la sensation se transforme, passant du plan strictement concret au plan symbolique.

C'est l'arcane de la transformation et du grand nettoyage.

Le squelette qui fauche évoque la mort. Mais il est couleur chair et sa fonction est de nettoyer, en les détruisant, les vieilles

idées (les deux têtes), les vieilles manies (les mains), les vieilles démarches et structures (pieds et os). Il fait place nette pour que le nouveau puisse fleurir de cette terre noire, la matière première des alchimistes, notre inconscient. Ce travail est une véritable transformation intérieure. Ce squelette est notre structure (la colonne vertébrale) en action. Cela se produit lorsque l'on éprouve la sensation de ce qu'il faut faire. Et cela devient incompressible, c'est une nécessité absolue car derrière, dans l'inconscient, une énergie neuve pousse. L'Arcane sans nom prépare le terrain du renouveau. Le côté conscient (blanc de l'arcane) sent le besoin d'aider l'inconscient (noir) à se révéler, et agit en conséquence. Il s'agit d'une action transformatrice. Le personnage de l'arcane est tourné vers l'avenir (la droite), comme le Mat. Tous deux agissent pour demain, à l'inverse des personnages tournés vers le passé, l'origine (la gauche) ou posés de face, dans le présent.

L'Arcane sans nom et le Mat sont aimantés vers la fin, le vide. Ils aiment ce vide, qui évoque quelque chose de transcendant.

Le squelette faucheur accepte de faire du vide sans savoir ce qui va advenir. C'est un risque. Il va à l'encontre du vieil adage : « On sait ce que l'on a, on ne sait pas ce que l'on aura », qui conduit à ne surtout rien changer. En fait, l'action de cet arcane va structurer la personne et porter des fruits (colonne bien marquée qui se termine par une fleur). Mais il faut se lancer dans le vide d'abord et, pour cela, être prêt, sinon on risque de tomber et de se faire mal. Il est nécessaire d'avoir une juste appréciation de la situation.

L'Arcane sans nom représente une personne décidée, qui agit de façon déterminée et décisive. Elle transforme de vieilles habitudes pour permettre à une situation de se renouveler. Elle est très sensible à ne pas rester dans la stagnation. Avec cet individu les choses sont menées rondement et les grandes décisions sont prises à temps. Son énergie contribue à dynamiser son entourage, ses actions sont courageuses et énergiques. Elles conduisent à faire le nettoyage nécessaire pour accueillir le nouveau. Cette personne développe une énergie active puissante, transformatrice et créatrice. Il est difficile de s'opposer à une telle force. Toutefois, son action va dans le sens de la vie.

Dans sa *dimension extravertie,* l'Arcane sans nom est une force de transformation de tout ce qui est dépassé, inadapté aux nécessités du moment. Il agit pour faire passer les formes anciennes vers les nouvelles. Son action est radicale et vivifiante.

Dans sa *dimension introvertie,* l'Arcane sans nom transmute les énergies personnelles anciennes en forces nouvelles. C'est la fin du vieux Moi et le passage vers une personnalité renouvelée, mieux en accord avec les nécessités présentes.

Carte inversée : les problématiques de l'Arcane sans nom sont des difficultés à effectuer les transformations nécessaires. Cela conduit à des attitudes à caractère morbide, où l'énergie est retournée contre soi-même, pouvant conduire jusqu'à des formes d'autodestruction.

Lorsqu'une personne a l'habitude de réagir d'une certaine façon et que celle-ci n'est plus adaptée à sa situation présente, l'énergie ne peut pas s'investir correctement et devient bloquante ou destructrice pour la personne. Par exemple, quelqu'un a le pli de toujours attaquer l'autre lorsqu'il doit lui demander quelque chose. Cette attitude peut provenir d'une relation au parent dans laquelle, pour obtenir ce qu'il veut, l'enfant a dû insister avec une certaine violence. Cela étant induit par l'attitude du parent qui veut se faire violer pour répondre à la demande, ou qui ne sait pas résister à de telles façons, ce que l'enfant a rapidement compris. Si l'adulte persiste dans cette façon d'être, quelle que soit la relation à l'autre, il va connaître des déboires. Alors son énergie, mal utilisée, se retournera contre lui.

Une personne qui ne parvient pas à agir verra aussi son énergie se retourner contre elle. Par exemple, elle s'en voudra de toutes ses réactions, se trouvera incapable et s'accablera de maux. Cela pourra la conduire jusqu'à la maladie physique. En fait, la difficulté vient d'une action non entreprise, quoique indispensable dans le présent de la personne. Dans toute névrose il y a une stagnation de l'énergie, c'est-à-dire un acte bloqué. Cela peut provenir d'une trop grande différence entre les conceptions de la personne et l'acte nécessaire.

Par exemple, quelqu'un ayant des idées impératives de fidélité conjugale, mais ne vivant pas une relation sexuelle satisfaisante, peut se refuser à vivre une expérience extérieure au couple qui, pourtant, serait enrichissante sur le plan d'un épanouissement physique et psychique. Cet acte serait source de transformation, mais la personne ne peut s'y résoudre ; alors, l'énergie bloquée peut l'entraîner dans une attitude névrotique dont les signes sont souvent fort éloignés du problème de base. Dans une telle situation, il s'agit d'aller chercher la fonction complémentaire, l'intuition, qui est représentée par l'arcane l'Hermite nous indiquant de regarder à l'intérieur de l'être pour trouver son véritable chemin spirituel.

Seule l'intuition de sa vérité intérieure peut guider dans des actes qui tranchent fortement avec les terrains connus. C'est la leçon de la complémentarité de l'arcane l'Hermite et de l'Arcane sans nom.

b) L'intuition : l'Hermite

L'Hermite met en œuvre les leçons du Pape par une intuition active. Cet arcane illustre la démarche spirituelle.

C'est l'acte de choisir sa route à la lumière de son intelligence et en se guidant par son intuition. C'est l'image de ce vieil homme sage et humain qui avance à pas mesurés à l'aide de sa lanterne et de son bâton. L'Hermite avance avec prudence, cherchant le juste chemin dans le dédale de l'existence. Son bâton d'intuition lui indique l'orientation à prendre et la lumière de son esprit lui permet d'exprimer le sens de cette orientation. Il fait la lecture de son intuition, ce qui rend consciente sa démarche (bras droit blanc). Comme la Papesse, son vêtement est rouge dedans et bleu dehors, ce qui exprime sa chaleur intérieure et son apparence calme et sereine à l'extérieur. A l'inverse du Pape qui est calme et serein dedans, et chaleureux à l'extérieur.

L'orthographe de son nom est particulière, car il est écrit « l'**h**ermite ». Ce H symbolise la dimension humaine de ce personnage, h comme homme, et aussi comme Hermès, le dieu de l'intelligence, messager et juge intérieur. « Hermès personnifie la révélation de la sagesse aux hommes et du chemin de l'éternité. Il est la parole qui pénètre jusqu'au fond des consciences (8). »

La parole de l'Hermite est profonde, elle peut faire de celui-ci un guide spirituel pour ceux qui l'entourent.

Image de la recherche de la vérité intérieure, l'Hermite symbolise toutes les formes de thérapeutes et de chercheurs en sciences de la vie. Tourné vers la matière (à gauche), il cherche à la décrypter, à l'inverse de sa carte complémentaire, l'Arcane sans nom, qui est tourné vers l'esprit (à droite). L'Hermite guide la transformation de la matière en la nommant.

---

8. *Dictionnaire des symboles (op. cit.).*

Dans sa *dimension extravertie,* l'Hermite s'appuie sur son intuition dans ses recherches sur le domaine du concret, pour pouvoir en parler, exprimer ce qu'il est. Son désir de connaître l'origine de chaque chose guide sa curiosité.

Dans sa *dimension introvertie,* l'Hermite cherche à nommer ce qui se passe en lui-même, en particulier il exprime ses intuitions et ses désirs, leur donnant un sens. Il révèle la signification de son cheminement.

L'Hermite est un personnage capable d'analyser ce qui se passe dans sa vie, comme ce qui se passe dans le monde. Prudent et mesuré, il sait prendre le temps d'examiner une situation avant d'émettre un avis, de prendre une décision et d'agir. De ce fait, sa pensée sera profonde, sa parole écoutée car ses conseils sont très avisés.

Quant à ses actions, elles seront empreintes de chaleur humaine et auront des vertus thérapeutiques, aussi bien pour lui-même que pour son entourage. Sa vie est guidée par son désir de connaissance. Aussi, sa curiosité intellectuelle n'est-elle jamais gratuite ; elle correspond à ses désirs et intuitions profondes. Homme de désir et d'intelligence, il a la patience et la ténacité d'un sage, alliées à un désir de vivre épicurien.

Sa démarche est très personnelle, car il cherche à donner un sens à sa vie par la quête de sa vérité intérieure à tout moment. En ce sens, il est seul, mais ce n'est pas un solitaire.

Carte inversée : les problématiques de l'Hermite sont des difficultés à s'ouvrir aux autres, du fait d'une trop grande introversion, ce qui en fait un solitaire. C'est aussi la recherche du sens des choses sans contact avec le réel, d'où un intellectualisme stérile, source de pensées ou d'actions obsessionnelles. Enfin, c'est une lenteur excessive, souvent due à un perfectionnisme, qui paralyse l'action et la dynamique créative.

A l'origine, le père n'a pas rempli sa fonction de guider l'enfant dans une direction qui donne un sens à la vie. Cette fonction manque dans la personne. Elle aura besoin de se construire cette faculté, de nommer ce côté irrationnel en elle, qui peut l'orienter dans l'existence. Une telle prudence active est une attitude sage. Si la personne ne l'observe pas, elle peut soit se jeter tête baissée dans toutes sortes d'entreprises et se heurter – parfois violemment – à des obstacles, source d'un sentiment d'échec et d'une attitude de repliement, soit éviter la fréquentation d'autrui par crainte de l'échec. Avoir une attitude timorée, sans oser prendre position relève d'un manque d'esprit capable d'orienter de façon ferme la personne. Elle ne peut pas s'appuyer sur une pensée logique qui prend en compte l'irrationnel, l'intuitif.

Cela conduit aussi à voir des signes partout, sans véritable discernement, ni relation avec un ressenti interne. Dans ce cas, la capacité d'analyse est coupée du corps et du concret. Par exemple, quelqu'un assiste à un accident et en déduit que c'est un avertissement personnel par rapport à sa conduite, notamment à propos d'une de ses peurs rituelles. Dans ce cas, la lecture du réel vient alimenter la névrose, justifiant le bien-fondé de cette dernière. Il s'agit de briser ce cercle infernal en réajustant la lecture faite d'événements de la réalité. Cela aura pour effet d'intervenir sur l'énergie de la fonction complémentaire (celle de l'arcane n° 13), pour retourner l'action névrotique en acte transformateur.

En éclairant le réel, l'Hermite est guidé par son intuition, faute de quoi il risque d'exprimer toutes sortes de choses sans aucune nécessité. De telles actions sont absurdes, ne trouvant leur logique qu'en elles-mêmes. Par exemple, le fait de collectionner des rapports d'activités et de faire leur synthèse alors même que leur objet est totalement dépassé, ceux-ci n'ayant de sens qu'au moment où ils ont été rédigés.

L'alliance de l'Hermite et de l'Arcane sans nom aboutit à des actions créatrices et transformatrices, s'appuyant sur une parole intuitive et logique donnant un sens à sa vie.

c) La pensée : la Roue de fortune

L'esprit du Chariot a animé la matière ; avec la Roue de fortune il s'agit de définir son identité, de se poser des questions et d'y apporter des réponses. Trois personnages illustrent cet arcane. En haut, un sphinx bleu tenant une épée représente la tête pensante qui questionne et tranche. Le singe accroché à la roue descend dans les profondeurs de l'être pour trouver les réponses à l'intérieur et en bas dans le concret, tandis que le chien sacré, l'Anubis, remonte apporter les réponses au sphinx, n'écoutant que ce qui se passe en lui (les oreilles bandées). Ainsi tourne la vie, éternel cycle de questions et de réponses pour affirmer toujours d'avantage le noyau central de la personne, lui permettant de se recentrer sur elle-même.

La Roue de fortune exprime la quête de soi-même. Cette roue de la vie peut apporter la bonne ou la mauvaise fortune selon la relation que l'on entretient avec le centre de son être. Lorsque la personne pense et agit en accord avec elle-même, les événements de l'existence lui seront favorables. A l'inverse, une bonne fortune exprime un recentrage sur le cœur de sa personne, conscient ou non.

La manivelle qui fait tourner la roue est libre. Nous avons la possibilité de la prendre en main. Ainsi, cet arcane nous révèle que notre destin dépend aussi de nous, et que la pensée qui pose des questions et y apporte des réponses est un facteur de création de sa vie.

L'art de se poser les bonnes questions au moment où il faut, et celui de savoir chercher ou d'entendre les réponses à certaines questions de la vie, ces deux aspects représentent la capacité de l'homme à prendre en main son destin. Par exemple, une situation qui se poursuit sans heurts apparents peut faire naître la nécessité de se poser des questions qui vont sortir la personne de sa tranquillité mais qui, dans le même temps, vont lui permettre d'éviter une stagnation destructrice à plus long terme.

La Roue de fortune représente un personnage qui se questionne de façon juste et créative, pour bien maîtriser les événements de sa vie et les accompagner dans le sens d'une réalisation positive. C'est un actif, dynamique, à l'esprit ouvert. Il est à l'écoute de ce que lui font ressentir les diverses situations qu'il traverse et sait en tirer parti. Son intelligence l'amène à ne pas être submergé par certaines situations délicates, car il sait en tirer l'enseignement et trouver des issues. Cette capacité est le fruit de son bon ancrage dans la réalité. Ce n'est pas un utopiste ; il réfléchit de façon réaliste. Cela ne l'empêche pas de développer une créativité pleine de ressources et d'inattendu.

Il est à la recherche de sa vérité et de celle des autres. Sa sincérité dans cette démarche lui amène des succès.

Dans sa *dimension extravertie,* la Roue de fortune est la capacité de se questionner sur l'extérieur et d'apporter des réponses créatrices à ce questionnement. C'est l'art de prendre les choses en main.

Dans sa *dimension introvertie,* la Roue de fortune est la capacité d'entendre les pensées qui viennent de l'intérieur et qui sont susceptibles de changer sa situation. C'est la pensée créatrice.

Carte inversée : les problématiques de la Roue de fortune sont des difficultés à prendre sa vie en main, une tendance à se laisser ballotter par les événements extérieurs. C'est développer une conception de la vie comme une suite cyclique sur laquelle on n'a pas d'influence possible. Une telle pensée, à l'inverse de la pensée créatrice, est un fatalisme inhibiteur. Il s'agit aussi de questionnement coupé du réel, par exemple une personne qui se pose toujours les mêmes questions sur les autres sans regarder en quoi Untel ou Untel diffère de l'idée qu'elle a dans la tête. Dans ce cas, on peut dire que la personne est comme possédée par un mode de pensée prédéterminé. Un esprit l'habite, qui l'empêche de voir et de penser le réel. Cette situation est source de mauvaise fortune et d'échecs et peut renforcer la personne dans son mode de penser erroné, en alimentant sa névrose. C'est comme si le fait de projeter des idées négatives sur l'extérieur appelait le négatif. En fait, il s'agit d'un décalage entre ce qu'est vraiment la personne et sa façon de penser et d'agir, d'où les échecs. Dans ce cas, l'esprit négatif peut provenir de l'éducation ou aussi des idées véhiculées par la collectivité.

Un autre aspect peut être une pensée figée, comme pétrifiée par un événement extérieur ; c'est le « blanc dans la tête », rien ne vient. La personne perd ses moyens. En fait, il s'agit d'une pression interne trop forte d'un type de pensée, du style : « Tu dois réussir », qui prend tant de place qu'il n'en reste plus pour la pensée autonome de l'individu.

Dans ces différents cas, le recours à la fonction complémentaire – le sentiment – s'avère nécessaire et souvent débloque l'énergie qui peut recirculer naturellement.

L'arcane complémentaire de la Roue de fortune est le Pendu qui symbolise un « lâcher prise » et une acceptation du ressenti interne. Or, une pensée parasite peut faire paraître ce ressenti comme non acceptable dans une situation donnée. Il en est ainsi des « ce qu'il faut faire et penser » qui peuvent s'opposer à ce que l'on ressent, perçu comme non convenable, non conforme aux usages. Seule une véritable alliance du sentiment et de la pensée permet de développer une pensée créatrice et de prendre en main sa destinée.

d) Le sentiment : le Pendu

Le Pendu élève et transforme les sentiments de l'Amoureux. Il voit la vie autrement et laisse passer l'énergie du sentiment à travers lui. Il en éprouve un sentiment de plénitude (arcane n° 12, la totalité, le zodiaque). Il représente le « lâcher prise », l'acceptation de ce que l'on est et de ce que l'on aime. Sa position non conformiste fait de lui un être original, relié à l'origine. La sienne est au ciel (là où il est accroché par un pied), ce qui signifie qu'il est lié à l'univers de l'esprit. En accueillant l'esprit de chaque chose, il est rempli d'une énergie bienfaisante qui lui apporte cette sérénité et cette plénitude. C'est un chemin d'initiation. Le Pendu exprime le retournement de l'être. A un moment donné de l'existence les valeurs s'inversent : ce qui était primordial devient secondaire et le sens de la vie prend le pas sur la recherche de résultats à tout prix. Cependant, on ne peut se retourner que si on a réalisé sa propre valeur. Avant cela, toute attitude de lâcher prise devient un sacrifice, ce qui est inutile.

Le Pendu est encadré par deux troncs d'arbres ayant chacun six branches coupées. Cette image évoque les étapes de l'évolution spirituelle du personnage. Il a su se diriger à chaque fois vers l'essentiel et non se perdre sur des chemins de traverse. L'écoute intérieure de ce que lui exprime son sentiment est son véritable guide. Cela l'a conduit à cette position inversée où ses pensées servent la matière en accord avec l'esprit de celle-ci. C'est lui qui fait le lien entre corps et esprit ; il est un canal d'une énergie cosmique.

Le Pendu est un personnage original, non conformiste, qui suit un chemin très personnel à l'écart des grandes routes très fréquentées. Il est novateur dans sa façon d'être et d'agir, car il se guide sur ses sentiments profonds. Son regard sur le monde est emprunt d'esprit car il sait reconnaître, au-delà de la forme, le sens d'une situation. C'est par l'écoute de son cœur qu'il comprend la vie. Il peut laisser les événements agir et intervenir par la force de sa pensée, car elle s'appuie sur un savoir du cœur. Il sera très écouté, mais pas toujours facilement compris de tous. Il n'hésite pas à prendre des décisions qui peuvent paraître osées.

Enfin, c'est quelqu'un qui diffuse un sentiment d'amour autour de lui, ce qui lui vaut d'être entouré, bien qu'il ne le recherche pas spécialement. Ses paroles peuvent être ressenties comme visionnaires.

Dans sa *dimension extravertie,* le Pendu est la capacité de voir et ressentir le côté caché et profond des choses, ce qui va dicter sa conduite dans l'existence. Il accepte la réalité telle qu'elle est, sans chercher inutilement à la changer, mais il apprend à l'aimer.

Dans sa *dimension introvertie,* le Pendu est la capacité de ressentir la vérité de ses propres sentiments en diverses circonstances, et de s'aimer ainsi. Ce faisant, il capte et peut accumuler l'énergie dont il a besoin pour ses objectifs.

Carte inversée : les problématiques du Pendu sont des difficultés à s'accepter tel que l'on est, dans sa réalité présente. La personne ne lâche pas prise à l'égard de vieilles conceptions d'elle-même ou de la vie, et cela la conduit à un véritable blocage. Par exemple, quelqu'un qui se veut toujours aimable et serviable va bloquer toutes ses réactions négatives, les jugeant inacceptables. Cela va accumuler l'énergie dans son corps et sa psyché et risque de conduire cette personne soit à exploser un jour pour une broutille (ce dont elle se culpabilisera), soit à se créer une maladie psychosomatique ou à prendre du poids. Ces signes sont ceux d'un blocage énergétique qui traduit, peu ou prou, une attitude de sacrifice de soi-même. La personne peut avoir le sentiment de bien faire alors qu'en fait, elle n'écoute pas son sentiment véritable et ne s'autorise pas à être vraiment elle-même. Certains ont l'impression que c'est autrui qui les bloque ainsi. En réalité, ce sont plutôt des voix internes qui dictent une sorte de morale surannée que la personne peut avoir tendance à projeter sur l'attitude d'autrui. Cette morale pétrifie la personne, qui se trouve alors dans l'impossibilité d'agir.

Par exemple, quelqu'un qui a une certaine idée de sa tâche professionnelle ou parentale peut être bloqué par celle-ci alors que la situation appelle plus de souplesse et une autre façon de voir. Le « lâcher prise » est nécessaire dans le cas d'une conception inadaptée à la réalité présente.

L'arcane complémentaire du Pendu est la Roue de fortune qui appartient à la fonction pensée. L'alliance de ces deux arcanes aboutit à un ressenti de sa réaction profonde accompagné d'une capacité à penser sur ce dernier. Cela conduit à une attitude active sur une acceptation réceptive d'une réalité. Sinon, l'acceptation seule peut mener à une passivité, une forme d'impuissance béate. C'est une des formes mal comprise de la spiritualité.

7. Quatrième étape : l'œuvre au rouge, la création

Sentiment : le Diable.
Sensation : l'Etoile.
Pensée : la Maison-Dieu.
Intuition : la Tempérance.

Cette quatrième étape correspond à une phase féconde et productive de l'œuvre. Après le baptême de l'air, l'œuvre au blanc, la matière produit, crée et procrée. C'est l'œuvre au rouge, la réalisation vitale. Le *rubedo* des alchimistes est la dernière phase de l'œuvre ; c'est le lever du soleil, l'émergence du centre dans la personne. L'*albedo* (l'œuvre au blanc) et le *rubedo* (l'œuvre au rouge) constituent le Roi et la Reine qui vont célébrer les noces alchimiques. C'est le mariage de l'Air et de l'Eau, de la pensée et du sentiment. Cette quatrième étape est en effet en relation avec l'Eau qui relie les choses. C'est l'univers du sentiment. L'Eau est fécondité, elle symbolise l'eau de vie, rouge comme le sang. Quant au chiffre 4, il nous signale la matérialisation des efforts précédents. L'énergie, à ce stade, se structure et s'organise pour donner naissance à une forme complète et dynamique.

La nature véritable de la personne se révèle. Son centre dynamisé, émerge et devient créateur, il est lié au sentiment.

a) La sensation : l'Etoile

Avec l'Etoile se dévoile la nature sans fard de la personne. Symbole de transparence et de simplicité, l'Etoile représente la vérité toute nue sortant du puits. Venant des profondeurs de la nuit, le naturel de la personne se révèle sous les traits de la beauté et de l'harmonie. Notre vraie nature est belle lorsque nous acceptons de la révéler. Cette façon spontanée de se montrer, sans masque, est celle de l'étoile qui brille au firmament. C'est une star, celle que l'on voit, que l'on admire pour son aspect unique, car elle ne ressemble qu'à elle-même. Elle verse l'eau douce et l'eau salée dans le fleuve de la vie.

Elle donne tout ce qu'elle est, son côté tendre et son côté piquant. La dualité est dans la nature. Généreuse et pleine d'esprit, l'Etoile symbolise la foi en la vie. Elle est un guide dans la nuit, telle l'étoile du Berger guidant les Rois mages vers l'enfant Jésus. Elle représente l'espoir et l'avenir.

La jeune femme est agenouillée dans un désert où seul pousse un arbre surmonté d'un oiseau noir. Elle y est pour trouver sa vérité personnelle, celle qui va la mettre en harmonie avec l'univers (l'oiseau noir : esprit éternel). Elle se reconnaît et n'a plus rien à se cacher de ses pulsions et de sa personne. Son action est donc empreinte de vérité et de simplicité. Cela lui amène la chance.

L'Etoile est une personne ouverte et simple, qui donne facilement aux autres. Sa générosité n'est cependant pas aveuglement. Sa capacité de ressentir autrui lui permet d'apporter l'apaisement ou l'encouragement nécessaires. Elle se montre sans fard et attache de l'importancc aux choses vraies. Elle a besoin d'un rapport équilibré à la nature.

Par ailleurs, c'est une personne sensible à l'esthétique et les arts plastiques l'attirent. Elle sait créer une harmonie autour d'elle, dans la décoration de son intérieur comme dans ses relations avec les autres. Agréable, sensible et douce, elle sait aussi se montrer crue lorsque cela lui paraît utile. Sensuelle et spontanée, elle plaît beaucoup par ses charmes. A l'aise et menant une vie saine, elle jouit d'une excellente santé. Elle est aussi tournée vers l'avenir et sait se guider vers un chemin d'harmonie. Sa foi en l'existence la rend active et positive, même dans les moments sombres et difficiles.

Dans sa *dimension extravertie,* l'Etoile exprime la joie et la douceur de vivre. Elle révèle la nature des choses et des gens, créant une harmonie autour d'elle.

Dans sa *dimension introvertie,* l'Etoile porte l'espoir et rayonne par sa douceur et sa simplicité. Elle est à l'écoute de son corps et réagit en accord avec sa nature.

Carte inversée : les problématiques de l'Etoile sont des difficultés à entendre sa vraie nature et à la suivre. Dans ce cas, il y a rétention de l'énergie vitale qui ne s'écoule plus librement. Cela conduit à des malaises ou à des maladies physiques, car l'Etoile régit la santé. La personne n'écoute pas les messages qui émanent de son corps, ou ne les comprend pas. Par exemple, des maux de tête inexpliqués par une difficulté digestive ou un organe malade sont un message du corps concernant des pensées inadaptées à la situation. Ainsi, quelqu'un qui pense que sa femme lui en veut lorsqu'elle lui fait des remarques peut somatiser par des maux de tête si cela n'est pas la réalité mais le fruit de ses pensées névrotiques.

Le mal de dos est un exemple typique des douleurs somatiques, exprimant que la personne « en a plein le dos » de quelque chose, à révéler. Le plexus bloqué entraîne des difficultés digestives, exprimant une angoisse inconsciente face à une situation présente ; là aussi il s'agit de travailler à découvrir la réalité profonde de la personne qui, seule, pourra la soulager de ces souffrances physiques. La seconde partie de cet ouvrage traite un certain nombre de cas de ce type, de façon plus approfondie.

Une autre problématique de l'Etoile consiste à ne pas pouvoir se montrer tel que l'on est. C'est le cas dans les complexes physiques : une personne se trouvant trop grosse ou trop maigre, ou n'aimant pas son nez, va développer des comportements d'évitement face à certaines situations, notamment amoureuses, pour ne pas se trouver confrontée à ce problème.

La question posée par l'Etoile est d'accepter de se donner aux autres tel que l'on est. L'arcane complémentaire, le Pape, participe à cette résolution car il inscrit la personne – avec son corps et sa nature – dans une perspective plus large. Il la relie à un ordre plus grand, l'amenant à comprendre, intuitivement, en quoi ses pulsions naturelles sont un bon guide.

L'intuition est un complément nécessaire de la sensation car, à ce stade, la sensation seule pourrait conduire la personne vers un laxisme, une façon de laisser couler la vie qui risquerait d'être par trop relâchée. Alors que l'alliance des deux fonctions permet un équilibre.

b) L'intuition : Tempérance

Tempérance exprime la capacité de faire le lien entre deux côtés de soi-même ou deux pôles extérieurs grâce à l'intuition. L'ange évoque la dimension spirituelle qui permet de réaliser cette action de faire couler le flux de l'existence, de façon continue, entre ce qui est actif et externe (le pot rouge) et ce qui est réceptif et interne (le pot bleu). La tête du personnage penchée sur le côté, et sa chevelure bleue, comme celle de l'Etoile expriment l'aspect humble de ce dernier, son souci d'être au service des choses de ce monde.

Son esprit est tempéré, comme l'évoque son nom et la couleur chair des ailes. Il recherche l'union et l'harmonie entre les opposés. C'est un excellent médiateur. Cette modération lui permet de trouver le chemin de la réunification d'éléments, apparemment contraires ou différents, ce qui révèle le sens d'une situation. Son action consiste en cet assemblage des deux côtés, et c'est cela qui produit l'intuition créatrice, source de sens. Aussi apparaît-il comme un ange gardien, permettant à la personne de pressentir ce qui est fondamentalement juste pour elle. C'est aussi un intuitif pour des relations externes, le

bon ange d'une situation. Son action permet de mettre en relation, par exemple, ses pensées et ses actes. Cette réunification de la personne est source de bien-être.

Tempérance exprime un personnage humble et courtois, prêt à rendre service, excellent médiateur. Il est apte aux relations publiques et à toute activité qui réclame de la compréhension et du doigté. Ses pensées profondes et son bon caractère lui permettent de trouver des solutions aux situations les plus délicates. Il sait mettre son esprit éclairé au service des gens, car il est très humain et considère nécessaire de développer une action utile au monde, dans les limites de son champ d'activité.

Il a le sens de la mesure et déteste les positions extrêmes qui conduisent aux ruptures. Il cherche toujours le terrain d'entente pour permettre à la vie de continuer son cours sans trop d'accrocs. Sensible et intuitif, il excelle dans les activités artistiques, notamment le théâtre où les relations entre les gens sont primordiales. Enfin, il sait dégager le sens d'une situation et se mettre en accord avec lui-même.

Sur le *plan extraverti,* Tempérance exprime la capacité de mettre en relation des choses ou des personnes diverses et, ainsi, de proposer une direction valable à une situation.

Sur le *plan introverti,* Tempérance exprime la capacité de se mettre en accord intérieur, en reliant ses sentiments, ses pensées et ses actes. Ainsi la personne se trouve guidée de l'intérieur par l'action du lien interne établi.

Carte inversée : les problématiques de Tempérance sont des difficultés à faire le lien entre deux aspects de soi-même, ou entre soi et le monde externe. Cela conduit à un manque de tempérance, à des attitudes extrêmes, voire dangereuses pour la personne ou son entourage.

Par exemple, quelqu'un décide un voyage alors que des signes lui indiquent qu'il n'est pas souhaitable d'entreprendre une telle action à un moment donné. Cependant la personne persiste, refusant de reporter sa date de voyage. Elle risque de rencontrer des problèmes tout au long de son séjour et, peut-être, de ne pas obtenir ce qu'elle était partie chercher. Cela pour ne pas avoir écouté l'intuition en elle qui lui aurait fait lire les signes externes dans un sens de modération. Cela ne signifie pas que tout obstacle externe doit être interprété comme un signe de retard ou d'annulation de l'action prévue. Ce serait tout aussi intempestif de partir sur un tel raisonnement. Dans un cas comme dans l'autre, une attitude unilatérale, sur le pôle rationnel ou irrationnel, entraîne une direction erronée.

Quelqu'un qui n'écoute que sa pensée logique au mépris de ses intuitions, ou quelqu'un qui n'écoute que son sentiment interne au mépris de toute logique externe, tous deux relèvent d'un manque de communication entre les deux aspects qui les fondent. Ils risquent l'erreur et, surtout, de rencontrer beaucoup de difficultés. Cependant, rien n'est rédhibitoire et si la leçon de cette expérience est tirée, cela fait encore partie du chemin pour rassembler les deux pôles, conscient et inconscient. La problématique de Tempérance est de ne vivre que sur un côté de soi-même, en négligeant tout un pan de son être. Cette attitude est forcément préjudiciable à la bonne réalisation de sa vie.

L'épreuve de la vérité des faits et des sensations permet de vérifier le bien-fondé des intuitions de Tempérance, car il n'est pas toujours souhaitable d'adopter une attitude mesurée et de concorde. Il est des situations où une franche rupture est nécessaire et saine. L'arcane complémentaire, la Justice, vient peser le pour et le contre de la situation pour trancher dans un certain sens. Son activité complète celle de Tempérance pour trouver le juste milieu et se guider dans ses actes et façons d'être.

c) La pensée : la Maison-Dieu

La Maison-Dieu exprime la prise de conscience d'une réalité par un acte d'expérimentation. La tour s'ouvre sous l'impact d'une flamme venant d'en haut, laissant échapper des bulles d'énergie et deux personnages qui se retrouvent à tâter le sol. Cette image symbolise l'ouverture de l'esprit sous l'influence d'une illumination, ce qui conduit à sortir des idées reçues pour aller faire l'expérience de la réalité afin d'en découvrir l'essence et ainsi se forger son opinion. C'est sortir de la tour d'ivoire des conventions qui limitent et enferment, pour s'ouvrir sur l'extérieur en acceptant les remises en question. La Maison-Dieu illustre la démarche scientifique du chercheur, qui établit sa pensée sur l'expérimentation concrète des faits et non sur une opinion acquise ou ressentie.

La flamme est une sorte de plumet qui fait le ménage de la tête, nettoyant les vieilles idées. Tout cela libère de l'énergie et est source de joie. Les deux personnages, de part et d'autre de la tour couleur chair (notre corps), cherchent la pierre blanche des philosophes, symbole de connaissance. Cet arcane, contrairement à sa réputation, est une carte joyeuse, pleine de promesses et de libération. Elle évoque un phallus dressé qui libère ses énergies, principe masculin actif et fécondant. La Maison-Dieu symbolise une démarche scientifique féconde. La recherche de la vérité (la terre jaune) implique de sortir des clichés et d'élaborer sa pensée en relation avec les sensations concrètes du réel.

Cet arcane est en relation avec la notion d'animus définie par Jung. En tant qu'image de l'éternel masculin, c'est le verbe créateur dans sa dynamique active et féconde.

La Maison-Dieu correspond à un personnage curieux et dynamique, qui est à la recherche de la réalité et accepte d'en faire l'expérience. Il a l'esprit ouvert et remet volontiers en question les idées reçues. Toutes les activités qui nécessitent une démarche logique et expérimentale lui conviennent. Il n'a pas de domaine de prédilection et son champ d'intérêt peut aussi bien être la biologie que la science des nombres ou l'art aztèque. Il est d'humeur enjouée, car sa tournure d'esprit l'amène à recueillir les fruits de ces efforts. Il aime jongler avec les idées et déteste se laisser enfermer dans des certitudes. C'est un acrobate. Il aime aussi l'art de la fête, mais il la fera à sa manière, très personnelle. D'ailleurs, il sait faire la part des choses. Il a le sens de la relativité de la vérité. Ses efforts sont toujours tournés vers l'expression la plus juste de la réalité, celle du monde ou la sienne.

Dans sa *dimension extravertie,* la Maison-Dieu est la capacité d'exprimer la réalité extérieure en sortant des idées reçues ou des convictions personnelles, pour se forger une opinion à l'épreuve des faits.

Dans sa *dimension introvertie,* la Maison-Dieu est la capacité de reconnaître ce que l'on est, au travers de ses pensées, sensations et sentiments. C'est l'expression de sa vérité personnelle.

Carte inversée : les problématiques de la Maison-Dieu sont des difficultés à sortir de soi-même pour regarder le monde dans sa réalité. C'est un enfermement de la personnalité dans des certitudes internes, sorte de protection à l'égard d'une vérité qui pourrait être perçue comme trop dérangeante. C'est dans de tels cas qu'il risque d'y avoir chute, le jour où la personne se trouve contrainte par les événements de sortir de sa tour. Le réveil peut être brutal et donner la sensation d'un ébranlement ou d'une véritable dépression. Malgré des moments difficiles, cette situation porte des fruits car elle permet de rétablir un contact rompu entre la personne et l'extérieur. Par contre, la tendance à se mettre en difficulté et à remettre toujours tout en question est une problématique. Il s'agit d'une pensée illogique, guidée par des éléments de l'inconscient qui se donne les aspects du rationnel et trompe l'entourage ou la personne elle-même.

Par exemple, quelqu'un qui entreprend des activités qui échouent régulièrement pour des raisons apparemment extérieures, peut exprimer qu'il n'y est pour rien et en rejeter la faute sur les autres ou sur la malchance. Cela paraît logique. Mais si on y regarde de plus près, il se peut que ce soit la personne qui ne fasse pas tout ce qu'il faut pour réussir, par exemple en choisissant sans aucun discernement ses partenaires ou en laissant traîner certaines choses devant se faire dans un temps donné. Dans ce cas, il y a une analyse erronée de la réalité. L'esprit, comme emprunt de négativisme ou de superstitions, ne parvient pas à se dégager de celles-ci pour être vraiment efficace et opérant. Il en est ainsi des personnes ayant des idées préconçues, du type : « Cela ne peut pas fonctionner comme ça… Personne n'a jamais vu ça… Je ne suis pas faite pour ce genre de choses, etc. » Leurs idées leur masquent la réalité et les empêchent même d'en faire l'expérience. L'énergie se trouvant bloquée à l'intérieur d'une tour fermée peut provoquer une dépression ou un accident pour se libérer.

Une autre problématique de la Maison-Dieu est la tendance à se dévaloriser. Dès qu'un événement apparaît contraire ou que quelqu'un exprime un jugement négatif à l'égard de cette personne, celle-ci remet tout en question : elle-même, ce qu'elle entreprend, ses relations… Cette tendance à généraliser une idée à partir d'un aspect ponctuel révèle un problème dans la capacité de penser de façon juste. L'esprit manque de rigueur, et il y a contamination des circuits, comme si la personne ne parvenait pas à réfléchir sur une chose distincte. Cette confusion est le fruit d'une pensée contaminée par les sentiments, ces derniers opérant là où ils n'ont pas lieu d'être. L'analyse est dans ce cas un remède utile pour distinguer une chose d'une autre.

L'arcane complémentaire de la Maison-Dieu est l'Amoureux, symbole du lien sentimental. En effet, une recherche par trop sèche ne trouverait pas son objectif. Le sentiment permet de guider et de rendre plus fluides les démarches de la pensée logique et expérimentale. Faute de cela, la pensée reste stérile, ou stérilisante, ce qui serait le cas d'une analyse ne tenant pas compte des sentiments, tandis que relation affective et démarche scientifique s'enrichissent mutuellement.

d) Le sentiment : le Diable

Le Diable symbolise les sentiments les plus profonds, ceux qui s'inscrivent dans le corps. Il exprime « ce qui vient des tripes ». Personnage ailé, il a une dimension spirituelle. Hermaphrodite, il concerne le masculin et le féminin en même temps. C'est le désir d'être homme et femme, tentation qui conduit vers la réalisation de son pôle opposé, celui qui reste

caché dans les profondeurs psychiques. C'est le désir et l'amour pour l'autre sexe qui nous guide sur le chemin d'une réalisation, que ce désir soit projeté à l'extérieur sur une autre personne, ou ressenti à l'intérieur comme le désir d'une transformation personnelle. Le Diable est un tentateur, mais sa tentation peut être positive et conduire vers la connaissance et la réalisation de soi-même. Il permet de se distinguer des autres, par son épée qui tranche. En connaissant ce que l'on désire, on apprend à se connaître.

Afin d'éviter certains débordements pulsionnels incontrôlés, le personnage central a la maîtrise des deux petits diablotins enchaînés. Ces derniers symbolisent des pulsions ancestrales qu'il ne s'agit pas de débrider, mais dont il faut reconnaître l'existence. Le sentiment n'est-il pas la voie des passions ? Celles-ci doivent être mises au service d'un désir central, branché sur un ordre plus grand (les bois et la coiffe jaunes) afin de nous maintenir sur une route acceptable par l'esprit, en accord avec une dimension intérieure plus vaste.

Bien que pulsionnel (les doigts griffus comme un animal), le désir peut être élevé. Il s'appuie sur un feu intérieur et une dimension humaine (le socle rouge et chair). C'est un apprentissage de tous ses sentiments, aussi bien d'amour que d'envie ou de colère.

Par exemple, il n'est pas bon de se laisser emporter par sa colère, mais accepter de la ressentir et de l'exprimer sans emportement lorsqu'elle est fondée conduit à des relations plus justes. De la même façon, l'envie peut amener à prendre conscience d'un désir personnel et constituer une énergie motrice pour le réaliser. Avec le Diable, la personne élève ses pulsions et ses passions au plan du sentiment et du désir. Le Diable éclaire les profondeurs, comme l'indique un de ses noms : Lucifer (littéralement « le porteur de lumière »). Cette prise de conscience permet d'élever ce qui est obscur en soi et, l'éclairant, il le transforme.

Le Diable est un personnage à fort caractère qui ne ménage pas ses sentiments. Tout au contraire, il cherche à les reconnaître pour les vivre plus pleinement. Il sait se manifester avec vigueur et enthousiasme. C'est une pile énergétique qui est un travailleur ou un amant infatigable, car il connaît les secrets de son corps pour recharger son énergie. Il est à l'écoute de ses désirs et se laisse volontiers guider par eux, souvent avec bonheur. Spontané et pulsionnel, il ne se laisse toutefois pas emporter par ses instincts et, lorsqu'il le juge nécessaire, il sait les maîtriser. Il est surtout capable de transformer ses élans pulsionnels en sentiments profonds, c'est là sa grande qualité. Pour cela, il a comme des antennes qui l'inspirent dans un sens universel. Ainsi il saura exprimer le désir d'évolution d'un groupe, alors même que les gens qui le composent n'en sont pas encore conscients. C'est un remarquable éclaireur de tout ce qui est caché.

Dans sa *dimension extravertie,* le Diable est la capacité d'exprimer les aspects instinctifs et profonds d'une situation. Il révèle le désir et en fait une énergie de vie.

Dans sa *dimension introvertie,* le Diable ressent les pulsions et les éclaire pour en faire une source d'énergie vitale. C'est un véritable transformateur énergétique.

Carte inversée : les problématiques du Diable sont des difficultés à maîtriser ses pulsions et ses sentiments profonds, ce qui le conduit soit à se laisser emporter par eux, par exemple par la colère ou la jalousie, soit à les refouler, comme unique moyen de contrôle.

C'est le cas lorsque la personne a vécu des sentiments trop forts pour pouvoir les assumer à une époque de sa vie. Pour continuer de vivre, elle a dû les refouler et ce processus reste en place tant que cette situation de départ n'est pas éclairée. Certaines situations conduisent à faire émerger des pulsions archaïques, liées à l'inconscient collectif et demandent à la personne une forte structure personnelle pour pouvoir les assumer. Si ce n'est pas le cas, le processus de refoulement se met en place. Mais avec lui sont aussi refoulés les désirs et autres sentiments profonds de la personne. Cela se traduit souvent par une difficulté à savoir de quoi on a envie dans l'existence, voire à n'avoir envie de rien. Ou encore le désir ne va toujours se porter que sur un même type d'objet, car le reste de la palette est fermé du fait du refoulement. Or, cela reste insatisfaisant car il ne s'agit pas du bon objet. Par exemple, quelqu'un cherche toujours à réaliser son désir dans l'activité sexuelle et, cependant, en reste toujours insatisfait. Peut-être cette personne ne parvient-elle pas à s'autoriser d'autres formes du désir, celui de créer une œuvre, une entreprise ou d'entreprendre un voyage.

Le Diable peut aussi entraîner quelqu'un dans un penchant préjudiciable pour lui, si ce dernier a affaire à des pulsions archaïques mal connues et mal intégrées. Il s'agit d'actions compulsives qui culpabilisent souvent leur auteur. Elles peuvent provenir d'aspects refoulés de la personnalité qui se traduisent de cette façon. La clé est alors de trouver la voie de ces aspects refoulés.

L'arcane complémentaire du Diable est le Chariot, celui qui maîtrise ses pulsions grâce à la force de sa pensée créatrice.

L'alliance de ces deux énergies est indispensable pour pouvoir vivre ses désirs de façon cohérente et positive. Le Diable sans le Chariot ne trouve pas de limites et d'orientation à ses pulsions ; il risque d'être un très mauvais guide. Par contre, leur union est source de sentiments féconds et intelligents. C'est une conduite personnelle agréable et constructive.

8. Cinquième étape : l'or philosophique, la réalisation

Sentiment : le Soleil.
Sensation : le Monde.

Pensée : le Jugement.
Intuition : la Lune.

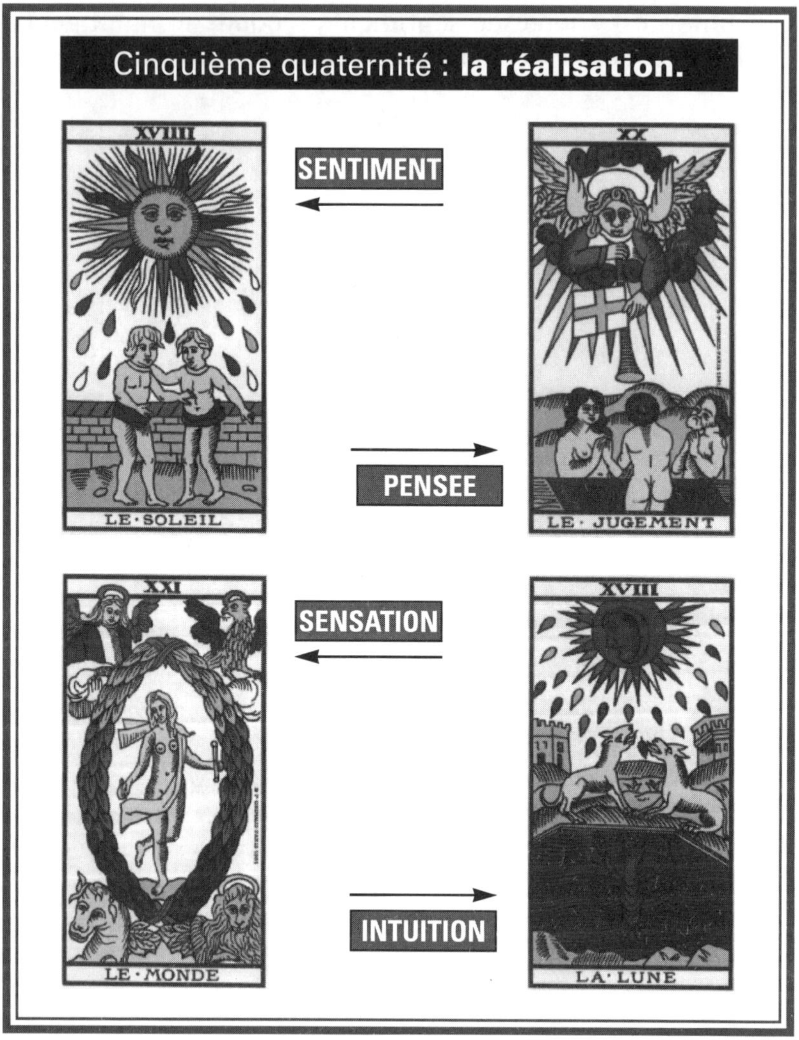

Cette cinquième et dernière étape de l'œuvre signe le parcours du Bateleur (arcane n° 1) vers le Monde (arcane n° 21). C'est la phase de réalisation qui clôture ce chemin. Momentanément sans doute, car les arcanes du centre, le Mat et la Force, peuvent nous inviter à un nouveau départ vers un nouveau cycle de connaissance.

Pour lors, il s'agit de l'étape de la conscience humaine en accord avec le centre, dimension transcendante dans l'homme (le cinq est l'or philosophique). Au stade de la conscience humaine, l'homme sait qu'il n'est pas Dieu, mais il comprend un peu mieux ce que c'est que d'être homme. La matière se réalise et devient conscience ou lumière. Aboutissement du chemin, cette cinquième phase est aussi la synthèse des quatre précédentes. Il n'est pas question de laisser quelque chose derrière et, si c'est le cas, c'est le moment d'éclairer ce qui a été oublié. Quaternité de la quintessence, elle nous révèle la dimension humaine dans sa mesure cosmique, place l'homme au sein d'un ordre plus grand, qu'il accepte et intègre.

a) La sensation : le Monde

Avec le Monde, la sensation atteint sa réalisation. Ici, elle est accord entre ce que la personne ressent de l'intérieur d'elle-même et ce qu'elle perçoit de l'extérieur. Cette harmonie révèle une façon juste de se placer dans le monde. Dans ce cas, on dit d'une personne « qu'elle est à sa place ». Cela est source de joie, d'où la danse du personnage central. Une juste distance sépare ce dernier du reste du monde. Elle est marquée par la mandorle qui évoque une psyché, ce miroir en pied dans lequel on peut se voir entièrement. Le Monde exprime bien cela : une prise de conscience globale de soi-même. C'est une image du centre de la personne, que Jung a nommé le Soi. Cette « âme vivante » au cœur de l'être est à la fois source et réceptacle de toutes les sensations. Les quatre personnages qui entourent la mandorle symbolisent la totalité des énergies et sont en rela-

tion avec les éléments (cf. chap. I, Introduction). Le Monde est l'arcane de la quintessence, alliant la plénitude extérieure (les quatre personnes) et la réalisation interne (la femme au centre). C'est prendre conscience de soi et prendre sa place dans le monde. On peut rapprocher cette image du processus d'individuation jungien, car il s'agit ici de devenir un individu, distinct du reste de la société. Cette distinction confère, comme le mot l'indique, une élévation à la personne et lui permet d'entrer réellement en contact avec les autres. Car, seule une personne qui sait se séparer des autres peut communiquer avec autrui, sinon la confusion des sensations règne et le quiproquo risque de n'être pas loin.

Le Monde exprime la réalisation extérieure, comme l'aboutissement d'une action, la prise de conscience et la profondeur interne de la personne. L'aboutissement s'effectue sur tous les plans. Il évoque la synthèse, le rassemblement harmonieux d'un ensemble de gens et d'éléments différents. Avec le Monde, nous sommes au cœur du vivant.

Le Monde représente une personne en accord avec elle-même, aussi bien sur le plan de sa vie intérieure que de ce qu'elle réalise à l'extérieur. Active ou réceptive, elle sait s'adapter aux circonstances, sans se renier pour autant. Elle développe sa vie sur des terrains différents, ce qui lui permet d'atteindre une certaine plénitude. De ce fait, elle est enjouée et garde un tonus et une paix intérieure, même dans des situations difficiles. Elle n'est pas parfaite, mais cherche plutôt une réalisation harmonieuse de sa vie, ne négligeant pas l'aspect sentimental pour le côté actif et *vice versa.* Elle est disponible tout en sachant garder son domaine personnel ; c'est une question de temps et de ressenti. Très à l'écoute de son guide intérieur, elle a une bonne conscience d'elle-même. Elle se manifeste avec aisance en société et est très entourée. Elle ne dédaigne pourtant pas les moments d'isolement avec elle-même pour se ressourcer et faire le point. Cependant, sa belle nature lui vaut d'attirer des gens autour d'elle ; elle s'en accommode très bien car elle a de grandes qualités pour être le centre d'une communauté, son âme en quelque sorte.

Sur le *plan extraverti,* le Monde est la capacité de rassembler de façon harmonieuse des éléments différents et de faire aboutir une action entreprise.

Sur le *plan introverti,* le Monde est la capacité de prendre conscience de soi-même afin de trouver sa place, en société ou en famille.

Carte inversée : les problématiques du Monde sont des difficultés à prendre conscience de soi-même et à faire aboutir ce que l'on entreprend. Cela se traduit par une tendance à une trop grande introversion, une façon de se protéger de l'extérieur en restant dans un cocon, réel ou imaginaire. Par exemple, une personne qui reste chez elle, justifiant son manque de contacts avec l'extérieur par une philosophie de recherche intérieure, peut en fait chercher à se protéger des autres et non faire un réel chemin d'évolution interne. C'est l'expérience des faits qui amène à répondre à une telle question. Si l'intériorisation conduit à un épanouissement, il va se manifester concrètement dans la vie de la personne. Si ce n'est pas le cas, il ne s'agit pas d'un processus de réalisation, mais d'un retranchement des réalités extérieures. La personne aspire à retrouver le nid douillet d'avant la naissance, où elle était en fusion avec un grand tout, et elle cherche à reconstituer autour d'elle cette protection. Une telle attitude exprime une difficulté à se confronter aux nécessités externes. Par exemple, lorsqu'une mutation est nécessaire et que la personne ne se sent pas de taille à l'entreprendre, ou lorsqu'il s'agit de conclure un travail par un examen et que la personne retarde ce moment, manquant de confiance. Une régression se produit, comme si elle cherchait dans ce ventre imaginaire une substance qui pourrait la renforcer, lui donner courage.

Cette quête est souvent inconsciente et la personne ne vit son retrait que de l'extérieur. Or, il s'avère fréquemment que ce qu'elle cherche à l'intérieur, c'est à l'extérieur qu'elle pourrait le trouver, dans le contact avec les autres. Il y a une dysharmonie dans le vécu de cette personne, qui laisse dans l'ombre une partie d'elle-même. La réalisation dans sa plénitude ne peut intervenir de cette façon. Ainsi, quelqu'un qui a tendance à se tourner vers les autres pour trouver des solutions à ses questions, face à un problème nouveau fera de la même façon, alors qu'il s'agit pour lui de se tourner vers lui-même. Faire ce que l'on n'a pas l'habitude de faire est souvent source d'un grand pas.

L'autre aspect des problématiques du Monde consiste à ne pas avoir une conscience suffisamment claire de soi-même. Cette difficulté à se réaliser trouve son origine dans un manque d'image de soi, du fait d'une confusion avec l'autre. L'enveloppe charnelle – la peau – est l'élément physique qui permet de se distinguer de l'autre (voir l'épisode d'Adam et Eve où ils sont revêtus de peau et désormais distincts). Cette séparation de chair faite par la peau n'est pas intériorisée et la personne se trouve en fusion avec les autres ou une ambiance extérieure. Elle se perd dans l'autre. Souvent, des problèmes de contacts difficiles et désagréables avec la mère dans la petite enfance créent un rejet du ressenti corporel et amènent la personne à un état intuitif permanent, la rendant hyper-réceptive aux ambiances intérieures des autres. La barrière symbolique de la peau n'est pas construite. C'est un problème de sensation au plan symbolique et non réel car, dans sa réalité, la personne a bien une enveloppe protectrice : sa peau. Il s'agit de pouvoir passer de l'étape du Paradis perdu à celle de l'incarnation, et d'accepter ainsi de prendre place dans le monde.

L'arcane complémentaire du Monde est le Bateleur. La réalisation concrète a besoin de s'allier à l'intention, au projet, pour trouver un sens. Réaliser des choses ou des idées sans intention risque d'être peine perdue, de même que faire des projets sans les réaliser. Seule l'alliance de ces deux fonctions permet d'accomplir une œuvre qui ait un sens et, par là même, de remplir sa vie.

b) L'intuition : la Lune

La Lune symbolise l'intuition humaine. Elle est le domaine de l'intérieur, ce qui se passe dans la nuit et qu'elle éclaire de sa faible lueur. La lumière de la Lune est douce et permet de distinguer sans trop faire de différence entre les choses. C'est une lumière unifiante grâce au léger flou qu'elle conserve, à la différence du Soleil dont la lumière peut être implacable et à laquelle rien n'échappe. La Lune exprime l'univers des pulsions intérieures (les deux chiens) jusqu'à leurs aspects les plus archaïques (l'écrevisse). Sa lumière indirecte, qui vient du soleil, symbole de la conscience diurne, permet de prendre doucement conscience de ce qui s'agite dans les eaux de l'inconscient. C'est le monde de l'imagination et celui des rêves, miroir des états de l'âme. La conscience vient par la capacité de recevoir et de réfléchir la lumière, et non par celle d'éclairer.

C'est l'arcane de la réflexion. Image féminine et réceptive, la Lune exprime que la réflexion est liée à la femme. La Lune nous donne des indications sur les processus d'apparition de l'intuition. Celle-ci peut naître spontanément (les chiens qui représentent la vie pulsionnelle) ou de façon structurée (les tours qui indiquent une construction interne). Elle peut être

aussi le fruit d'une réflexion profonde (l'écrevisse dans les eaux de l'inconscient). Toutes ces formes d'intuition représentent un cheminement vers la lumière, c'est-à-dire un chemin spirituel. La structure géométrique du bassin et les deux tours expriment que même dans cet univers intérieur irrationnel il existe une part rationnelle. L'intuition connaît ses limites et contient une certaine structure logique.

Enfin, la Lune révèle les richesses intérieures de la personne. Traditionnellement, elle est liée à l'argent, en accord avec sa lumière. Dans le tarot elle est bleue, couleur de la spiritualité. C'est le chemin qu'elle propose, des eaux d'en bas de la nature vers les eaux d'en haut, celles de l'esprit. Ainsi les pulsions profondes peuvent-elles s'élever et devenir des intuitions nous guidant dans la nuit.

La Lune évoque une personne réceptive et intuitive, capable d'être à l'écoute de son propre ressenti comme de celui des autres. Elle est accueillante et appréciée pour ses qualités internes, la chaleur avec laquelle elle reçoit. Sa profondeur de vue lui permet de discerner les choses cachées, bonnes ou mauvaises. Elle aime réfléchir sur toute situation afin d'en mieux comprendre le sens et la portée. Ses intuitions, qu'elle écoute, lui permettent de s'orienter dans l'existence. Elle a un certain talent pour toutes les activités qui nécessitent de l'imagination et des qualités d'écoute. Attirée par l'univers intérieur, elle fera volontiers un travail de connaissance de soi, ou des recherches ésotériques et spirituelles. Elle est recherchée pour sa profondeur de vue et la douceur avec laquelle elle exprime ses pensées. Elle aime d'ailleurs se trouver en compagnie.

Dans sa *dimension extravertie,* la Lune est la capacité de réfléchir sur des situations extérieures et d'avoir les intuitions nécessaires pour les faire évoluer. Elle est pleine d'idées et de ressources.

Dans sa *dimension introvertie,* la Lune est la capacité de percevoir le monde par son intuition interne, et de déceler les choses cachées en soi-même ou chez autrui.

Carte inversée : les problématiques de la Lune sont des tendances à se perdre dans les images intérieures ou, au contraire, une fermeture à toute vie interne. Le premier aspect conduit à se retrouver dans une confusion de pensées, sans parvenir à démêler le vrai du faux. Ainsi, une personne qui se raconte beaucoup d'histoires, bâtissant toutes sortes de scénarios, par exemple sur une relation, ne sait plus s'il s'agit de réflexion ou de fantasmes. Elle se perd dans les méandres de pensées confuses, ce qui peut être source d'angoisses et de peurs. Il lui manque de revenir à l'épreuve rationnelle des faits tangibles.

A l'inverse, une personne qui fuit l'irrationnel de ses pressentiments et de toute vie intérieure, risque de vivre une existence limitée par une trop grande rationalité asséchante et ennuyeuse. Sa vie manquera d'intérêt car elle se ferme à toute une partie d'elle qui, seule, pourrait alimenter ses actions, les ressourcer et les vivifier. Par exemple, quelqu'un qui refuse d'écouter sa sensibilité peut avoir le sentiment de vivre sur un mode « métro, boulot, dodo ». Autre conséquence, une telle personne risque aussi de se confronter à des réactions négatives de la part des autres, sans comprendre qu'elle en est l'origine par son attitude fermée. Cette situation est souvent le fruit d'une blessure intérieure que la personne ne veut pas raviver si elle ouvre certaines portes d'elle-même. Elle craint d'être submergée par les eaux de l'inconscient si elle se met à s'écouter. Cependant c'est la seule issue, « traverser les grandes eaux », comme dit le Yi-king, pour accéder aux ressources de son univers intérieur. Avec un bon bateau, c'est-à-dire un Moi suffisamment fort, la traversée se fera sans ombrages.

Une autre problématique de la Lune est la peur irrationnelle, telles l'hypocondrie (peur de tomber malade) ou la phobie (peur, par exemple, de prendre l'ascenseur). Ici, le côté irrationnel est coupé de la réalité concrète car le danger n'est pas réel. La personne a fixé un comportement de peur qui, en fait, masque autre chose. Cette autre chose apparaît comme inacceptable dans le présent de la personne et serait un danger plus grand – ou perçu comme tel – que la peur mise en place. Par exemple, quelqu'un a besoin de se confronter à une autorité pour imposer un point de vue différent de celui communément admis. Cette tache lui paraît trop dangereuse et même inacceptable à imaginer ; alors il se construit une défense et met en place un processus de peur, une phobie, se coupant ainsi d'une richesse intérieure qu'il ressent comme impossible à assumer. L'alliance avec la fonction complémentaire – la sensation – peut être une issue à ce problème.

L'Empereur, arcane complémentaire de la Lune, propose l'action dans un cadre rationnel, organisé et logique. C'est un facteur susceptible de sortir la personne de ses fantasmes et de ses peurs irraisonnées. Car ainsi la fonction masculine de l'épreuve rationnelle et sécurisante du réel s'allie aux ressources de l'intuition profonde.

c) La pensée : le Jugement

Le Jugement réalise la fonction pensée en exprimant la capacité de discerner la plus élevée. Il s'agit d'une pensée inspirée, représentée par l'ange dans l'arcane. Comme telle, elle est liée au souffle, symbole de l'esprit en relation avec le transcendant. Le Très-Haut envoie l'inspiration à la personne par l'intermédiaire de son messager, l'ange, et ce souffle libère l'homme de l'emprise de la terre, il se dresse de sa tombe et son geste est une prière. L'esprit libère et vivifie la chair, telle est la leçon du Jugement. Cet arcane symbolise la renaissance, l'arrivée d'une énergie neuve, l'esprit créateur. Les trois personnages représentent l'unification des contraires.

Comme d'autres gravures alchimiques de la même époque, on y voit un homme et une femme en prière qui entourent un personnage androgyne, réalisant leur union en une nouvelle entité. Cela évoque la fonction transcendante, définie par Jung comme une réunification créatrice des opposés en la personne.

Ici, le dernier jugement est porté sur le corps révélé, et l'être se libère de la culpabilité pour accéder à l'universel et à l'esprit. Sa compréhension des choses de ce monde devient source de création et va dans le sens de ce qui est vivant. Son jugement ne disparaît pas, mais il se transforme sous l'effet du regard de l'ange. C'est un regard spirituel et profond, dénué de complexes. On pourrait parler ici du regard de l'enfant, comme regard neuf et sans préjugés, mais non pas sans intelligence. Avec le Jugement, il n'y a plus rumination des pensées ; celles-ci sont directes et spontanées face aux événements.

Ce mode de pensée est tout à fait libérateur, aussi bien pour celui qui pense que pour ce qui est pensé. Ainsi une personne peut-elle être vue sans arrière-pensée, simplement pour ce qu'elle est véritablement.

Le Jugement représente quelqu'un d'ouvert, sans préjugés ni complexes, qui regarde le monde avec spontanéité et intelligence. Il agit avec beaucoup de discernement et ses avis sont recherchés pour leur profondeur et leur justesse de ton.

Intelligent et mesuré, il n'assomme pas les autres de son savoir, mais sait exprimer la chose adaptée à chaque situation. Parfois il préfère se taire. Très libre dans ses idées comme dans ses mouvements, il peut faire figure de « prophète » car il capte ce qui est nouveau et dans l'air du temps. Son inspiration le guide et lui confère une créativité appréciée. Il est reconnu de son entourage pour ses qualités et peut même atteindre une certaine renommée. Il est capable de se renouveler et de sortir transformé de situations très difficiles, comme le phénix qui renaît de ses cendres. Enfin, son regard aigu et profond ne lui ôte pas son humour et sa légèreté, car c'est quelqu'un de très spirituel.

Dans sa *dimension extravertie,* le Jugement est la capacité de discerner, de façon simple et directe, la réalité profonde d'une personne ou d'une situation. C'est un regard et une pensée vivifiants.

Dans sa *dimension introvertie,* le Jugement est la capacité de capter le souffle de l'esprit, source d'inspiration, et de produire une pensée novatrice et créative. C'est une pensée qui comble.

Carte inversée : les problématiques du Jugement sont des difficultés à se dégager du regard culpabilisant sur soi-même ou les autres. Un jugement est porté sur soi ou sur l'autre, pensée qui freine ou détruit l'élan vital. A l'inverse du discernement réel, ici il s'agit d'arrière-pensées construites ou reçues dans le passé, qui viennent perturber le regard sur le présent. Ces pensées, que l'on peut dire négatives bien qu'elles puissent prendre un tour positif également, sont souvent le fruit de complexes. Par exemple, une personne en juge une autre très haut placée et suppose, de ce fait, que cette dernière ne daignera pas lui adresser la parole ou répondre à une de ses questions, et ainsi n'essaie même pas de l'aborder, persuadée de son idée. C'est une idée préconçue et non un véritable jugement. Par contre, s'il s'agit d'une intuition elle se formulera autrement dans la pensée de la personne : « Je souhaite parler à Untel, cela me paraît possible bien que sa position soit supérieure à la mienne, mais j'ai l'intuition qu'il ne l'acceptera pas », tandis que dans le premier cas il s'agit d'une pensée du type : « Toute personne haut placée ne s'abaisse pas à parler à ceux qui sont en dessous d'elles. » Cette généralisation est la preuve d'une idée fixe et non d'un jugement vivant sur une situation. Parfois, il suffit de prendre conscience des idées qui nous fixent inconsciemment pour pouvoir s'en libérer. Parfois elles remplissent une autre fonction et il est alors nécessaire de voir de quoi il s'agit par ailleurs. C'est comme si un esprit nous possédait, nous empêchant d'être nous-même. Il y a identification de la personne à une forme de pensée.

Les problématiques du Jugement peuvent être aussi une rigidité de la fonction pensée, comme une difficulté à penser par soi-même. La personne se retrouve corsetée dans un mode de pensée par trop rigoriste qui ne lui correspond pas. Cela éteint son souffle créateur et lui fait voir le monde sous un jour très gris. Coupée de sa véritable pensée, elle réfléchit avec des clichés qu'elle projette sur l'extérieur comme sur elle-même, ce qui peut la couper de ses désirs profonds. Par exemple, quelqu'un pense : « Une personne habillée comme ça est forcément bête ou arrogante. » Il est évidemment exclus que l'on s'habille d'une telle façon. C'est ainsi que l'on passe à côté de son désir sans même le reconnaître.

Ce type de jugement négatif projeté à l'extérieur peut aussi nous donner l'impression que les autres nous jugent. Par exemple : « Untel me prend vraiment pour un idiot. » En fait, c'est une voix en nous qui nous rabaisse ainsi et que nous projetons sur une personne adéquate, c'est-à-dire qui se prête à recevoir cette projection du fait de son attitude personnelle. L'issue ne peut être dans la tentative de changer l'autre, mais bien dans celle de prendre conscience de ces idées toutes faites qui nous habitent. Car, là encore il s'agit d'une généralisation sur notre cas. Cela n'exclut pas que nous nous comportions parfois de façon idiote.

L'arcane complémentaire du Jugement est la Papesse, symbole du sentiment de l'existence. Leur alliance conduit à vivre selon son cœur et avec discernement.

d) Le sentiment : le Soleil

Le Soleil réalise la fonction sentiment. Il est l'expression la plus aboutie du sentiment. Le Soleil symbolise un centre, source de lumière et de chaleur. Dans l'arcane, il réchauffe, éclaire et diffuse sa substance sur deux personnages liés affectueusement. Ainsi représente-t-il l'alliance interne des contenus complémentaires de notre être et l'union externe avec son prochain. Image d'amour, de solidarité humaine et de confiance mutuelle, il rayonne et diffuse la chaleur du sentiment sur tous. Le Soleil ne fait pas d'exclusive ni de discrimination ; il éclaire chacun de la même façon. La vie aime chacun de façon semblable et tous ont une place sous le soleil, quoiqu'il n'existe pas deux places identiques. Le Soleil représente la chaleur du cœur et son éclairage. Voir avec le cœur, c'est ressentir tout de l'autre ou de soi-même, la face révélée comme la face cachée.

De cette vision naît le sentiment ; c'est ce qui nous touche et nous soutient (les gestes des deux personnages). Le regard du cœur illumine notre vie et nous protège des forces de l'ombre (le muret qui limite). Le sentiment a une dimension logique et rationnelle ; il appartient au monde de la clarté, à la différence de l'émotion qui peut nous entraîner vers les ténèbres. L'émotion consciente devient sentiment et peut s'exprimer avec lucidité, c'est ce qui nous fait rayonner. Alors qu'une émotion qui reste inconsciente se traduit par le corps ou l'humeur et n'apporte pas de clarté mais de l'ombre. Ainsi la joie inconsciente sera agitation, la peine sera souffrance. Ces émotions devenues

conscientes peuvent être source de chaleur.

Les deux faces de Janus se regardent et cessent de s'opposer. Cette image réalise l'union des contraires, source de l'épanouissement de la personne. Par ailleurs, il n'est pas possible d'échapper à la lumière du soleil ; il éclaire tout. La totalité est ainsi révélée, le côté considéré comme bon et le mauvais. Or, il s'avère qu'une fois l'ombre éclairée, il n'y a plus de jugement de valeur. Simplement deux aspects se complètent et chacun a sa place sous le soleil. Le Soleil est une véritable prise de conscience du cœur.

Le Soleil représente une personne chaleureuse, en accord avec ses sentiments profonds, qui n'hésite pas à les montrer sans les juger. De ce fait, elle touche autrui par sa façon d'être et sa simplicité. Elle est aussi très logique et rationnelle, capable de comprendre les choses et les gens pour ce qu'ils sont. Serviable, c'est un excellent compagnon de travail comme un partenaire très présent dans un couple. Ce côté chaleureux, aimable et sensible se double d'une intelligence brillante. Il est capable d'envisager l'ensemble d'une situation sans négliger les détails, qu'il sait également voir. Son regard direct et circulaire, va à l'essentiel. Si ce dernier est caché dans un coin, il saura le dénicher. Cependant, son regard est toujours empreint de mansuétude, car le côté humain et affectif reste pour lui la chose la plus importante. Enfin, il est très entouré, car il aime diffuser largement cet amour de la vie et des gens qui l'habite.

Dans sa *dimension extravertie,* le Soleil est la capacité d'éclairer avec le cœur une situation, la comprenant dans ses différents aspects.

Dans sa *dimension introvertie,* le Soleil est la capacité de ressentir de l'amour pour l'autre et soi-même, dans les différentes situations de l'existence.

Carte inversée : les problématiques du Soleil sont des difficultés à prendre conscience de ses sentiments ou à les accepter comme tels. Par exemple, une personne ressent de la joie là où elle juge cela déplacé du fait des conventions, de la morale. Elle va refouler son sentiment, passant à côté d'une vérité profonde de son cœur, au profit d'un masque social. Le sentiment d'amour peut aussi se manifester sous une forme négative, lorsqu'une situation nous agace et crée en nous du mécontentement. Si nous n'acceptons pas cette forme du sentiment, nous ne saurons jamais ce que notre cœur trouve juste et bon. De ce fait, même nos sentiments positifs auront moins de poids.

Une autre problématique du Soleil est la difficulté à accepter l'aide et le soutien de l'autre, ou à l'apporter, cette idée selon laquelle quelqu'un veut se débrouiller seul en toutes circonstances, refusant la chaîne de solidarité qui peut exister entre les hommes. C'est un refus du lien, un désir d'indépendance tel qu'il en détruit le sentiment, force de relation entre les êtres. Cela peut provenir d'une crainte de l'autre.

Par exemple, une personne n'ayant reçu de ses parents de l'amour qu'en échange d'une allégeance aux désirs de ceux-ci, risque de préférer la solitude à une aide par trop coûteuse. Elle projette sur les autres ce souvenir de la relation affective et cherche à s'en écarter, même inconsciemment. Dans ce cas, il lui sera difficile de construire une bonne relation de couple tant que l'ombre de la possessivité l'habitera. Cela conduit aussi la personne à refouler également ses sentiments positifs, car tout ce qui est sentiment devient pour elle synonyme d'esclavage. Elle n'accepte pas d'être touchée affectivement par l'autre et se protège.

Un autre aspect est la confusion des sentiments. La personne ne parvient pas à démêler ce qu'elle ressent vraiment. Dans ce cas, haine et amour sont mêlés, attirance et répulsion aussi. Cette confusion trouve son origine dans une relation trouble avec un parent où un sentiment négatif a été projeté sur l'enfant, tout en étant refoulé par la personne comme inacceptable. Par exemple, lorsque l'enfant rappelle un conjoint dont la personne s'est séparée, ou le tempérament d'un père ou d'une mère avec lequel les relations ont été difficiles. Le parent projette sur l'enfant des aspects qui ne lui appartiennent pas et vont l'encombrer par la suite, créant des sentiments confus de lui-même. Eclairer cette réalité passe par un travail avec la fonction complémentaire, celle de l'esprit, afin de démêler le vrai du faux.

L'arcane complémentaire du Soleil est l'Impératrice, symbole de l'expression de la pensée et de la communication créatrice. Leur alliance permet de ressentir la réalité de ses sentiments dans tous leurs aspects et de l'exprimer avec intelligence, car un sentiment présenté de façon par trop brutale peut tout aussi bien être blessant. La pensée permet de moduler l'expression de la chaleur interne, de façon à ne pas brûler l'autre ou se brûler soi-même au feu des sentiments.

Ainsi se conclut cette cinquième et dernière étape de l'œuvre, celle de la réalisation et de la conscience. Nous allons à présent aborder les deux derniers arcanes majeurs, la Force et le Mat, qui constituent la fonction centrale, point de jonction et de conjonction des cinq quaternités étudiées.

9. La fonction centrale

La fonction centrale représente le point charnière, au cœur de la personne, où se rencontrent les différentes fonctions. Porte et objectif des diverses actions et façons d'être, cette fonction joue un rôle unificateur et dynamisant. Elle est à rapprocher de la fonction transcendante définie par Jung comme une réconciliation des contraires. Cette fonction nourrit et exprime le centre de la personne, le Soi. Ce dernier doit en effet se trouver activé pour jouer son rôle de guide interne et de médiateur du grand ordre.

La fonction centrale illustre à la fois l'objectif et le résultat de l'union des contraires, soit l'alliance du conscient et de l'inconscient. Deux arcanes complémentaires la composent : la Force et le Mat. Ce dernier n'a pas de chiffre dans cette position particulière, il se fait le reflet du 11 de la Force pour donner 22, la totalité des arcanes majeurs. L'un est ce qui est objectif dans cette fonction, l'autre en représente l'aspect subjectif.

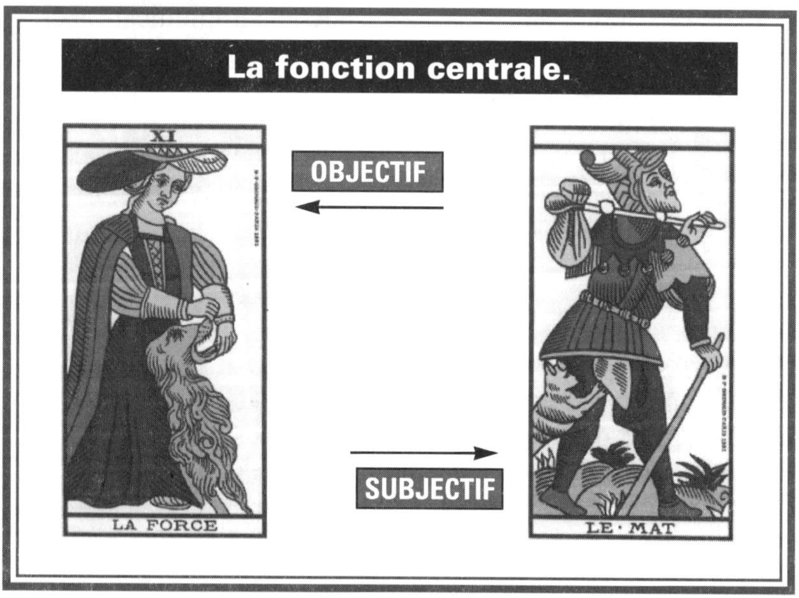

a) L'objectif : la Force

La Force est l'objectif de la quête. Elle symbolise l'union des contraires : d'un côté la personne (la femme), de l'autre la pulsion première (le chien). On pourrait dire qu'il s'agit d'unir l'esprit au corps, le rationnel et l'irrationnel, le conscient et l'inconscient, etc. De cette union naissent la force intérieure, l'énergie et le courage. La femme tient sans effort la gueule du chien, signifiant que l'esprit doit agir avec douceur et fermeté à l'égard de la pulsion et des instincts. Si son action est trop brutale, la bête se révolte et les pulsions vont déferler sur la personne. Dans l'autre cas, la bête se soumet et les instincts sont refoulés. Mais si l'action de l'esprit est trop faible, la pulsion risque de prendre le dessus et d'agir en maître, ou la bête n'est pas en sécurité et s'interdit toute expression, se terrant.

La Force est une juste intervention de l'esprit sur le corps et ses instincts. Une grande humanité est nécessaire dans le doigté et dans la façon de penser (couleur chair des mains, des poignets et des cheveux de la femme). Pour ce faire, l'esprit est protégé par un chapeau en forme de lemniscate qui symbolise l'accord de la pensée avec un ordre supérieur. Les pensées conscientes de la personne sont en accord avec les données de l'inconscient en elle. La bête est intuitive (couleur jaune) et sent ce qui est juste pour elle. C'est elle qui a les pieds sur terre. Nos instincts nous mettent en contact avec le sol de la réalité. Ils ont à s'exprimer avec une certaine force pour pouvoir être entendus de nous. Esprit et corps sont intimement liés. Remarquons que dans l'arcane l'esprit tient une place plus grande que le corps. On peut dire que la personne, dans son humanité, révèle et maîtrise ses pulsions, ce qui est en accord avec les désirs archaïques de l'inconscient en elle (les dents de dragon sur le chapeau symbolisent ses désirs primitifs). Cette maîtrise donne la force, c'est l'art d'être son propre maître.

La Force est une personne énergique, pleine d'entrain et de courage, qui sait mener sa barque avec détermination et douceur. Capable d'actions puissantes, elle sait être tenace et retenue, car elle tient compte d'une nécessaire harmonie pour réaliser ses objectifs. Elle ne force pas lorsque des obstacles se présentent, mais sait utiliser les situations pour trouver les solutions sans être bloquée. Par contre, son énergie et sa détermination lui permettent de mener à leur terme les actions entreprises. Elle a l'art de concilier force et souplesse, rigueur et mansuétude, action et retenue. De cette attitude naissent une grande sécurité interne et une énergie qui se renouvelle. C'est une très bonne partenaire, qui sait prendre des initiatives tout en respectant le domaine de l'autre.

Sur le *plan extraverti,* la Force est la capacité de relier les contraires, de rassembler les énergies vers un objectif commun. Elle propose un but unificateur qui décuple les forces en présence.

Sur le *plan introverti,* la Force est la capacité de rassembler ses propres forces, en particulier celle d'accorder ses instincts et désirs à ses pensées. C'est une image de volonté.

Carte inversée : les problématiques de la Force sont des difficultés à se donner un objectif et à s'y tenir. C'est une forme de faiblesse ou de manque d'unité intérieure. C'est le cas lorsqu'une personne ressent un conflit entre deux tendances en elle. Par exemple, elle a le désir de suivre son intuition, mais l'idée que c'est pure imagination l'en dissuade. Elle se retrouve bloquée dans une situation sans issue, ne parvenant pas à se résoudre à un parti plutôt qu'à l'autre. Le conflit peut aussi se traduire à l'extérieur. Il reflète alors un conflit interne inconscient. Il s'agit ici de conflits qui paralysent une situation et non de confrontations, parfois fortes mais stimulantes. Quand les positions se durcissent, un élément extérieur est nécessaire pour sortir d'une telle crise. C'est le rôle de l'arcane complémentaire, le Mat, qui est capable de déplacer le problème ou de faire un détour susceptible de trouver une issue au conflit.

Autre problématique de la Force : la difficulté de se fixer un objectif clair. Dans ce cas, la personne est dévorée par son côté subjectif, la bête a le dessus et l'esprit ne parvient pas à maîtriser les pulsions. Par exemple, lorsque quelqu'un réagit affectivement à une situation sans parvenir à en avoir une vue claire, il se trouve en position de faiblesse parce que trop affecté, et ne peut se donner un but objectif. Ou alors, c'est le sentiment d'être partagé qui entraîne l'impossibilité de se décider ; là l'union ne se fait pas entre le corps et l'esprit, chacun vivant indépendamment de l'autre. C'est à l'esprit de faire le chemin vers la bête pour la saisir et la comprendre, car c'est l'esprit qui porte l'humanité, comme l'évoquent les bras couleur chair de la femme qui tiennent l'animal. De cette jonction peut naître la force intérieure et l'objectif. Ce dernier est aussi la capacité d'objectiver sa vie, de se saisir de son potentiel et de ses désirs pour les orienter et les utiliser. Ainsi, la personne participe à être créatrice de sa vie.

A l'inverse, il s'agit de la difficulté à se prendre en main. La volonté est trop faible et a besoin d'être renforcée. Ou bien les pulsions sont trop refoulées par une volonté inflexible et la personne ne connaît pas ses réels désirs. Elle vit selon des règles et des modèles, mais pas selon son cœur. Dans ce cas, elle a besoin de l'énergie de la carte complémentaire, le Mat, où le personnage se laisse pousser par ses pulsions.

La Force donne un but à la personne, en accord avec ce qu'elle est, et c'est le Mat qui va faire le chemin pour le réaliser.

b) Le subjectif : le Mat

Le Mat symbolise l'être dans sa quête. C'est un personnage qui marche, poussé ou retenu par un animal, son compagnon de route. Comme dans la Force, on retrouve la dualité personnage/animal qui représente l'alliance de l'esprit et du corps, du conscient et de l'inconscient. Dans la Force, la femme maîtrise l'animal, dans le Mat l'homme se laisse faire par l'animal, n'y prêtant pas attention. Il suit son chemin, sans même regarder où il met les pieds, le visage tourné vers le ciel. Cette attitude exprime la dimension spirituelle de sa démarche. Il accepte d'aller vers l'inconnu. Alors que la Force symbolise l'objectif, le Mat représente le cheminement, le fait de faire le chemin. C'est le côté subjectif, le sujet en acte.

Le Mat est l'expression de la démarche humaine. Il ne craint pas de laisser voir ses désirs comme le montre l'animal qui le détrousse. En accord avec ses pulsions qui le poussent – ou le retiennent lorsqu'il risque d'aller trop loin – il avance. C'est un fou, un bouffon qui se moque du monde des apparences. Il cherche l'essentiel. Il emporte avec lui son baluchon couleur chair qui résume son expérience humaine, et c'est tout. L'expérience acquise est le seul bagage de ce voyage de la vie. Le Mat est tourné vers la droite, l'avenir. Comme l'Arcane sans nom, ce qui le guide est devant, c'est l'esprit, l'univers intangible. Ce qui le pousse, c'est l'instinct, et il s'appuie aussi sur son intuition pour trouver le chemin (son bâton jaune). Pour cela il ne regarde pas l'extérieur, ni ne l'écoute (son chapeau recouvre ses oreilles) ; il écoute dedans. Ce voyageur symbolise l'être dont la sagesse est d'aller de l'avant. Peut-il faire autrement ?

Le Mat est un personnage en mouvement, un voyageur qui visite le monde extérieur comme les univers intérieurs. Curieux et parfois intrépide, il n'hésite pas à aller de l'avant, à l'aventure. L'inconnu l'attire et il va volontiers à la rencontre d'autrui. Il n'a pas d'idées a priori, aussi sa démarche est-elle ouverte et n'attire-t-elle pas de réactions négatives. Au contraire, le Mat est bien accueilli car il transporte avec lui un souffle d'air généreux et léger, plein de son expérience humaine. Il est libre et ne se laisse pas enfermer dans des catégories ou des clans. C'est un être qui bouge, en accord avec ses instincts.

Il cherche, peut-être la vérité. L'essentiel pour lui est dans cette recherche. A l'écoute de sa vérité intérieure, il se guide avec son intuition et ses pulsions pour faire son chemin. Il ne se pose pas trop de questions, mais avance, habité par une forme de sagesse que d'autres pourraient nommer folie. C'est un original qui écoute la musique intérieure de l'origine.

Dans sa *dimension extravertie,* le Mat est la capacité d'aller vers l'inconnu, d'avancer sur le chemin en acceptant d'être conduit par ses instincts et son intuition.

Dans sa *dimension introvertie,* le Mat écoute les énergies qui le traversent, sensations, sentiments, pensées et intuitions. C'est ce qui le guide dans la vie.

Carte inversée : les problématiques du Mat sont des difficultés à aller vers l'inconnu et à se frayer un chemin cohérent, en accord avec ce qu'il est. C'est le cas d'une personne qui craint de se lancer dans des projets qui, par essence, demandent un minimum de confiance en l'inconnu pour se réaliser. Par exemple, quelqu'un veut écrire un livre mais n'y parvient pas sans avoir la promesse d'être édité. C'est un cercle vicieux dont la personne ne peut sortir qu'en étant victorieuse de ses craintes de l'inconnu, afin de débuter son écriture. Dans de tels cas, la personne aura tendance à projeter son imagerie mentale sur l'extérieur et développer une paranoïa. Elle ne parvient pas à nettoyer son mental et à ne penser à rien pour agir simplement. Cette insécurité trouve son origine dans une relation difficile avec la mère, qui n'a pas su donner suffisamment confiance à l'enfant n'en ayant pas assez elle-même.

D'autres aspects des problématiques du Mat sont les démarches incohérentes, lorsqu'une personne prend une direction, l'abandonne, en suit une autre… sans fil conducteur. Ou lorsque quelqu'un a des réactions qui n'ont pas de sens à l'égard d'une situation. Par exemple, quelqu'un prépare un examen et au dernier moment ne s'y présente pas. On appelle cela « manquer de suite dans les idées ». A un stade donné, la personne se met à douter et ne parvient pas à poursuivre le chemin dans lequel elle s'est engagée. Or, un tel doute est destructeur ; ce n'est pas l'interrogation positive qui permet des changements bénéfiques, mais une incertitude qui conduit à l'errance. Elle provient d'une difficulté à se mettre à l'écoute de l'intérieur de soi-même, là où réside le guide de sa vie et la force pour mener le chemin nécessaire. La personne est alors comme coupée d'elle-même par des pensées ou sentiments parasites. Ces derniers sont à élucider, pour les démasquer et leur ôter l'énergie qui les anime. Celle-ci reviendra, alors, dynamiser le centre de la personne et lui donner la force nécessaire pour poursuivre sa route.

La Force complète le Mat en donnant un objectif à sa quête. C'est la perspective du but que l'on souhaite atteindre qui confère la force, l'énergie nécessaire pour entreprendre le chemin. A l'inverse, l'objectif ne peut se concrétiser que si la personne se met en route vers cet objectif, sinon l'énergie stagne.

Il est fréquent, lorsqu'une personne commence un travail analytique, qu'elle ait un rêve qui lui montre l'objectif à atteindre dans ce travail sur soi. Comme si l'inconscient donnait au rêveur, sous cette forme, la force de faire le chemin pour atteindre ce but. J'en donnerai des exemples dans les chapitres suivants.

Le Mat allié à la Force est l'art d'aller à la rencontre de l'inconnu – l'autre et celui que nous sommes – au travers des objectifs que nous propose l'existence et de ceux que nous nous fixons à nous-même. C'est se vivre comme sujet de sa vie, tout en la vivant objectivement. C'est une alliance du subjectif et de l'objectif, union des contraires qui produit le vivant.

CHAPITRE IV

Les tirages. Généralités

Le tirage est un moment particulier où le conscient et l'inconscient peuvent entrer en contact. En effet, l'action de choisir un arcane face cachée est un acte guidé par l'inconscient. On a souvent cherché à expliquer ce phénomène. Notre logique raisonnable semble atteindre ici une limite qui la conduit à douter qu'un acte non conscient puisse revêtir un sens. Elle parle alors de hasard et semble en déduire que cet acte n'a aucune valeur. Cependant, l'expérience contredit une telle affirmation. Il est intéressant de constater qu'un tirage apporte une réponse cohérente par rapport à la question posée, qui touche le lecteur à un point sensible de sa psyché.

C'est ce sentiment intime de justesse de la réponse apportée par un tirage de tarots, qui est un facteur utile pour accréditer la valeur de celui-ci.

1. La synchronicité

Le tirage des tarots, tout comme celui du Yi-king, fait appel à la synchronicité, « concept qui formule un point de vue diamétralement opposé au point de vue causal. Puisque ce dernier est une vérité purement statistique et non absolue, c'est une sorte d'hypothèse de travail concernant la manière dont les événements sortent les uns des autres, tandis que la synchronicité prend la coïncidence des événements dans l'espace et le temps comme signifiant plus qu'un pur hasard, à savoir une interdépendance particulière d'événements objectifs entre eux aussi bien qu'avec les états subjectifs (psychiques) de l'observateur ou des observateurs (1). ».

La méthode du tirage des tarots et celle du Yi-king (2) relèvent du même processus : faire appel à l'inconscient et tenter une lecture des symboles qu'il propose en réponse. Jung ajoute, à ce propos : « D'un bout à l'autre de l'ouvrage, le Yi king insiste sur la connaissance de soi. La méthode suivant laquelle ce résultat doit être obtenu ouvre la porte à toutes sortes d'abus, et elle n'est donc pas faite pour les esprits frivoles ou manquant de maturité ; elle n'est pas non plus destinée aux intellectualistes et aux rationalistes. Elle ne convient qu'à des gens de pensée et de réflexion qui aiment à méditer sur ce qu'ils font et sur ce qu'il leur arrive, tendance qu'il ne faut pas confondre avec la rumination morbide de l'hypocondriaque (3). »

Cette mise en garde permet de situer les limites de l'utilisation des tirages du tarot pour se connaître et se guider. Une telle démarche demande à être empreinte d'un certain sérieux. Par exemple, il est nécessaire de résister à la tentation d'utiliser les tarots à tout bout de champ. Une telle attitude serait une abdication du conscient et du Moi face aux difficultés de la vie, au profit d'une sagesse présumée de l'inconscient. Or, il s'avère que le tirage des tarots doit être circonscrit à un périmètre pour laisser place à l'émergence de la volonté consciente de la personne. Faute de quoi, aucun problème ne peut être résolu, et la personne risque de tourner en rond ou de s'engluer dans ses difficultés.

---

1. Jung : *Commentaire sur le Mystère de la Fleur d'Or* (p. 130 ; Albin Michel).
2. Voir l'ouvrage de Kerson Huang : *Yi Jing, le sens originel du « Livre des mutations »* (Editions Dangles).
3. *Ibid.*, p. 140.

Définir un champ d'application aux tirages de tarot apparaît de ce fait nécessaire. Les chapitres suivants sur les différents types de tirages cherchent à répondre à ce besoin de circonscrire les usages que l'on peut faire des tarots. Y seront abordés les différents types de tirages, leurs applications pratiques et les effets que l'on peut en attendre avec des exemples commentés. Ces derniers permettent de situer le moment du tirage et sa fonction dans l'étude et l'évolution d'une situation ou d'une question donnée.

2. Quand et comment faire un tirage ?

Un tirage de tarot doit répondre à une nécessité définie de la façon la plus claire par le consultant, ou ressentie profondément par celui-ci. Soit il s'agit d'un travail d'évolution personnelle et le tirage se situe dans cet espace psychique, soit il s'agit d'une question précise et le tirage s'y rapportera. Dans tous les cas, la qualité de l'implication personnelle du consultant est déterminante pour la qualité du tirage. Si ce dernier se sent très concerné, cela se reflétera dans le tirage dont l'apport sera, alors, important et profond. A l'inverse, un intérêt curieux n'apportera que des réponses superficielles, quoique déjà en relation avec l'inconscient de la personne. Il est possible qu'une telle personne ne souhaite pas aller plus loin dans la connaissance d'elle-même et le tirage respectera cette retenue, certainement encore utile à un moment donné. De ce fait, il est nécessaire d'être à l'écoute de la volonté du consultant pour ne pas outrepasser sa demande, mais aussi pour l'entendre dans ses implications plus profondes et non formulées lorsque c'est le cas.

Un tirage peut intervenir à un moment critique, au cours d'une crise par exemple. Il éclairera alors les données cachées de cette situation et apportera un soutien par une recherche d'harmonisation des énergies. Un tirage peut aussi intervenir dans une période sans éclats apparents, même dans les moments de grisaille ou de manque d'événements. Il apporte alors des éléments nouveaux susceptibles de dynamiser la situation et de lui redonner une énergie neuve. Ces deux situations sont ponctuelles.

Par contre, il existe une autre façon d'utiliser les tirages de tarot : celle d'un travail d'évolution personnelle continue ; le tarot devient alors un outil de travail dans une analyse. Le tirage, sans être complètement régulier (car cela comporte le risque de s'installer dans un rituel par trop sécurisant), est utilisé fréquemment pour accompagner le travail analytique. J'aborde ces différents cas de figures au travers des exemples qui suivent au fil des chapitres.

Un tirage de tarot peut être unique dans une séance, tout le travail se centrant sur cet élément qui tient une place essentielle dans l'histoire du consultant. Ou bien le tirage amorce quelque chose qui évolue, ailleurs, au fil de la séance. En règle générale, il est utile de revenir à la fin d'une telle séance sur l'objet de départ de ce tirage, car cela permet de faire un lien continu pour le consultant, lien qui existe réellement dans l'inconscient.

Lorsqu'un tirage unique ne satisfait pas le consultant, il est nécessaire de l'aider à reformuler sa demande ou de la compléter par des précisions.

D'une manière générale, je peux déjà dire qu'un tirage de tarot ne doit pas être renouvelé à l'identique pour une même question. Il serait préjudiciable de multiplier les tirages, car l'on aboutirait alors à cristalliser la résistance et le doute, fruit de la fonction pensée, au détriment d'une harmonisation de l'énergie sur les autres fonctions psychiques. Mieux vaut reporter à un autre moment le tirage et faire place à d'autres techniques ou aborder un autre sujet.

Il est aussi inutile de tirer le tarot sans motif préalable, « juste pour voir ». Dans ce cas, le flou instauré ne peut que se refléter dans le tirage et n'apportera rien de valable.

Par contre, un tirage peut se faire sans question précise, mais dans une intention déterminée. Par exemple, faire le point, à un moment donné, de son état psychique ou de celui d'une situation extérieure, comme d'un projet en cours. Dans ce cas, la question reste vague mais le propos est précis et c'est cela qui importe. Le tirage est donc valable.

Il est aussi possible d'effectuer plusieurs tirages dans une même séance, soit autour d'un même thème pour le préciser et l'approfondir, soit sur des objets distincts. Cependant, cette technique comporte le risque non négligeable de la dilution de l'impact du tirage et de la dispersion de l'énergie. Aussi, le plus souvent je pratique et conseille le choix d'un tirage unique qui peut comporter plusieurs arcanes comme nous allons le voir. Mais comme dans la pratique des tarots l'intuition et la sensibilité jouent un grand rôle, je souhaite laisser ouvertes les formes d'utilisation des tarots.

CHAPITRE V

Les tirages de 1 à 7 cartes

1. Du constat vers la réalisation personnelle

J'étudie ici successivement sept formes de tirages, de une à sept cartes, qui constituent un véritable cheminement de développement personnel. Le lecteur pourra suivre ce programme, une première fois dans l'ordre proposé afin d'en intégrer les étapes puis, par la suite, l'utiliser dans l'ordre qui lui convient, de façon plus libre. Pour chaque type de tirage, je propose des exemples où je dégage et étudie les problématiques psychiques en relation avec ceux-ci, dans la perspective d'offrir un regard sur leurs résolutions possibles avec l'aide des tarots.

2. Tirage d'une carte

Les tirages sur une carte sont de plusieurs types. J'en dégage trois, chacun ayant une fonction distincte : « la coupe », « l'énergie du moment » et « le conseil ponctuel ».

Tirage « La coupe »

« La coupe » est une rupture symbolique dans l'espace et le temps. Elle se pratique en brassant les 22 arcanes majeurs et en les coupant à un moment donné. L'arcane qui apparaît est appelé « la coupe », ce qui le place en relation avec l'une des quatre familles des arcanes mineurs (les coupes), les trois autres étant constituées des deniers, bâtons et épées. Les coupes symbolisent l'univers du sentiment et sont reliées à cette fonction. Le tirage d'une coupe est de cet ordre là. Il met en valeur quelque chose du sentiment intime du consultant, en relation avec l'objet du tirage préalablement défini. « La coupe » établit une coupure dans l'ensemble du jeu, ce qui constitue l'espace ou plan concret et matériel de la consultation, puisque l'objet jeu de cartes est coupé par un acte du consultant, signifiant qu'une prise de contact est possible avec un élément caché appartenant à la totalité : l'arcane coupé.

« La coupe » établit aussi une coupure dans le temps, qui est le moment où le consultant décide de cesser de brasser les cartes pour l'effectuer, ce qui va faire émerger une signification liée à l'arcane présent à cet instant. Cette rupture exprime la capacité du consultant de faire une sorte d'arrêt image sur une donnée de sa psyché, et de le transformer en objet de méditation. Ce faisant, il met en relief le caractère sensible et spirituel d'un tel acte, qui distingue une carte d'une totalité (les 22 arcanes) représentant la totalité psychique. Cette carte, dans son unicité, évoque ce qu'il y a d'unique dans l'être, là où il est irréductible. Ce point de soi-même porte toute l'émotion de vivre, car il ne peut être coupé ni coupable, il *est,* simplement. Cette simplicité de « la coupe » en fait un tirage sur l'essence et sur le sentiment comme lieu de l'essentiel.

Dans notre cœur, nous portons un aspect unique, l'unité de nous-même. Nous sommes l'Un ou l'Une. Cette facette qui nous différencie de tous est paradoxalement le fait de tous. Cette unité au profond de notre être nous fait semblable aux autres et distinct à la fois. « La coupe » exprime le paradoxe, le lieu de l'union des contraires. Par le vecteur du sentiment, « la coupe » nous ouvre une porte sur le centre de l'être, son origine une, le Soi en étant une image. Citant un alchimiste du XVIe siècle, Jung met en lumière la concordance existant entre l'unicité de la pierre philosophique des alchimistes et l'unité originelle proposée par d'autres traditions : « L'œuvre alchimique est le retour d'un état initial dans un état de fin des temps ("La fin regarde le commencement et *vice versa*"). C'est exactement ce qui se passe dans le processus d'individuation, que celui-ci se produise par la transformation chrétienne ("Si vous ne devenez comme des enfants"), comme l'expérience du satori du zen ("Montre-moi ton visage originel"), ou encore comme processus de développement psychologique dans l'état de totalité originel devient un événement vécu consciemment (1). »

« La coupe » est un tirage fragile qui, justement grâce à cette fragilité, rend possible le fait d'entrouvrir une porte sur le visage originel au cœur de nous-même.

J'ai choisi ce tirage pour proposer au lecteur de mettre en lumière les motivations profondes qui l'ont conduit à aborder le tarot et la psyché au travers de cet ouvrage. « La coupe » va être votre premier tirage. Je vous conseille d'ouvrir un cahier sur vos tirages de tarot ; il peut vous être très bénéfique de reparcourir le chemin que vous allez entreprendre.

De plus, un tirage d'ouverture a un sens particulier. Il joue le rôle des rêves de début d'analyse qui expriment fréquemment l'objectif donné par l'inconscient au travail qui débute, montrant au rêveur vers quoi il va aller et ce à quoi il aspire ou va se confronter. Les données d'un rêve et d'un tirage d'ouverture sont précieuses et peuvent être consultées à divers moments du travail en cours.

Pratique : battez les cartes faces cachées. Mettez-vous à l'écoute du moment intérieur où vous allez cesser de les battre et ouvrez le jeu en le coupant sur une carte. « La coupe » est la carte qui apparaît dans le jeu coupé, non celle de dos de jeu.

Regardez cet arcane, notez ce que vous voyez en lui puis ce qu'il vous inspire. Enfin, donnez-lui un nom. Relisez-vous et méditez sur vos écrits. Puis allez vous reporter au chapitre I sur

---

1. Jung : *Aïon* (p. 186 ; Albin Michel).

la signification symbolique des arcanes. Votre vision personnelle de la carte doit toujours primer sur les définitions qui en sont données. Si cette vision est très déterminée par la lecture théorique, c'est ainsi, méditez dessus en prenant en considération cet aspect de vous-même. Il se peut qu'il vous apprenne quelque chose sur vous, ou qu'il se transforme au fil des tirages. Si votre vision de la carte est très différente du champ symbolique exposé – voire totalement étrangère à celui-ci – prenez aussi en considération cette donnée, car c'en est une. Voyez s'il s'agit d'une tendance qui se confirme ou si c'est une façon de lire du début et passagère.

Enfin, faites la relation entre ce que vous avez écrit de la carte coupée, ce que vous en avez appris dans ce livre ou par ailleurs et l'objet du tirage : à savoir votre motivation profonde pour étudier les tarots et la psyché.

Voici deux exemples de tirages pour illustrer ce propos.

Exemple n° 1 : il s'agit d'un jeune homme qui débute un travail personnel. Il n'est pas encore installé socialement, cherche sa voie et se présente de façon timide, comme si sa personnalité n'était pas non plus très assise. Il dit souhaiter se réaliser, c'est l'expression consciente de ce qui le porte vers ce travail. Ce terme semble recouvrir pour lui une réussite sociale aussi bien qu'une affirmation personnelle.

Son tirage : l'Hermite.

Il a essentiellement vu dans cet arcane un homme qui cherche à l'aide de sa lanterne. Il a appelé la carte « le chercheur ». L'accent est mis sur la démarche intellectuelle et spirituelle (la lanterne). Bien que le personnage ne sache pas ce qu'il cherche, ni même dans quelle direction ou domaine porte sa recherche, il éclaire son chemin. Ce qui importe à ce jeune homme plus que l'objet de sa recherche, c'est la méthode ou la démarche de celle-ci. Cependant, l'Hermite est un arcane d'intuition, ce qui est marqué par le bâton que tient l'homme et qui le guide dans sa quête. Cet aspect de la carte n'a pas été vu par le jeune homme. Il méconnaît encore son intuition et ses désirs profonds, alors même que ce sont eux qui vont le guider avec la participation de son intelligence consciente. Il semble que ce qui le motive dans ce travail soit la découverte de ces aspects cachés de sa personnalité : intuition et désir, qui vont fonder l'essentiel de ses capacités à se développer et à se réaliser. Pour ce faire, il est armé d'une solide intelligence et il semble qu'il en ait conscience, donc il peut s'appuyer sur elle. Elle représente un élément sécurisant pour affronter les ténèbres de l'inconnu. Il a en lui des éléments positifs pour effectuer un travail d'analyse qui puisse porter ses fruits.

Peut-être ce travail l'amènera-t-il jusqu'à une quête spirituelle, car l'Hermite est tourné vers l'origine ou l'Unité et cherche à l'éclairer. Le nom donné à l'arcane, « le chercheur », augure bien d'une démarche profonde qui peut porter ce jeune homme assez loin. Mais il n'en est pas là, tout d'abord du fait qu'il a eu une certaine difficulté à parler sur la carte. L'expression de son intuition est encore malaisée et mal distinguée. Ce tirage entrouvre une porte d'avenir et exprime aussi une orientation pour le travail.

Exemple n° 2 : il s'agit d'une femme autour de la quarantaine, qui vit assez bien sur le plan professionnel et privé, mais qui semble poussée à faire un travail personnel pour dépasser certains blocages qu'elle perçoit intérieurement. Cependant, elle ne donne pas d'objet aussi précis à son travail, disant qu'elle veut se dépasser elle-même, atteindre une autre dimension dans son existence. L'aspect spirituel de sa démarche est assez évident, pour elle-même également.

Son tirage : le Mat.

Ses motivations profondes relèvent d'un besoin d'aller vers l'inconnu, une nécessité de sortir de son cercle habituel de vie pour entreprendre des démarches vers autre chose. Celles-ci peuvent se situer aussi bien sur le plan concret (comme aller vers des gens ou des activités nouvelles) que sur le plan psychique et spirituel (comme aller à la rencontre de ce qu'elle ne connaît pas d'elle-même, voire de l'inconnaissable, le Grand Autre). C'est alors une façon d'être, plus que des actions précises dont il est question. Le Mat a une attitude d'abandon dans sa démarche ; il s'agit d'avoir le courage et la foi pour aller ainsi vers ce qui nous est étranger et qui, peut-être, le sera toujours. Autrement dit, il est des choses, des gens et des situations qu'il n'est pas nécessaire de comprendre ; cela serait même néfaste de chercher à toujours comprendre tout. Il suffit d'accepter cette diversité et d'aller à sa rencontre avec son expérience, son intuition et quelque chose de sa folie. Le Mat a une case de vide, celle du nombre en rapport avec l'esprit. Son esprit est vide de toute recherche de sens. Là n'est pas son action. Cette définition en creux, en négatif, laisse un espace libre, un lieu où il peut se passer autre chose, quelque chose. C'est la place de la surprise, ce qui peut surprendre, étonner ou émerveiller. C'est le lieu du Mystère.

La consultante doit apprivoiser sa capacité à aller de l'avant.

Ce qui la pousse à entreprendre ce travail avec les tarots est la quête humaine et le besoin de se lâcher elle-même pour atteindre une autre dimension. A la différence du jeune homme dont la nécessité était de se découvrir et de savoir exprimer ce qu'il est, ici la consultante doit aller vers d'autres espaces sans chercher à expliquer a priori, mais en acceptant la découverte de l'inconnu. Cet inconnu va exprimer ce qui est autre, au sens de quelqu'un d'autre dans ce qu'il a d'irréductible à soi-même, et aussi ce qui est autre à l'intérieur de la personne, ce que Jung nomme le Soi.

A présent, à vous de faire votre « coupe ».

Tirage « L'énergie du moment »

« L'énergie du moment » est un tirage ponctuel qui permet d'éclairer la réalité sous-jacente à une situation. Par situation, il s'agit d'entendre aussi bien l'état d'une personne ou d'un groupe que celui d'une activité ou d'un projet individuel ou collectif. Ce tirage apporte un éclairage sur les données inconscientes qui animent ou président à une situation. Il permet de saisir ce que le conscient ne capte pas ou imparfaitement. Cela peut être de l'ordre de la pensée, comme du sentiment ou des deux autres énergies. Il va révéler l'énergie psychique à l'œuvre à un moment donné. Cet éclairage permettra au consultant de mieux s'orienter dans sa situation présente.

« L'énergie du moment » joue le rôle d'un tirage-boussole. Il est adapté aux moments où l'on se sent un peu perdu, où l'on manque de repères et de références. Il remplit la fonction d'un père bienveillant et éclairé qui fait bénéficier de son savoir pour permettre au sujet de se décider en meilleure connaissance de cause, c'est-à-dire avec plus d'éléments. Par contre, il n'apporte pas les réponses que le consultant doit se donner à lui-même ; il éclaire mais ne dicte rien. De plus, son éclairage restera circonscrit à une situation présente. C'est un tirage ponctuel dont la lecture est brève dans le temps.

Ce tirage peut être utilisé en début de journée pour connaître l'énergie qui va baigner cette journée. La personne bat les cartes puis les étale, faces cachées devant elle, avant d'en choisir une qu'elle retourne.

Exemple n° 1 : « Dans quelle énergie suis-je aujourd'hui ? » Précisons que la question intervient dans le cadre d'une journée de travail, a priori sans particularité et que le sentiment de la consultante est sans relief particulier.

Son tirage : Tempérance.

Il s'agit d'une énergie dans la fonction psychique intuition, à son quatrième niveau, celui de la création. La journée sera donc marquée par une création intuitive, source de modération et de plaisir. Le sens de certaines choses se dégagera des liaisons que la consultante fera grâce à son activité alliant les côtés créatif et intuitif. Bien que sans pointe marquante, cette journée sera active car elle se situe dans la phase de l'œuvre au rouge, niveau 4 de l'œuvre.

Pour ce tirage, il peut être intéressant de brasser les cartes dans tous les sens, faces cachées, avant d'effectuer le tirage. Dans ce cas la carte choisie peut se trouver à l'envers et exprimer une problématique que traverse le consultant. Prenons-en un exemple.

Exemple n° 2 : « Où en est mon projet professionnel ? » Le consultant lance une activité et a commencé à prendre certains contacts, mais rien n'aboutit encore concrètement.

Son tirage : l'Etoile à l'envers.

Il se heurte à des difficultés liées à un manque de confiance interne. L'Etoile se situe dans la sensation au niveau 4, celui de la création, d'où l'on peut déduire que le consultant n'agit pas suffisamment, n'osant pas se montrer, lui et son projet, tel quel. Il doit ressentir une insécurité matérielle. Sans doute l'inquiétude financière pèse-t-elle lourd sur sa capacité d'agir. Cela tendrait à le paralyser, comme s'il devait déplacer des montagnes et qu'il ne s'en sente pas la force. En fait, il n'en est rien. Un peu de courage et d'intuition dans ses démarches lui apporteraient des éléments nouveaux et constructifs. Peut-être son action n'est-elle pas assez adaptée aux réalités, les siennes et celles de l'extérieur. Il a besoin d'apprendre à mieux agir et cela en utilisant son intuition aussi. Car c'est l'arcane complémentaire de l'Etoile, le Pape, qui est susceptible de l'aider. Nous reviendrons sur ce rôle de l'arcane complémentaire plus loin.

Une autre lecture possible de ce tirage est de l'envisager sur un plan non plus psychologique, mais concret. Ces deux niveaux de lecture ne se contredisent pas, ils se complètent.

Dans ce cas, l'Etoile à l'envers signale une situation non rentable, pas suffisamment accordée au contexte. Le projet n'est pas en harmonie avec l'extérieur et risque de piétiner. Il s'agit de réviser les données du problème afin d'aboutir à un meilleur positionnement.

Tirage « Le conseil ponctuel »

« L'énergie du moment » peut être complétée par un autre tirage d'une carte, le « conseil ponctuel ». Il s'agit d'un tirage de soutien qui propose le choix ou l'attitude la plus en accord avec les nécessités internes et externes que vit la personne, compte tenu de là où elle en est. Ce dernier aspect précise que le tarot est l'expression d'un processus et d'une dynamique et non une réponse fatale et inéluctable. Car il se fera toujours l'écho de l'état présent du consultant, celui-ci pouvant faire évoluer les situations qu'il vit comme les conseils donnés par le tarot. Par exemple, une personne qui vit une solitude douloureuse peut recevoir dans un premier temps un conseil, non pas d'aller vers l'extérieur – ce dont elle est encore incapable – mais de regarder en elle les problèmes qui la minent pour s'en dégager. Par la suite, le tarot pourra conseiller de faire le pas vers les autres.

Pratique : après avoir brassé les cartes dans tous les sens, en tirer une au hasard.

Exemple n° 1 : un consultant souhaite quitter un partenaire dans une activité professionnelle, pour aller vers un autre. Il se demande comment le faire au mieux et quelle attitude adopter à l'égard de celui qu'il veut quitter.

Son tirage : l'Impératrice à l'envers.

Le conseil semble ici lui dire d'en exprimer le moins possible à cet ancien partenaire. Il parait judicieux pour le consultant de garder pour lui ses pensées et ses projets. La communication n'est pas à l'ordre du jour ou elle tournera au vinaigre, ce qui n'est pas dramatique pour le consultant. En effet, l'échange n'est pas souhaitable dans cette situation, tel est le conseil du tarot. Sur le plan des énergies psychiques, l'Impératrice est la première étape de la pensée. Donc le conseil est de ne pas trop manifester sa pensée à cette personne. Sans doute est-il préférable de la quitter en douceur sans expliciter outre mesure les raisons de ce départ, car cela serait stérile et inutilement fatiguant.

Exemple n ° 2 : le consultant a un fils déjà marié qu'il souhaite aider, chose qu'il a peu faite durant des années, ce dernier ayant vécu loin de lui son adolescence. Cependant, il se demande quelle attitude adopter à l'égard de son fils, déjà adulte mais en difficulté matérielle et psychologique. Le consultant exprime ses doutes ainsi que son désir de soutenir son fils.

Son tirage : l'Empereur.

Le conseil du tarot est très net, car cette carte représente le père dans sa fonction première et pratique. Il s'agit, pour le consultant, de se manifester physiquement auprès de son fils, d'aller le voir, d'être présent près de lui et de lui apporter une aide concrète. Le consultant se déclare heureux et très surpris de ce tirage, car il l'espérait mais n'osait se formuler cette réponse de façon aussi précise. En fait, il a peu tenu ce rôle paternel et paraît heureux de pouvoir rétablir quelque chose. Or, il s'avère que la situation s'y prête. L'Empereur exprime aussi une façon d'agir nette, rationnelle et carrée. Le pragmatisme est bienvenu. Le consultant a à s'imposer auprès de son fils pour que ce dernier y puise une énergie susceptible d'asseoir sa propre virilité.

Ce tirage a visiblement dynamisé le consultant en l'amenant dans la sphère de l'énergie sensation, celle de l'action. Ce dernier avait sans doute tendance à se perdre dans des considérations imaginaires, issues de l'intuition énergie complémentaire de la sensation dans sa version négative, qui ne lui apportaient que des doutes et de l'impuissance. L'Empereur le ramène vers des actes positifs et implantés dans une réalité concrète.

3. Tirage de deux cartes

Les tirages sur deux cartes permettent de révéler les deux aspects fondamentaux d'une situation, d'une question, d'une problématique. Ils peuvent être complémentaires ou en opposition. Avec « la coupe », le consultant s'est donné une image de ce vers quoi il tend. Le tirage sur deux cartes va le sortir de cette unicité pour le faire entrer dans l'univers de l'incarnation marquée par la dualité. Si l'idéal est Un, la manifestation est Deux, faite d'un principe actif et passif. C'est le tohu-bohu du judaïsme ou chaos initial qui conjugue l'expansion et la contraction, c'est le yin et le yang du tao symbolisant les deux aspects masculin et féminin de l'énergie primordiale, c'est la dualité du Bien et du Mal dans le christianisme, enfin c'est le conscient et l'inconscient dans la psychologie contemporaine.

Les tirages sur deux cartes sont utiles pour sortir d'une unilatéralité qui représente une fixation à un idéal ou à un état donné. Ils vont mettre en mouvement une énergie statique. Ils sont, de ce fait, à utiliser dans des situations de blocage où rien de nouveau ne se passe, où l'on ne sait pas par où prendre les choses, où une certaine rigidité se met en place et fait mourir peu à peu toutes formes de désirs. Ce type de tirage relance une dialectique du mouvement de la vie, par l'expression de sa dualité. Il va révéler la face cachée des choses ou proposer une alternative jusqu'alors méconnue. Ce type de tirage est à mettre en relation avec l'ombre, cette partie de la psyché à la lisière du conscient et de l'inconscient, qui porte des énergies refoulées par le Moi, qui demandent à s'exprimer.

Tirage : « La confrontation avec l'ombre »

La « confrontation avec l'ombre » est un tirage sur deux cartes qui permet de mettre en lumière la face cachée d'un état, d'une situation, d'une motivation, en regard de l'aspect conscient de ceux-ci. La tentation est grande de croire que nous ne sommes – ou que nous ne pouvons être – que le côté apparent et conscient de nous-même. Sur ce point, Jung soulignait le danger à vouloir « être véritablement l'homme de son idéal ». Il ajoutait qu'un idéal ne devient acceptable « que lorsque l'on tient compte de son contraire (2) ». La reconnaissance de son ombre est un moyen d'échapper à une sorte d'inflation du conscient dans son désir d'absolu, de pouvoir, de connaissance ou même d'amour.

« Connaître et accepter son ombre achemine vers cette modestie qui est nécessaire à la reconnaissance de ses imperfections. L'acceptation consciente de ses petitesses et la prise en considération de ses mesquineries personnelles et de ses imperfections, est l'attitude la plus nécessaire chaque fois qu'il s'agit d'établir une relation humaine (3). »

La reconnaissance de l'ombre est la première étape d'un travail personnel. Puis viennent la nécessité de l'accepter et le besoin de faire grandir la force intérieure qui va permettre de se confronter avec cette partie de soi-même.

Toutefois, j'ai appelé ce tirage « confrontation avec l'ombre » dans la mesure où il permet de se trouver en face d'un aspect caché de sa personnalité. C'est la transformation de Janus, le dieu aux deux visages qui ne se voient jamais. Ce face à face avec soi-même demande un certain courage et une grande sincérité. Cependant, les fruits qu'ils portent sont une humanisation plus grande et une amélioration profonde des relations avec autrui.

---

2. Jung : *Présent et avenir* (p. 175 ; Buchet-Chastel).
3. *Ibid.*, p. 176.

Exemple n° 1 : tirage d'un homme en pleine mutation dans sa vie affective et professionnelle. Ces bouleversements l'amènent à ressentir une certaine inquiétude dont le caractère va s'avérer superficiel. Par ailleurs, ces changements ont un contenu heureux bien que peu confortable, rien n'étant encore très installé dans son existence. Son tirage :

– Côté conscient : l'Arcane sans nom.
– L'ombre : le Monde.

Cet homme est conscient d'être en pleine transformation (l'Arcane sans nom); il sait que ces changements lui apportent du positif, même si cela n'est pas très clairement défini. L'œuvre s'opère dans le sol noir de l'arcane, l'inconscient. Il est actif et cela le structure. La face cachée de cette situation, le Monde, exprime une ouverture vers l'extérieur; l'âme de cet homme est en train de se révéler. Il peut entrer en contact avec elle, ce qui va lui apporter un soutien intérieur, une alimentation à ses actions externes.

Il n'est pas encore conscient de cette dimension spirituelle de sa personne, mais déjà il la pressent, elle est dans l'ombre, à la lisière du noir et de la lumière. Elle porte une capacité d'harmonisation des diverses fonctions psychiques, un équilibrage naturel en accord avec une énergie centrale. Tant que cet aspect reste dans l'ombre et est refoulé, le consultant risque d'agir en opposition à autrui et non en harmonie, s'excluant d'un groupe ou de la société.

Le côté marginal de sa personnalité, bien en accord avec l'Arcane sans nom, risque de prendre le pas sur un désir de s'intégrer à cette société et de faire sa place parmi les autres, ce qu'indique le Monde. La confrontation avec l'ombre peut ici apporter au consultant une ouverture sur l'extérieur, une acceptation de son désir de réalisation et notamment de trouver sa place dans le monde. C'est la question d'un véritable accord entre ce qu'il pense et ressent et ce qu'il fait et dit, qui est en jeu. Pour cet homme, la réussite concrète est un facteur d'alignement interne, c'est-à-dire de mise en relation de la tête, du cœur et du corps.

Exemple n° 2 : il s'agit du tirage du jeune homme ayant eu l'Hermite comme tirage d'ouverture de « la coupe ». Nous allons suivre son évolution au fil de ce travail. Il se nomme Joris. Son tirage :

– Côté conscient : le Pendu à l'envers.

– L'ombre : le Jugement.

Ici, le côté conscient exprime une problématique, un regard négatif que Joris pose sur lui-même. Il se perçoit comme un équilibriste, une danseuse reliée à la terre par une corde (sinon elle s'envole et n'a plus les pieds sur terre). En fait, il est très souvent en train de plaisanter, de pirouetter ; c'est une façon de se cacher ou de ne pas se faire prendre par l'autre. Le Pendu exprime une énergie du sentiment. Il semble que Joris soit troublé par ses sentiments et dépende un peu trop de ceux-ci, d'où la distance qu'il tente de prendre avec eux par une attitude légère et des plaisanteries incessantes dans sa relation avec l'autre.

Mais l'ombre apporte ici un élément nouveau et intéressant pour sa personnalité, le Jugement. Cet arcane de la pensée va permettre à ce jeune homme de trouver la distanciation avec l'univers du sentiment. Encore refoulée mais déjà présente, sa capacité de jugement est très inspirée et tout à fait juste. Il appelle l'arcane « le Jugement dernier », exprimant le côté universel et juste de ce jugement. Pourquoi a-t-il été amené à refouler cet aspect de sa personnalité ? Ou n'a-t-il pas eu les sollicitations suffisantes pour révéler ce côté de lui-même ? Sans doute répondra-t-il à ces questions mais, d'ores et déjà, la confrontation avec l'ombre l'amène à trouver une attitude différente de celle qu'il avait adoptée jusqu'alors, pour se dégager de sentiments envahissants, celle de l'esprit. En fait, il était déjà sur cette voie par l'utilisation de l'humour mais comme protection, alors que son esprit peut lui amener d'autres plaisirs et d'autres ouvertures s'il cherche à comprendre ou à accueillir des idées neuves et non pas à se protéger. Joris se connaît comme un grand sentimental mais accepte mal de le montrer (le Pendu à l'envers). En s'appuyant sur une pensée qui porte un regard positif sur cet état de fait, il pourra mieux s'accepter dans cette dimension affective. Ici, la confrontation avec l'ombre est un moyen d'améliorer une attitude consciente.

Exemple n° 3 : j'ajoute ce troisième exemple pour donner un cas d'ombre négative. La consultante vit une solitude affective douloureuse alors qu'il s'agit d'une jeune femme attrayante à tous points de vue qui, de surcroît, ne vit pas recluse, mais qui ne parvient pas à rencontrer un homme. Son tirage :

– Côté conscient : l'Hermite.
– L'ombre : l'Etoile à l'envers.

La consultante vit une période d'isolement affectif qui lui sert à mieux se comprendre. Sa démarche solitaire est consciente et a l'aspect positif de l'aider à se trouver elle-même avant de faire une rencontre qui pourrait la remettre dans une certaine confusion avec l'autre, ce dont elle ne veut pas. Cependant, cet isolement lui pèse et elle souhaite à présent en sortir, tout en continuant le travail sur elle-même. Elle se sent mûre pour gérer une rencontre et ne pas fusionner avec la personne, mais avoir un réel échange.

L'Hermite à l'endroit exprime tout cela en accord avec ce qu'elle-même dit. L'Etoile à l'envers évoque une problématique dans l'ombre, celle d'un manque de confiance dans sa beauté physique et sa capacité de séduire. La consultante est coupée de sa nature profonde, qu'elle a dû refouler très jeune probablement. La prise de conscience de cet état de fait peut l'amener à se mettre à l'écoute de son véritable ressenti interne. Il se peut qu'elle découvre que sa nature est comme captée par l'autre, saisie physiquement par la simple présence de l'autre. C'est une fusion inconsciente ; la reconnaître est une étape qui conduit vers une possible transformation. Tant que cet aspect restera refoulé, toute tentative de transformation sera vouée à l'échec, car le conscient se heurtera à la barrière dressée par l'inconscient. La confrontation avec l'ombre est, dans ce cas, une étape décisive qui peut ouvrir une porte.

Tirage « Le positif, le négatif »

Ce tirage permet d'aborder une situation de façon complexe et d'éviter ainsi une simplification qui ne rendrait pas compte du réel. Toute situation porte une double nature : un côté positif à apprécier, voire à développer, et un côté négatif à reconnaître et éventuellement à accepter ou à transformer. Je rappelle que ce tirage répond en fonction de là où en est le consultant, et qu'il se modifiera avec l'évolution de ce dernier.

Il permet une prise de conscience plus large et complète d'une situation et conduit à une certaine vigilance nécessaire. D'autre part, l'acceptation de la réalité dans sa dualité est un pas vers une position plus humaine, une façon de se dégager de l'emprise de l'idéal sur nous.

Par contre, une personne manquant d'idéal et ayant un regard désabusé sur le monde aura avantage à s'orienter vers un autre type de tirage (tirage d'une carte sur l'objectif et l'idéal du moi, ou tirages de trois et quatre cartes).

Exemple n° 1 : la consultante est une jeune femme qui a choisi de s'engager professionnellement dans l'administration. Cependant, elle se questionne sur ce choix et se demande s'il n'est pas souhaitable pour elle de se réorienter. Mais n'étant pas très sûre de son désir de changer de travail, elle préfère questionner sur la validité de sa situation actuelle.

Sa question va être formulée de la façon suivante : quels sont les aspects positifs et négatifs de ma situation professionnelle actuelle ? Son tirage :

– Aspects positifs : l'Etoile.
– Aspects négatifs : le Bateleur à l'envers.

Le côté positif de sa situation est de lui apporter une tranquillité, une base concrète qui la rassure et lui permet de s'épanouir sans avoir à se cacher. C'est une forme de liberté, car le cadre ne semble pas trop contraignant, ce qu'elle confirme. Elle est assez libre dans son travail pour l'organiser à sa guise et suivre ce qu'elle ressent. De plus, elle a l'assurance de toucher son salaire et cela la sécurise matériellement.

Cependant, tout n'est pas rose comme l'indique le Bateleur à l'envers. Le côté négatif de cette situation réside dans le fait qu'elle ne parvient pas à développer toutes ses capacités. Cette tranquillité – dont elle a sans doute encore besoin – sera bientôt trop limitée pour l'expansion de son potentiel créatif. Mais il semble qu'elle n'ait pas encore l'énergie de faire le pas, aussi l'arcane est-il à l'envers et peut-il indiquer une question de temps. Ce n'est pas pour tout de suite, il est donc sage d'accepter pour l'instant les aspects négatifs de la situation.

La consultante confirme qu'elle a l'intention de suivre une formation professionnelle qui la mettra en meilleure position pour changer de situation. Lorsqu'elle se sentira mieux armée pour montrer ce dont elle est capable, il sera alors temps d'envisager un changement professionnel.

Exemple n° 2 : la consultante est dans la même situation que la précédente, mais ne vit pas les choses de la même façon. Son désir est plutôt de cerner ce que lui apporte son travail actuel. Son tirage :

– Côté positif : l'Arcane sans nom à l'envers.
– Côté négatif : l'Empereur.

Le côté positif de cette situation est de l'amener à prendre conscience d'une problématique. Il s'agit de sa tendance à retourner l'énergie contre elle et à se trouver ainsi prisonnière d'elle-même. La consultante illustre cette lecture du tarot en précisant qu'elle se rend compte, dans son travail, de sa difficulté à communiquer avec les autres et du renvoi qui lui est fait de son agressivité. Elle n'avait pas conscience de cette dernière et les réflexions de ses collègues relancent son travail personnel sur une piste intéressante. Il semble que sa situation professionnelle lui révèle une révolte refoulée en elle qui la fait agir malgré elle.

Quant au côté négatif, l'Empereur, il tient à un cadre hiérarchisé où existent des chefs et des consignes précises. Cependant, l'arcane est à l'endroit et cela tendrait à exprimer qu'il s'agit pour la consultante d'accéder elle-même à une position de responsabilité car, tant qu'elle ne l'atteindra pas elle subira le cadre administratif au lieu de bien le vivre. Sa situation est en fait une possibilité pour elle de s'affirmer et de se réaliser, à condition de sortir de son côté révolté et d'envisager sa position autrement, sans toutefois se laisser prendre par la structure. C'est un axe délicat à mettre en œuvre.

Une lecture complémentaire de son tirage serait d'exprimer qu'il est bon que des personnalités révoltées et qui n'acceptent pas tout comme argent comptant, trouvent place dans une structure administrative, car c'est de nature à secouer les vieux schémas collectifs et individuels.

Ces deux exemples successifs permettent de cerner la façon de lire des tirages d'arcanes à l'endroit et à l'envers en relation avec leur place dans le tirage.

D'une façon générale, un arcane à l'endroit exprime un constat qui peut être négatif par son aspect statique (si c'est la place du côté négatif), alors qu'un arcane à l'envers exprime une problématique qui peut être positive par la dynamique qu'elle appelle (si c'est la place positive dans le tirage).

4. Tirages sur trois cartes

Les tirages sur trois cartes permettent de sortir de la dualité d'une situation en apportant un élément nouveau.

Tirage « Sortir du conflit »

Le conflit entre deux termes trouve une issue dans ce troisième élément. Il exprime une résolution et est utile en cas de situation conflictuelle bloquante, lorsque l'on se sent partagé entre deux termes sans parvenir à choisir l'un plutôt que l'autre. Ce type de tirage permet une réunification de la personne et de la situation autour d'une solution à un autre niveau. D'ailleurs, ce tirage s'effectue dans l'espace en posant les trois cartes sous la forme d'un triangle la pointe en haut ou en bas.

Les deux premières cartes expriment les termes du conflit et la troisième, pointe en haut, sa résolution par une pensée nouvelle, ou pointe en bas sa résolution par un acte nouveau. Le consultant, en plaçant les cartes, révèle ce qui prime à un moment donné.

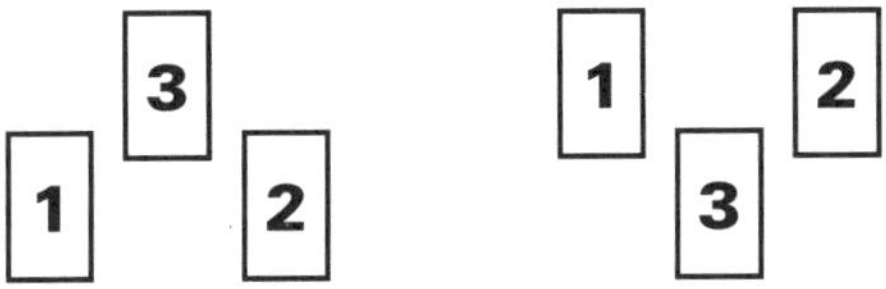

Pointe en haut. Pointe en bas.

Dans la tradition égyptienne, le triangle symbolise la nature du Tout Universel et le chiffre trois est en rapport avec le cosmos, c'est l'éveil conscient dans le mouvement de la vie. Les tirages sur trois cartes, par analogie, sont de nature dynamique et amènent une prise de conscience nouvelle qui va dans le sens d'un développement de la vie. Ils ont une dimension liée à l'expression et à la créativité.

Exemple n° 1 : une femme souffre des voyages incessants de son compagnon tout en sachant, avec sa tête, ces déplacements nécessaires à la vie économique et sans doute à l'équilibre psychique de ce dernier. Elle vit un conflit entre ce qu'elle ressent et ce qu'elle pense. Elle ne parvient pas à se raisonner et lui fait des scènes, ce dont elle se culpabilise. Son tirage :

– Comment vit-elle ses départs : Tempérance.
– Comment pense-t-elle : le Bateleur à l'envers.
– Comment sortir de ce conflit : l'Hermite.

Les départs de son compagnon font remonter en elle une souffrance ancienne et refoulée qui la met en relation intime avec elle-même. Jusqu'alors elle n'avait pas pu ressentir cette souffrance et, de ce fait, s'était coupée d'une partie d'elle-même. Aussi Tempérance est-il tiré à l'endroit, car c'est une action positive pour cette femme que d'entrer ainsi en contact avec une partie d'elle.

Par contre, ses pensées sont négatives et tendent à la déstabiliser (le Bateleur à l'envers). De fait, elle se culpabilise, ce qui ne sert à rien. Son intuition est faussée car par trop coupée de ses sensations, d'où l'émergence d'idées fausses sur le réel. Ce qu'elle confirme en exprimant qu'à chaque fois que son ami s'en va elle pense toutes sortes d'horreurs sur des accidents ou des tromperies.

La sortie du conflit est possible grâce à une exploration de ce qui se passe à l'intérieur de la personne (l'Hermite). Cela permettra à l'intuition intelligente de se mettre au service d'un véritable ressenti et non de fantaisies imaginées. La consultante se met à l'écoute de son vrai ressenti et constate qu'il est question d'un abandon. Lorsque son ami part elle se sent abandonnée, et cela entraîne une colère qu'elle n'accepte pas et refoule d'ordinaire. En acceptant son sentiment, elle découvre que cette colère ne s'adresse pas vraiment à son ami mais à un parent. Cela va amener cette femme à poursuivre plus loin l'investigation intérieure.

Je l'incite à envisager son parent intérieur et lui propose de voir ce que recouvre cet abandon d'elle-même, dans sa réalité présente, car il n'est plus question de relation aux parents mais d'elle-même. Autrement dit, il s'agit pour elle de percevoir ce qu'elle projette sur son ami et qu'elle a l'impression de ne plus posséder lorsqu'il part. C'est le conseil du tarot avec l'Hermite dont le rôle est d'effectuer le voyage intérieur pour éclairer ce qui est obscur. Il représente dans ce cas le travail thérapeutique de cette femme.

Exemple n° 2 : Joris aborde un conflit qu'il vit avec son frère. Ils se disputent souvent pour des broutilles du style un pied posé sur la chaise de l'autre, le choix d'une musique... Il est souvent question de l'espace de chacun. Joris a tendance à ne pas faire cas de sa façon d'investir l'espace alors que son frère y est très sensible, soucieux de préserver son territoire. Cela se produit lors de courtes rencontres, alors qu'ils ne vivent pas dans le même lieu. Les disputes sur ces sujets sont violentes et entachent le lien qui unit les deux frères. Joris souhaite trouver une issue à cette situation, qui préserve le sentiment. Son tirage :

– L'attitude de Joris : le Pape.
– Celle de son frère : le Chariot.
– Le conseil : la Roue de fortune.

Joris a une attitude bienveillante mais peut-être un peu envahissante (le Pape) tandis que son frère est très individualiste (le Chariot). Il a vu dans le Pape un boulanger et deux pains à la place des têtes des disciples. On pourrait dire que son côté bonne pâte s'oppose à une attitude différente de son frère, qui lui est en mouvement et souhaite agir sans entraves, en se distinguant bien d'autrui. Ces deux façons d'être s'affrontent.

Cependant le conseil, avec la Roue de fortune, amène Joris à se poser des questions et à mieux se définir. Il s'agit sans doute pour lui de sortir d'une attitude collective qui admet trop facilement des positions indifférenciées, ce qu'il retraduit en investissant l'espace sans discernement. En soi, cette attitude généreuse et familiale n'est pas mauvaise, mais elle est le cocon chaleureux d'où doit sortir l'individu. Il s'agit, pour Joris, de passer de l'intuition des choses à la conscience plus claire et à la pensée sur la réalité, la sienne et celle des autres. En se centrant sur lui-même et ainsi en prenant conscience de son existence séparée d'autrui, il pourra trouver une place plus juste dans l'espace.

Joris acquiesce en ce sens, car il commence à s'interroger sur tout cela.

Tirage « Exprimer sa créativité »

Il s'agit d'un tirage qui permet de révéler le domaine ou les moyens d'exprimer une dimension créatrice que l'on porte en soi-même. Ce tirage peut aussi éclairer les termes d'une problématique qui vient faire obstacle à cette expression et proposer un conseil de résolution. Ce tirage peut se faire de la façon suivante :

– Première carte : ce que la personne montre ordinairement.
– Deuxième carte : ce qu'elle ne montre pas.
– Troisième carte : conseil pour faire le lien entre les deux aspects.

Exemple n° 1 : une jeune femme souhaite peindre mais ne parvient pas à trouver le temps, dit-elle, de le faire. Cela l'ennuie, car elle sent un réel désir de création en elle. Son tirage :

– Ce qu'elle montre : le Soleil.
– Ce qu'elle ne montre pas : le Pendu à l'envers.
– Conseil-lien : l'Empereur à l'envers.

Elle montre un côté rayonnant et clair, son aspect conscient et rationnel. C'est un beau sentiment d'amour (le Soleil) qui la pousse vers la peinture. Elle a en elle l'amour de l'art, de la couleur et des formes. Cependant, elle ne parvient pas à passer à l'action. Le manque de temps se retrouve dans le Pendu à l'envers qui exprime un blocage refoulé. L'énergie d'en haut ne passe pas. C'est comme si elle devait se sacrifier, ce qu'elle ne montre pas, mais exprime sous la forme d'un manque de temps. Or, ce sacrifice relève d'un sentiment négatif, comme le montre le Pendu à l'envers.

La consultante exprime alors qu'elle ne s'est pas sentie appuyée par ses parents dans son désir créatif. Il fallait être utile et efficace et non se distraire par des activités artistiques ou, pire encore, en appréciant simplement l'art. Ces conceptions, assénées de façon indiscutable, l'ont coupée de la partie créatrice en elle-même. Cela s'est passé de façon assez obscure et ce n'est que plus tard que la consultante a pris conscience de cette situation. Elle a conservé en elle un ressentiment à l'égard de ses parents du fait de leur attitude à tous les deux, castratrice en matière de créativité. Aujourd'hui, c'est ce ressentiment qui l'empêche de créer. Le conseil (l'Empereur à l'envers) est d'envisager de ne pas faire ce dont elle a rêvé enfant, à savoir peindre. Cette façon nouvelle de voir la perturbe beaucoup, mais elle sent que cela peut la faire grandir. J'ajoute que cela ne signifie pas qu'elle ne va jamais peindre, mais qu'il s'agit d'accepter de ne pas le faire aussi. C'est une façon de se dégager d'une emprise parentale interne.

Ayant accepté cette vision des choses, la consultante a pu trouver de temps à autre, des moments pour peindre.

Tirage « Le choix »

Lorsqu'il est question d'un choix entre deux alternatives, le tirage sur trois cartes permet d'éclairer ce qu'apporte chaque perspective puis d'exprimer un conseil.

Exemple n° 1 : une femme se demande si elle doit partir en vacances avec son fils et la belle-famille de celui-ci, ou s'il est préférable de partir seule de son côté, éventuellement avec une amie. Elle est partagée entre son désir d'être avec son fils et ses petits-enfants et la pensée de les laisser tranquilles sans imposer sa présence. Son tirage :

– Comment se présente le fait de partir avec eux : l'Hermite.

– Comment se présente le fait de partir seule ou avec une amie : le Bateleur à l'envers.

– Le conseil : la Roue de fortune à l'envers.

Partir en famille est une façon créative de partir en vacances pour cette femme qui a une certaine sagesse, comme l'indique

l'Hermite. Elle pourra éclairer par son intuition et son discernement des situations qui vont se présenter et ne semblent pas être une gêne pour son fils, sa femme et leurs enfants, bien qu'avec eux elle puisse avoir de grands moments de solitude. Elle sera aussi une sorte de guide et de gardienne pour ses petits-enfants, ce qui permettra au couple de se retrouver parfois seul. Son intuition est globalement positive pour un tel départ en commun, que son fils lui a proposé de son libre arbitre.

Par contre, partir seule ou avec une amie se présente sous un jour plus négatif, comme une entreprise qui risque de ne pas aboutir ou comme un mauvais projet (le Bateleur à l'envers). Cette fois, l'intuition n'est pas bonne et ne semble pas correspondre à un désir de la consultante. Elle subirait une solitude alors que le départ avec son fils lui fera vivre une convivialité qui n'exclut pas une nécessaire démarche solitaire. Cette réponse des tarots semble aller à l'encontre des idées qu'elle a reçues de l'ordre de « laisser les enfants faire leur vie seuls et ne pas les embêter ». En fait, il s'agit d'autre chose et le tarot lui demande une ouverture de pensée.

C'est la Roue de fortune en conseil. Pour elle, il est nécessaire de se repositionner à l'égard de son fils et de le faire de façon autonome et conviviale à la fois ; d'ailleurs, elle aspire à cela. En se recentrant sur elle-même, elle peut penser la situation autrement. Le conseil l'incite à développer cette fonction pensée et à inventer une nouvelle façon de voir la situation. La consultante se déclare heureuse de ce tirage qui répond à des vœux profonds en elle qu'elle ne parvenait pas à exprimer d'une manière acceptable pour elle.

Exemple n° 2 : une femme est invitée à un anniversaire chez des amis qu'elle apprécie beaucoup, mais elle n'a pas envie d'y aller sans raisons spéciales. Cependant elle hésite, car elle n'aime pas faire faux bond et souhaite rester en bons termes avec eux. Son refus peut être mal pris et sa présence risque d'être mal vécue par elle. Que faire ? Le tarot va éclairer cette situation de la manière suivante. Son tirage :

– Aller chez ses amis : l'Hermite.
– Ne pas y aller : l'Empereur à l'envers.
– Le conseil : Tempérance.

Aller chez ses amis correspond à un désir spirituel, c'est une démarche sage et éclairée qui exprime un mode de pensée humain. En fait, ce serait une expression de son amitié que d'accepter cette invitation. Cela lui dit aussi qu'elle sera seule à cette soirée, quoique entourée de monde et dans une position d'apporter sa clairvoyance à ceux qui l'environnent. Elle vivra la soirée en retrait, sur une certaine réserve qui restera chaleureuse à l'égard d'autrui. Peut-être que cette perspective ne lui convient pas, car l'Empereur à l'envers lui exprime qu'elle n'a pas envie d'agir en ce sens. Littéralement, elle n'a pas envie de faire. Cette attitude est irrationnelle et semble trouver son origine dans une révolte contre le père. Cela tendrait à exprimer « foin de sagesse et d'attitude cadrée et raisonnable », ce dont la consultante se culpabilise, jugeant cela justement déraisonnable et contraire « au bien faire ».

Le conseil, avec Tempérance, indique qu'il s'agit de tenir compte des deux positions sans en exclure une. L'art est de faire le lien entre ces deux aspects. La solution va nous parvenir ainsi : envoyer une marque d'amitié à ces amis, un bouquet accompagné d'un mot gentil, et ne pas aller physiquement à cette fête. Cette position convient tout à fait à la consultante car ainsi elle s'autorise à ne pas faire tout en marquant son désir de répondre positivement à l'invitation.

La difficulté pour cette femme résidait dans l'acceptation de cette part d'elle-même qui refuse de répondre de façon *ad hoc* à une situation, part liée au corps et à l'inconscient. Lui laisser droit de cité en trouvant des solutions qui ménagent le côté conscient et cet autre côté inconscient constitue une issue qui stimule la fonction transcendante, le troisième terme qui va dépasser et unifier les deux autres. Cette femme se trouvera soulagée de cette solution qui a pu émerger grâce à ce tirage des tarots.

5. Tirage sur quatre cartes

Les tirages sur quatre cartes expriment une recherche de stabilité et de réalisation concrète. Le chiffre quatre symbolise la structure fondamentale de la psyché selon diverses traditions. Il est considéré comme la racine de toutes choses dans les grandes religions : pour le bouddhisme il y a quatre voies spirituelles et quatre demeures de Bouddha, le nom sacré de Dieu dans le judaïsme est formé de quatre lettres (YHVH), il y a quatre niveaux de lecture et de compréhension de la Bible… ces données étant reprises par la tradition chrétienne qui y adjoint quatre Evangiles. Le quatre est le symbole de la croix et du carré, totalité dans l'espace et le temps. Dans l'univers des rêves, le quatre est la représentation d'une totalité psychique qui va restructurer le rêveur et lui apporter une énergie positive. Chiffre d'organisation, de globalité et d'incarnation active, il est en relation avec la capacité d'agir. C'est aussi le chiffre de l'initiation, expérience concrète d'une réalité transcendante intérieure. Là se retrouvent les enseignements de la psychanalyse et des spiritualités traditionnelles, exprimant la nécessité d'être dans l'acte, ou en acte.

Les tirages sur quatre cartes vont aider à mettre la personne en action, en accord avec elle-même. Ils permettent au consultant de se recentrer car ils expriment la structure fondamentale de l'être, basée sur le quatre, tout comme le tarot (cf. chap. I).

Ces tirages révèlent la structure centrale de la personne et donnent un axe concret à celle-ci. De ce fait, il n'est pas surprenant de constater que le tirage dit « en croix » a été la forme la plus utilisée pour tirer les tarots. C'est le tirage de base traditionnel car il reflète un fondement humain, la structure quaternaire.

Le tirage en croix

Le tirage en croix apporte une réponse à une question, en envisageant les différents aspects du problème et en recherchant le point d'accord le plus profond avec le consultant, compte tenu de là où il en est.

Définition du tirage :

– Première carte : les aspects positifs du problème.

– Deuxième carte : les aspects négatifs ou à dépasser du problème.

– Troisième carte : l'enjeu de la situation pour le consultant.

– Quatrième carte : la solution ou résolution possible ou souhaitable pour le consultant.

Place des cartes dans l'espace :

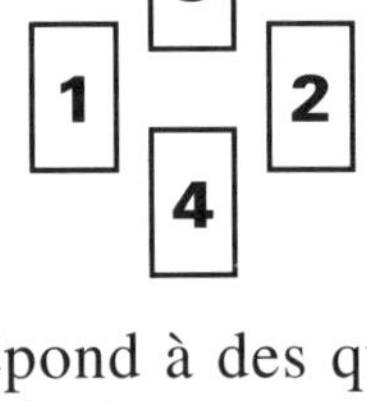

Ce type de tirage répond à des questions de différents ordres : affectifs, psychologiques, matériels, abstraits. Il peut s'agir d'un problème précis et limité ou d'un questionnement vaste et profond. La structure de ce tirage est adaptée à toutes ces formes, comme je le montre dans les exemples qui suivent.

Exemple n° 1 : le consultant est inquiet de son année scolaire à venir et pose la question de savoir comment elle peut se dérouler au mieux pour lui. Nous reprenons la question pour la rendre plus dynamique et l'ouvrir sur la prise en charge par le consultant de cette année scolaire. Elle devient : « Quelle attitude adopter pour réussir au mieux l'année scolaire à venir ? » Le consultant est d'accord pour cette formulation qui le place en situation active. Son tirage :

– Première carte (Quelle attitude est la plus porteuse pour réussir son année scolaire, compte tenu de ses capacités ?) : le Monde.

– Deuxième carte (Quels sont les obstacles à dépasser ?) : l'Hermite.

– Troisième carte (Quel est l'enjeu personnel ?) : la Lune.

– Quatrième carte (Quel résultat peut-il en être attendu ?) : l'Impératrice.

Le Monde exprime une attitude ouverte sur les autres et une capacité d'échanges aussi bien avec les autres élèves qu'avec les enseignants. Il s'agit – pour le consultant – d'utiliser ses atouts d'ouverture et son aptitude à envisager les choses globalement. C'est un mode de pensée synthétique qui favorise l'acquisition des connaissances. Il est préférable qu'il ait une vision globale plutôt qu'une attitude de spécialiste. Enfin, réussir sa scolarité passe par une conscience claire de l'objectif de tout cela, à savoir réaliser sa place dans le monde. Cette motivation concrète est très positive pour le consultant.

Par contre, l'obstacle à dépasser est l'Hermite, le repliement sur soi-même et le travail solitaire. Cette tendance du consultant n'est pas une bonne voie pour sa réussite. Sans doute cela contracte-t-il son être et le place-t-il dans de mauvaises dispositions pour assimiler les connaissances. D'ailleurs, la Lune exprime cette aptitude à intégrer ce que l'on apprend, c'est l'enjeu. Il s'agit de réfléchir et de développer sa capacité de s'imprégner du programme d'étude plutôt que d'utiliser un esprit trop strictement méthodique et analytique.

Je précise que ce conseil a une valeur pour ce consultant, il n'est pas universel comme méthode de réussite scolaire.

Au résultat, le consultant va gagner à être communicatif et à plus exprimer ses pensées. Cela constitue pour lui un facteur de réussite. En synthèse, la nécessité du consultant est d'exprimer sa profondeur et non pas de s'isoler des autres en étant trop introverti. Plus ce jeune homme s'ouvrira sur autrui, plus il sera créatif, car le contact avec l'extérieur est pour lui une saine stimulation, de nature à lui faire réussir ce qu'il souhaite.

Exemple n° 2 : une femme dont l'analyse piétine fait un jour un tirage sur la question : « Que dois-je faire pour faire évoluer positivement mon travail personnel et, par répercussion, faire bouger ma vie ? » Son existence se déroule en solitaire et sans accrocs majeurs mais dans une sorte de grisaille et d'insatisfaction. Son tirage :

– Première carte, aspects positifs à développer : la Papesse.
– Deuxième carte, les obstacles à dépasser : le Pape.
– Troisième carte, l'enjeu : l'Etoile.
– Quatrième carte, le résultat : l'Amoureux.

Cette femme a une présence forte. Elle possède la capacité d'être là, centrée en elle-même et à l'écoute de ce qu'elle res-

sent ; c'est un atout qu'elle doit cultiver. A l'opposé de la Papesse, en obstacle se trouve le Pape. Trop de devoir et de recherche d'une bonne conduite s'opposent à une réelle présence à soi-même. L'enjeu en est la nature profonde et vivante de cette femme, l'Etoile. Son tempérament artistique et sensible se trouve entravé par un code de bonne conduite qui se ressent dans la façon de poser la question présente de ce tirage des tarots. Il s'agit pour elle d'accepter sa sensualité de femme et de développer une attitude réceptive sans faire appel incessamment aux lois spirituelles et morales.

Le résultat, l'Amoureux, lui promet d'être plus proche des autres, plus intime avec ses amis et aussi avec elle-même. C'est l'univers du sentiment qui s'en trouvera rempli, elle qui souffre de solitude sans même le dire. Elle se retrouvera entourée et pourra donner et recevoir, toucher et être touchée. La clé en est cette présence sensible à elle-même et l'acceptation d'abandonner un peu le désir de bien faire.

L'intérêt de ce tirage réside dans une réponse qui va au-delà de la question formulée par la consultante. L'inconscient, au travers du tarot, lui propose un chemin vers l'amour et le bonheur, alors qu'elle se posait la question de mieux faire. Ici le tirage va à l'essentiel de la personne, alors même que celle-ci ne sait pas ou n'ose pas aborder ce qui est essentiel pour elle.

Le tirage sur quatre cartes est une base excellente pour révéler ces aspects fondamentaux de quelqu'un, en partant d'une question formulée par le consultant en relation avec son présent. Autrement dit, même si la question de départ de ce tirage semble très loin de l'essentiel, la structure du tirage y ramènera la personne et lui permettra de se recentrer.

Exemple n° 3 : un consultant demande comment risque de se dérouler une activité nouvelle en association avec un partenaire. Son souci est de réaliser une entente réelle avec ce partenaire pour la bonne marche de son projet. Je lui propose un tirage en croix pour établir ce qui est positif et négatif dans leur relation afin de révéler l'enjeu et le résultat potentiel de leur association. Son tirage :

– Première carte, le côté positif de leur association : la Justice.

– Deuxième carte, le côté négatif : le Monde.

– Troisième carte, l'enjeu : la Lune.

– Quatrième carte, le résultat : la Force.

Cette association est équilibrée, juridiquement intéressante, et représente un accord rigoureux et honnête. Le côté chaleureux existe également entre les partenaires. Par contre, les difficultés viendront d'un manque d'ouverture sur l'extérieur et, de façon paradoxale, d'une trop grande dispersion. L'enjeu est de plus réfléchir pour sentir ce qui est valable dans les choix financiers et d'enrichir le contenu du projet. Le résultat en est une très bonne association qui semble allier des personnes complémentaires qui vont donner une forte énergie au projet.

En conclusion, le consultant trouvera dans son partenaire rigueur et droiture, mais parfois aussi un manque de vue synthétique induit par une trop grande spécialisation ; cependant, la communication passera aisément grâce à la réflexion approfondie et le résultat est une combinaison complémentaire de leurs qualités qui met le projet en position de force.

6. Tirage sur cinq cartes

Ces tirages sont en relation avec le chiffre cinq, symbole de l'homme considéré comme médiateur entre le ciel et la terre. Nous avons cinq sens, cinq ouvertures dans le visage, cinq doigts à la main. Quant à l'univers, il est composé de cinq éléments dans les philosophies orientales. Ce chiffre est aussi attribué au Christ, en relation avec la croix faite de quatre branches et d'un centre. Symbole du centre, le chiffre cinq représente l'harmonie et l'équilibre universels. Il est une figure de la totalité du monde sensible, c'est la vie dans toute sa manifestation. De ce fait, les tirages sur cinq cartes vont permettre de saisir la « quintessence » d'une personne, sa globalité humaine et sa dynamique interne. Tirages de synthèse et d'action, ils répondent à toutes sortes de situations. Ils vont donner une vision psychique d'ensemble et leur lecture peut ouvrir sur un travail personnel profond. Laissez au moins six mois entre deux tirages de ce type, la psyché ayant besoin de temps pour évoluer.

Le tirage « de la quintessence »

Ce tirage est bâti sur la structure 4+1. Il va révéler le fondement psychique de la personne, les quatre fonctions psychiques et sa dynamique centrale. C'est un tirage structurant et actif. C'est un excellent départ pour un travail de développement personnel et un outil remarquable pour faire une étape bilan au cours de ce travail.

Ce tirage aborde la quintessence de la personne. Il va répondre à des questions d'ordre existentiel et révéler le désir vital au cœur de la personne à un moment donné de sa vie. De ce fait, il permet de mettre quelqu'un mieux en accord avec lui-même. De plus, il révèle les éventuelles fonctions psychiques en problématique et, de ce fait, ouvre sur un travail personnel ciblé. Enfin, ce tirage aborde les limites actuelles de la personne et leur définition accorde une liberté intérieure dans ce cadre.

L'énergie de ce tirage est dynamisante autant que structurante. Son utilisation est très large.

Comment effectuer ce tirage :

Faire cinq tas des 22 arcanes majeurs, selon leur place dans les fonctions psychiques et la fonction centrale, soit la répartition suivante que vous mettrez faces cachées avant d'effectuer le tirage d'une carte dans chaque tas.

1. Sensation : arcanes 4, 8, 13, 17 et 21.
2. Intuition : arcanes 1, 5, 9, 14 et 18.
3. Pensée : arcanes 3, 7, 10, 16 et 20.
4. Sentiment : arcanes 2, 6, 12, 15 et 19.
5. Fonction centrale : arcanes 11 et 22.

Sur la base de ce schéma, le consultant tire et place ces cinq cartes dans l'ordre de son choix. La première carte indique ce qui est le plus important pour cette personne, puis ce qui l'est moins jusqu'à ce qui est le plus éloigné de son intérêt ou de sa conscience.

Place des cartes :

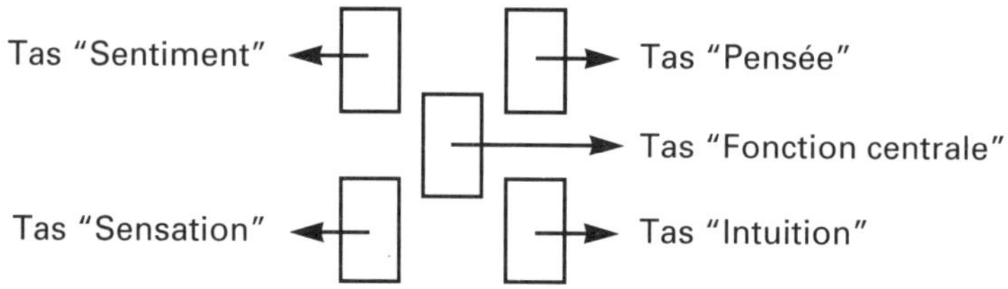

Prendre une carte dans chaque tas et la placer sur le dessus du tas, face ouverte. Vous pouvez ouvrir le jeu en chosissant le tas que vous voulez et ainsi de suite jusqu'au cinquième tas.

Exemple n° 1 : le consultant souhaite entreprendre un travail de développement personnel, notamment parce que sa vie professionnelle piétine. C'est un homme d'âge mûr qui recommence une nouvelle existence sur différents plans et souhaite réussir celle-ci aussi bien affectivement que matériellement. Nous débutons par un « tirage de quintessence ». Son tirage :

– Carte n° 1, la sensation : l'Empereur à l'envers.

– Carte n° 2, l'intuition : le Pape à l'envers.

– Carte n° 3, la pensée : la Roue de fortune à l'envers.

– Carte n° 4, le sentiment : le Diable.

– Carte n° 5, la dynamique centrale : le Mat à l'envers.

Cet homme est dans une période de grands bouleversements dans sa vie, ce qu'atteste le nombre de cartes à l'envers. Cela n'est pas forcément négatif, car un tel jeu indique de vastes possibilités d'ouverture et de transformation. Bien sûr, le consultant devra prendre en main la direction de sa vie pour rendre effectives ces possibilités. A ce propos, je précise que c'est là où réside la liberté de la personne : elle peut ou non accepter ce qui se présente à elle, que ce soient des problématiques qu'elle est à même d'aborder et de résoudre, ou des situations qui peuvent se construire et se développer selon son action.

Le consultant est donc à un tournant de sa vie. Pour lui, cela passe d'abord par le domaine pratique, celui de l'action, en accord avec la carte choisie en premier : la sensation. L'Empereur à l'envers lui indique une difficulté à agir qu'il reconnaît volontiers, se sentant bloqué par des résistances aussi bien internes qu'extérieures. En lui, cela se manifeste par des blocages corporels qui l'obligent à rester allongé et, à l'extérieur, par un projet qui piétine malgré des efforts déployés pour le faire aboutir. Le tarot lui indique qu'il a besoin de reprendre son assise et de revenir à une action ressentie de l'intérieur sans trop se laisser envahir par des aspects subalternes ou des idées sombres sur l'impossibilité d'aboutir. Pour faire cette lecture, je m'appuie sur l'arcane complémentaire de l'Empereur qui est la Lune, et je le lis à l'envers comme l'Empereur. En fait, la problématique qui émerge est celle du doute sur la possibilité de réaliser concrètement son projet, comme si une sorte de malédiction lui interdisait la réussite concrète. Il s'agit du domaine intuitif où se trouve le Pape à l'envers. Cet arcane indique un mauvais guide, un apprentissage erroné ou une morale étroite faite d'interdits plutôt que d'autorisations et de véritable enseignement. De ce fait, le consultant ne se sent pas autorisé à réussir son projet et a besoin d'une bénédiction, d'une autorité qu'il jugera comme assez puissante pour contrecarrer celle des parents qui fut négative pour lui. Cela peut être celle du thérapeute ou de toute autre personne de son entourage. Bien qu'il s'agisse d'une fonction masculine, elle peut provenir d'un homme comme d'une femme ; cela dépend de la capacité du consultant à accueillir cette bénédiction à bien réaliser ce qu'il veut faire.

Cela a ramené tout de suite le consultant à l'attitude de son père, mais aussi à celle des hommes enseignants durant sa scolarité qui étaient tout à la fois trop directifs (ce qui semble avoir fait monter la révolte du jeune garçon) et punissants (ce qui lui interdisait l'expérience en le faisant passer pour un mauvais garçon). La malédiction est en fait une mauvaise parole prononcée sur lui et qu'il faut révéler et retourner en une parole positive. Cela nous conduit à l'univers de la pensée avec la Roue de fortune à l'envers.

Là, nous saisissons le doute qui envahit le consultant lorsqu'il se met à agir, doute paralysant puisqu'il le cloue au lit avec un lumbago. L'arcane indique que la personne se sent victime des événements extérieurs et pense impossible de remettre la roue de la vie en marche dans le bon sens. Les trois premières cartes s'enchaînent en un processus d'ensemble qui aboutit à une difficulté à penser positivement et activement la situation.

L'intérêt de saisir le processus dans son ensemble est de pouvoir ensuite le retourner comme une chaussette. Il suffit de trouver l'ouverture. Cela peut être d'un côté comme de l'autre, et dépend du consultant. Ainsi, dans ce cas il est possible que ce soit par l'action ou par la réflexion que le processus puisse évoluer. En fait, en abordant concrètement sa situation nous trouvons ensemble des idées nouvelles pour la faire évoluer. Par la suite, il m'apprendra que leur mise en pratique lui a amené d'autres pistes très positives auxquelles nous n'avions pas pensé.

Quant au domaine du sentiment (le Diable), c'est le seul à se présenter à l'endroit. Il s'agit donc d'un point d'appui pour le consultant, en lui-même. C'est son désir profond qui est juste et stimulant dans la situation qu'il vit, ce qu'il va associer à sa vie amoureuse qui est à l'heure actuelle heureuse et effectivement dynamisante pour lui. Il peut donc s'appuyer sur ce désir et cet amour pour se développer dans d'autres directions de sa vie. Le Diable est un arcane qui éclaire les profondeurs et sépare les choses en les distinguant ; aussi le consultant n'est-il pas là dans une fusion-confusion avec son amie, mais dans un lien affectif porteur et libre.

Au centre, le Mat à l'envers exprime une difficulté à aller de l'avant. La dynamique personnelle est entravée dans sa démarche, comme si la bête retenait le personnage, l'empêchant d'avancer. C'est une image des pulsions inconscientes qui sont des freins à la volonté de la personne d'aller de l'avant. La lecture de ce tirage a permis d'éclairer la nature de ces freins et, ce faisant, nous a aussi mis sur la voie d'une résolution possible. Comme le sentiment est la fonction positive du consultant à l'heure actuelle, c'est en aimant et en recevant de l'amour qu'il peut trouver l'énergie de renverser les autres fonctions psychiques et ainsi retrouver une dynamique centrale. La séance semble aussi avoir rempli cette fonction, car il est reparti d'attaque et a entrepris des choses nouvelles qui ont relancé son projet jusqu'alors un peu bloqué.

Exemple n° 2 : la consultante effectue ce tirage au cours de son travail thérapeutique. Elle a déjà dégagé ses relations de travail de difficultés importantes et, de ce fait, elle vit avec plus de plaisir son activité professionnelle. Son problème central actuel reste sa solitude affective. Elle aimerait rencontrer quelqu'un et cela ne se réalise pas. Son tirage :

– Carte n° 1, le sentiment : l'Amoureux.
– Carte n° 2, la pensée : le Jugement à l'envers.
– Carte n° 3, l'intuition : le Bateleur.
– Carte n° 4, la sensation : l'Etoile.
– Carte n° 5, la dynamique centrale : le Mat.

Ce qui prime pour la consultante à l'heure actuelle est bien le sentiment. Or, celui-ci se présente sous un jour positif et chaleureux (l'Amoureux). Là n'est pas le problème ; la consultante est tout à fait capable d'aimer et de recevoir de l'amour. Elle est même une personne qui sait créer des situations intimes chaleureuses et agréables. Son sentiment, elle en fait l'expérience dans toutes les situations de la vie. Depuis peu, elle exprime également ses sentiments négatifs, ce dont elle se sent soulagée.

Par contre, le domaine de la pensée est en problématique, avec le Jugement à l'envers. Ici, il est question d'une difficulté de discerner le vrai du faux et de s'extraire de situations confuses. La consultante a tendance à se laisser emporter par ce qu'elle appelle « l'atmosphère de l'autre » et à ne plus savoir ce qu'elle pense. Elle se retrouve en confusion avec l'autre et sa pensée est brouillée ou négative. De surcroît, elle a tendance à se culpabiliser de cette situation. Cette difficulté semble être le nœud qui empêche une rencontre avec un homme, car elle a tendance à projeter sur ceux qu'elle connaît tout cet univers de pensées négatives ; aussi n'apparaissent-ils pas séduisants à ses yeux. Paradoxalement, alors que toutes les autres fonctions se présentent à l'endroit, cette seule fonction inversée s'avère résistante et son approche délicate. Nous décidons de contourner l'obstacle et d'aller voir ailleurs.

L'intuition est vive et directe avec le Bateleur. Aussi cette fonction peut-elle momentanément remplacer la pensée car elle sera un meilleur guide dans la vie de cette femme. Elle me précise qu'elle en a déjà fait l'expérience car, lorsqu'elle écoute son impulsion interne et non son mental, elle parvient à de meilleurs résultats alors même que ses actions peuvent lui paraître illogiques. Je l'encourage à aller dans ce sens.

La sensation est d'inspiration artistique (l'Etoile, patronne des arts plastiques). La consultante confirme cela en exprimant son goût pour la peinture qu'elle a pratiquée autrefois. Il semble qu'il soit très positif pour son développement personnel qu'elle puisse reprendre une activité de ce type. Elle le fera par la suite, en reprenant un cours de peinture, ce qui lui apportera beaucoup de plaisir et dynamisera son travail thérapeutique, notamment dans l'approche de la fonction pensée bloquée.

Au centre, le Mat exprime que cette personne est dans une bonne démarche d'évolution et qu'elle est prête à aller vers l'inconnu et « un » inconnu. C'est encourageant et cela lui révèle son dynamisme intérieur, ce dont elle doute en permanence.

Autrement dit, même si elle ne le pense pas encore, les énergies bougent dans sa vie et elle est sur le bon chemin pour se réaliser, y compris affectivement. Nous décidons de circonvenir ce mental négatif par le travail sur toutes les autres fonctions et nous verrons bien.

Exemple n° 3 : Lydie apprend les tarots et veut s'installer comme magnétiseuse, après avoir reçu une formation dans ce domaine où il s'est avéré qu'elle avait beaucoup de magnétisme. Elle souhaite aider les autres de cette façon. Cependant, elle ne parvient pas à faire vraiment le pas. Son tirage :

– Carte n° 1, le sentiment : la Papesse.
– Carte n° 2, la pensée : le Jugement.
– Carte n° 3, l'intuition : le Pape.
– Carte n° 4, la sensation : l'Arcane sans nom.
– Carte n° 5, la dynamique centrale : le Mat à l'envers.

C'est un très beau tirage, très encourageant pour la consultante. D'ailleurs, nous pouvons tout de suite voir, avec le Mat à l'envers, que c'est de cela dont elle a besoin.

Le sentiment – qui compte beaucoup pour elle – est très présent et concret. Cette femme montre ses sentiments sans détour et par des actes (la Papesse).

La pensée est bien en place et inspirée. La consultante est une femme intelligente, qui a aussi fait des études supérieures et qui sait allier ses connaissances et son esprit.

L'intuition est centrée et susceptible d'être un bon guide intérieur, ce qu'elle continue de développer par l'apprentissage des tarots. Cela lui servira dans sa future activité.

La sensation, qui est la fonction psychique la plus lointaine, est cependant très forte avec l'Arcane sans nom. Il s'agit de ses capacités de magnétisme qui sont une façon concrète d'effectuer des nettoyages physiologiques.

Tout semble concourir à lui dire qu'en choisissant d'être magnétiseuse elle est sur la bonne voie, mais voilà, c'est là son doute (le Mat à l'envers). Et cela freine sa dynamique personnelle : elle n'ose pas se jeter à l'eau et aller vers l'inconnu.

Lydie a peur de se tromper; en fait, elle a peur de Dieu ou du moins de l'image qu'elle a de Dieu. Car la problématique est au centre de l'être et non dans une fonction psychique.

Je lui exprime sa problématique sous la forme suivante : «Et si ce n'était pas le chemin voulu par Dieu pour elle ?» Elle acquiesce à cette formulation. Alors, nous soulevons la question de savoir si Dieu veut un chemin pour quelqu'un. Et pourquoi le pense-t-elle ? N'est-ce pas là une façon de se décharger sur l'idée de Dieu de l'angoisse de devoir choisir librement sa route ? Son chemin est de pouvoir accepter le vide devant elle. Mais elle a beaucoup de chance, car ce qu'elle veut faire se trouve épaulé par l'ensemble des fonctions psychiques. Il est probable que son installation soit une question de temps et de mise en œuvre concrète. C'est en faisant qu'elle va tracer ce chemin et développer sa dynamique interne. Et pour faire, elle a à la fois besoin de son intuition pour la guider, de sa pensée pour bien réfléchir les choses et de son sentiment pour choisir les formes qui lui plaisent le mieux.

Lydie est contente de son tirage et repart avec sa problématique en main.

7. Tirage sur six cartes

Les tirages sur six cartes sont à mettre en relation avec les valeurs symboliques du chiffre six. Le six est une conjonction, parfois contradictoire, de deux opposés souvent représentés par deux triangles inversés. C'est le sceau de Salomon ou étoile de David, emblème d'Israël. Cette étoile à six branches exprime un principe, telle la nature divine du Christ, et son opposé sa nature humaine. Dans la kabbale, c'est le chiffre de l'harmonie, de la beauté et du cœur, la sixième séphirah de l'arbre des séphirot ou arbre de vie. Principe universel d'équilibre et d'harmonie, le six va être en relation avec l'univers du sentiment. Ainsi, les tirages sur six cartes sont-ils adaptés à toutes les questions ayant trait à ce domaine des sentiments, notamment amoureux. Ils sont également utiles pour retrouver et rétablir un équilibre et une harmonie dans une situation et en soi-même. Ils permettent d'effectuer le lien avec des aspects refoulés et, ainsi, participent à l'élaboration d'une réunification de la personne. Ils ont une dimension de sagesse du fait de ce travail de liaison consciente avec des côtés sombres, donnant ainsi à la personne des outils pour ne plus être tributaire de ces derniers.

Tirage « du bien-aimé ou de la bien-aimée »

L'autre, le bien-aimé ou la bien-aimée, est un écho de notre face cachée, complémentaire et aide en face de nous pour nous faire vivre des expériences qui nous apprennent les chemins de la connaissance, de l'amour, de la vie. Ce tirage va révéler l'image que nous avons de nous-même et de cet(te) autre sur les trois plans du corps, du cœur et de l'esprit. L'autre peut exister réellement et alors nous éclairons notre vision de cette personne, ou bien n'être qu'un désir et alors c'est un potentiel pour une future rencontre. Dans la lecture de ce tirage, nous pouvons aussi entendre qu'il s'agit d'une face cachée de nous-même sur les trois plans dont il est question.

Comment effectuer le tirage : brasser les cartes dans tous les sens puis en tirer six disposées de la façon suivante :

Le consultant :
1. L'image de son corps : première carte
2. L'image de son cœur : deuxième carte.
3. L'image de son esprit : troisième carte.

Le bien-aimé, la bien-aimée :
4. L'image de son corps : quatrième carte.
5. L'image de son cœur : cinquième carte.
6. L'image de son esprit : sixième carte.

	Le (ou la) consultant(e) :	Le (ou la) bien-aimé(e) :	
Son esprit	3	6	Son esprit
Son cœur	2	5	Son cœur
Son corps	1	4	Son corps

Exemple n° 1 : une jeune fille rencontre de nombreux hommes sans jamais parvenir à rendre durables ces liaisons. Elle s'en inquiète et n'est pas à l'aise avec cette situation qu'elle souhaite voir changer. Dans d'autres secteurs de sa vie, elle n'a pas l'impression d'être particulièrement instable, mais elle ajoute qu'elle aime bien le changement malgré tout. Son tirage :

La consultante :
1. Son corps : l'Empereur.
2. Son cœur : la Roue de fortune.
3. Son esprit : le Pendu.

Le bien-aimé :
4. Son corps : l'Arcane sans nom à l'envers.
5. Son cœur : le Chariot.
6. Son esprit : la Force.

Dans ce tirage, il n'y a qu'une problématique sur l'image du corps de l'autre; nous pouvons donc saisir le fil d'Ariane par ce côté-là. Pourquoi ses relations ne sont-elles pas durables ? Il semble y avoir une réponse dans cet Arcane sans nom à l'envers qui évoque une certaine brutalité et un manque d'égards, notamment dans la dimension physique et sexuelle de la relation. La consultante craint-elle la brutalité physique de l'homme ? Il s'avère que oui. Or, ses divers compagnons ont été à l'opposé de cela : ils étaient plutôt doux et tendres, voire même « collants » selon ses dires. Il se peut que pour fuir cette image masculine brutale qui vit en elle, la consultante ait été rechercher ou n'ait accueilli que des hommes à l'opposé de cette image mais, ce faisant, ils ne correspondaient pas suffisamment à ce qu'elle attendait d'un homme.

Je lui propose de travailler sur cette image de l'homme afin de l'aider à transformer cette vision qui lui barre la route d'une vraie rencontre. Il s'avère qu'une crainte sexuelle inconsciente se trouve enfouie là, alors que, consciemment (comme le montre l'arcane l'Empereur), la consultante est très entreprenante dans ce domaine. L'image qu'elle a du bien-aimé sur le plan affectif est celle d'un être indépendant (le Chariot) qui sait ce qu'il veut et qui il aime. Sur le plan de l'esprit, elle le voit comme un esprit fort et déterminé, une personnalité haute en couleurs.

Quant à elle-même, elle se voit physiquement active, affectivement très entreprenante et créatrice et, au plan de l'esprit, réceptive à une dimension spirituelle. Cette image d'ensemble est très masculine ; il n'y a pas beaucoup de place pour la tendresse, la sensibilité et la sensualité. Il semblerait que la consultante se soit construit une image active et somme toute positive, mais au détriment d'une dimension féminine en elle, peut-être pour se barder contre cette présumée violence physique masculine. Je lui présente cette hypothèse qu'elle accueille en reconnaissant qu'elle laisse peu de place à sa sensibilité. Nous décidons de nous revoir, mais cela ne se fera que plus tardivement. La consultante a pris du temps avant de se mettre face à ce que ce tirage a commencé de révéler pour elle. Ce temps lui était nécessaire pour vraiment prendre la décision d'entreprendre un travail personnel. Toutefois, ce tirage l'a conduite à être plus attentive aux images qu'elle se faisait de l'autre, pour mieux le voir.

Exemple n° 2 : le consultant vit avec une compagne depuis plusieurs années ; ils n'ont pas encore d'enfants et le couple traverse une crise sérieuse. L'idée de la séparation est sans cesse présente mais ne se concrétise pas. Et le consultant ne sait plus ce qu'il est bon de faire : continuer la vie commune ou se séparer. Je lui expose que sa situation, quoique unique, est aussi classique, chose dont il n'avait pas vraiment conscience. C'est-à-dire que le couple traverse une période critique connue sur un plan collectif, même si les données qui les caractérisent eux deux sont originales.

Ce simple fait de le rattacher à une histoire collective a un peu soulagé la tension qui l'habite. Son tirage :

Sa vision de lui-même :
– Son corps : Tempérance à l'envers.
– Son cœur : la Force.
– Son esprit : le Mat à l'envers.
Sa vision de sa compagne :
– Son corps : le Monde à l'envers.
– Son cœur : le Soleil à l'envers.
– Son esprit : le Bateleur à l'envers.

Ici, toutes les cartes sont à l'envers sauf une, la Force, qui représente sa vision de son amour. C'est la seule chose qui le retient auprès de cette femme, mais quelle chose ! C'est un amour fort pour celle qu'il ressent comme sa bien-aimée. Aussi est-il nécessaire d'essayer de sauver le couple en s'appuyant sur cet aspect psychiquement puissant. D'ailleurs, le consultant exprime ce désir.

Il se voit concrètement comme intolérant (Tempérance à l'envers), ne supportant que peu de choses et ne recherchant pas le contact avec l'autre. Elle, de son côté, il la perçoit comme fermée s'isolant dans son monde et donc inaccessible.

Sur le plan du sentiment, il exprime son amour et son envie de poursuivre la vie à deux, mais il la perçoit comme peu aimante et ne désirant pas voir la vie commune continuer (le Soleil à l'envers).

Enfin, il a des idées de fuites, et elle n'entreprend rien de nouveau dans ce qu'il voit.

Par où sortir de ce délicat tableau ? Comment prendre le tirage ? Je lui propose de partir de son désir de poursuivre le couple. S'il ressent vraiment de l'amour pour elle, il est nécessaire que cela se traduise aussi bien dans ses actes concrets que dans ses pensées. Il serait sans doute positif d'aller vers elle avec moins d'idées préconçues et d'insister plus dans le fait de rechercher à établir une vraie relation avec son amie. Car c'est aussi son âme à lui qui se ferme et s'isole. Sans lâcher ce qu'il aime faire, il est nécessaire de se montrer plus modéré et de retenir les tentations de fuite, même celles qui se masquent sous les traits d'une présence physique mais qui sont une absence au plan de l'esprit. Le consultant reconnaît cette attitude chez lui. Je lui exprime qu'il pense que l'autre aussi a l'esprit absent ; peut-être pourrait-il au contraire essayer d'entrer en contact avec la pensée de l'autre, en l'interrogeant par exemple sur sa vision de leur vie commune. Comment son amie envisage-t-elle cela ?

Peut-être a-t-elle des choses à dire sur ce sujet ? Si c'est le cas, cela lui permettra d'entendre et de ressentir un état plus réel du sentiment de l'autre.

Enfin, des actions plus douces et bienveillantes permettraient aussi d'améliorer leur relation et lui feraient faire des progrès pour lui-même. Car il s'avère, au vu de ce tirage, qu'il peut être cassant, quoique de façon cachée, c'est-à-dire en se retirant en lui-même. Le consultant se déclare intéressé par cette approche qui lui fait voir la situation de son couple sous un angle nouveau. Il se sent mis en confiance et envisage un développement futur éventuel à ce tirage. En fait, c'est son amie que je verrais la première et qui, elle, entreprendra un travail.

8. Tirage sur sept cartes

Les tirages sur sept cartes sont en relation avec un accomplissement. Le chiffre sept symbolise l'achèvement d'une création ; comme le dit la Bible, le septième jour scelle le pacte entre Dieu et l'homme dans la contemplation de l'œuvre accomplie. Chiffre cosmique et sacré dans de nombreuses traditions, le sept est une alliance du masculin et du féminin en toute conscience. C'est une image de l'homme accompli, réalisé.

Les tirages sur sept cartes correspondent à une réalisation personnelle. Ils répondent aux questions relatives à la réussite aussi bien professionnelle qu'affective, ainsi qu'à tout ce qui a trait à la maîtrise de sa vie. Ces tirages évoquent les outils à mettre en œuvre pour bien définir ce que l'on veut et l'atteindre dans les meilleurs conditions, compte tenu de ce que l'on est.

Ils sont particulièrement adaptés aux personnes qui ont des difficultés soit à définir leur objectif, soit à choisir le chemin et les moyens pour le réaliser. Ils développent les fondements d'une juste confiance en soi-même. Ils structurent la personne sur un axe en relation avec sa force actuelle tout en lui permettant d'ouvrir des portes vers un renforcement et une amplitude de ses capacités. Certains ont besoin de revenir à des objectifs plus mesurés avant de se redéployer, d'autres, au contraire, ont besoin de s'ouvrir à des objectifs plus vastes. Ce tirage va définir le besoin juste de la personne et ensuite lui proposer un développement.

De cette remise en ordre peut naître la véritable force de la personne.

Tirage « de la réalisation »

Ce tirage s'effectue de la manière suivante : brasser les cartes dans tous les sens, faces cachées, puis tirer sept cartes que vous placez sur les fonctions suivantes :

– Première carte : objectif conscient du consultant.
– Deuxième carte : objectif inconscient (complémentaire du premier ou amenant une remise en question).
– Troisième carte : force actuelle consciente ou potentiel et atout connu.
– Quatrième carte : force et soutien cachés (fondation réelle de la personne).
– Cinquième carte : moyens à mettre en œuvre.
– Sixième carte : obstacles à dépasser (les cartes nos 5 et 6 sont à lire de façon interne comme éléments de la personne à mobiliser et à dépasser, et de façon externe comme situations ou relations à des personnes extérieures à mettre en action ou à transformer).
– Septième carte : résultat attendu et conseil.

Exemple n° 1 : la consultante est une femme psychologue qui reçoit en cabinet privé depuis plusieurs années et se pose la question d'une plus vaste ouverture sociale et d'un renouvellement de sa façon de travailler. Elle dit aimer son métier mais être un peu lassée du comment elle l'exerce. Elle cherche quelque chose qui redynamiserait sa vie, d'une manière générale. Son tirage :

– Première carte, objectif conscient : le Monde à l'envers.
– Deuxième carte, objectif inconscient : le Soleil.
– Troisième carte, force consciente : le Pape.
– Quatrième carte, soutien caché : la Lune.

– Cinquième carte, moyen à mettre en œuvre : la Roue de fortune.

– Sixième carte, obstacle à dépasser : l'Arcane sans nom à l'envers.

– Septième carte, résultat, conseil : le Jugement.

La consultante a pour objectif conscient de sortir d'une situation un peu enfermée et de s'ouvrir sur l'extérieur d'une façon enrichissante. Elle souffre d'un manque d'harmonie entre ses diverses énergies psychiques, faisant toujours fonctionner les mêmes, ce qu'évoque le Monde à l'envers. Elle exprime cette situation par la sensation d'un manque dans son existence, comme si elle n'avait pas vraiment trouvé sa place dans le monde ou, du moins, une juste relation entre l'intérieur et l'extérieur.

Si l'expression de l'objectif conscient est en négatif, ce n'est pas le cas de l'objectif inconscient, le Soleil. Ici, il s'agit d'un lien à établir entre les deux parties de la personnalité de la consultante pour qu'elle puisse rayonner. C'est aussi établir un contact amical et solidaire avec d'autres personnes, ce qui est source de chaleur. Elle accueille avec joie cette perspective, reconnaissant que son problème actuel est bien une question d'isolement et donc de capacité à travailler en collaboration avec d'autres.

Ses atouts résident dans sa capacité de guider les autres et d'être à l'écoute d'une petite voix intérieure qui lui indique le chemin juste et la bénit dans ses actions. La consultante connaît ses qualités de conseillère et de soutien moral.

Par contre, elle connaît moins ses atouts plus féminins (la Lune) qui lui donnent une profondeur de vue, des qualités d'imagination et d'intuition ainsi qu'une dimension spirituelle. Elle peut également s'appuyer sur sa capacité de réflexion.

Les moyens à mettre en œuvre sont d'ordre créatif et dynamique. Il s'agit d'inventer des choses nouvelles. Cela ne pose pas de problèmes à la consultante, elle sait très bien faire cela. Mais la difficulté, avec l'Arcane sans nom à l'envers, réside dans le fait de ne pas retourner l'énergie contre soi-même et ses projets. L'agressivité doit être canalisée vers l'extérieur en vue d'une création, et non ronger son frein à l'intérieur face aux éventuelles difficultés du chemin. La consultante doit repérer chez elle cette tendance à détruire, qui est une sorte de révolte née d'un sentiment d'impuissance. Aujourd'hui, son action est puissante et elle peut être active face aux obstacles pour les dépasser ou les contourner, sinon c'est le découragement qui risque de l'envahir. La consultante reconnaît bien là son mode de fonctionnement et ajoute qu'il a été la cause de nombreux projets abandonnés alors que, peut-être, ils auraient pu aboutir. Je lui dit de laisser le passé qui est mort, et d'envisager le présent.

Le résultat et conseil est d'ordre spirituel (le Jugement). C'est un renouvellement des pensées. La consultante va élaborer un nouveau mode de penser, plus enrichissant et sans doute plus serein. Ce renouveau – auquel elle aspire – se traduira par l'acquisition d'une pensée plus élevée et inspirée qui l'élèvera dans l'existence. Cela peut se concrétiser de diverses manières.

La consultante peut être amenée à des actions qui lui apportent une reconnaissance publique. Un esprit nouveau va souffler dans sa vie et son activité et transformer celle-ci positivement.

Comme c'est aussi un conseil, cela incite la consultante à bien accueillir ce qui peut se présenter sous ces traits dans sa vie, car elle a le choix.

Exemple n° 2 : la consultante est artiste peintre et sculpteur. Elle est devant des difficultés créatives mais qu'elle vit assez bien car elles sont plutôt cycliques et elle a confiance en un retour de l'inspiration, ayant déjà réalisé de nombreuses œuvres. Par contre, elle cherche une reconnaissance publique tout en ayant un rapport à l'extérieur très problématique. Son tirage :

– Première carte, l'objectif conscient : la Maison-Dieu à l'envers.
– Deuxième carte, l'objectif inconscient : le Chariot.
– Troisième carte, les atouts : la Roue de fortune à l'envers.
– Quatrième carte, le soutien caché : la Justice à l'envers.
– Cinquième carte, les moyens : le Pape.
– Sixième carte, les obstacles : l'Amoureux à l'envers.
– Septième carte, le résultat et conseil : l'Empereur.

L'objectif de cette femme semble contraire à sa structure ; consciemment, elle cherche là où il ne faut pas pour elle. Il y a une problématique dans sa démarche consciente, comme si son objectif s'appuyait sur « ce qu'il faut », selon certaines normes acquises par elle, et non pas sur ce qu'elle est. De ce fait, elle n'est pas constructive dans ses objectifs ou elle ne peut les atteindre car ils ne lui correspondent pas suffisamment. La consultante expose ses divers déboires dans ses démarches auprès d'exposants, mais se pose la question de la réelle signification de cette situation. N'est-elle pas, comme tant d'autres, confrontée à un marché difficile ?

C'est le contexte, mais dans sa façon de se placer à l'égard de l'autre n'a-t-elle pas une difficulté à s'affirmer et à parler de sa spécificité ? Comment se positionne-t-elle par rapport à ce marché de l'art ? Les chemins qu'elle souhaite prendre sont-ils adaptés à ce qu'elle fait ? Peut-être a-t-elle tendance à tout mettre en vrac et à tout rejeter si cela ne fonctionne pas ?

Elle reconnaît son impulsivité et son manque de réflexion, ce qui dessert fortement son énergie, car elle est vite abattue par un échec.

L'objectif inconscient est le besoin d'une affirmation personnelle. Il s'agit pour elle de déterminer son propre domaine, de définir ce qu'elle pense, ce qu'elle aime et ce qu'elle n'aime pas. En se cernant mieux, elle pourra faire passer les messages adéquats aux autres et, de ce fait, se sentir libre.

La consultante reconnaît une grande difficulté chez elle à dire ce qu'elle pense et ce qu'elle ressent. Et cela lui crée des situations de quiproquos incessants qui la bloquent sans cesse. Le Chariot est à l'inverse de cela ; il permet d'avancer en toute indépendance grâce à l'expression juste de soi-même. En fait, elle a une forte personnalité qu'elle entrave elle-même sans cesse au nom d'une recherche de simplicité et de spiritualité. Mais ce n'est pas le chemin d'une réalisation.

Les atouts sont sa capacité à accepter les événements qui viennent bouleverser sa vie. Elle ne cherche pas à tout prendre en main et à créer sa destinée, mais elle accueille ce qui advient avec bienveillance. Cette attitude est favorable à son évolution, car il semble que l'extérieur puisse lui apporter d'utiles expériences. Il est des phases de la vie où, contre toute attente, il est préférable de subir l'événement plutôt que de tenter quelque chose. L'acte « est » dans cette acceptation réceptive. Le soutien caché consiste à ne pas prendre de décision et ainsi à accepter une situation inconfortable de déséquilibre momentanée. C'est une période très riche qui va conduire la consultante à s'assouplir et ainsi à sortir du carcan des idées et des attitudes reçues dont elle était coutumière.

Les moyens sont liés à l'apprentissage. La consultante a besoin d'être conseillée. Cela peut venir de son intuition, mais aussi de personnes extérieures qu'elle jugera sages et de bon conseil pour elle. En effet, ce que ses parents ne lui ont pas transmis, elle doit le trouver à présent. Il s'agit d'apprendre de nouvelles façons d'être. Par exemple, peut-être son art peut-il s'appliquer aux enfants et leur apprendre à aimer le travail de la matière ? La consultante est étonnée de ma réponse car elle avait pensé à faire un atelier pour les enfants en vue de développer leur créativité grâce à diverses techniques. Elle se demandait si c'était bien pour elle de faire cela. Son tirage l'incite totalement à prendre ce type de voie.

Quant aux obstacles, il s'agit de dépasser l'émotivité très forte qu'elle ressent face aux autres. Effectivement, les enfants l'intimident moins que les adultes et, pour elle, c'est une bonne approche sur le plan professionnel. Avec eux, elle pourra dépasser peu à peu cette timidité perturbante et saura aborder d'autres domaines par la suite. Ce dont elle a le plus besoin, c'est d'une expérience sociale suffisante pour se sentir une assise.

C'est le résultat et conseil. En développant une activité professionnelle structurée et organisée, donc différente de sa création personnelle, elle trouvera une base solide à sa personnalité et une assise matérielle. C'est comme cela que sa créativité personnelle trouvera un chemin de reconnaissance. Une chose en amènera une autre. Son idée d'atelier pour les enfants peut être un tremplin pour son œuvre en même temps qu'une activité enrichissante à part entière. Ses choix doivent se porter vers ce qui s'avère possible concrètement, et cela avec le plus de facilités. La consultante a déjà été contactée pour ce genre d'activités, c'est donc très simple pour elle. Il lui suffit d'accepter puis d'organiser concrètement le projet. Quelle différence avec les démarches difficiles et hasardeuses qu'elle a pu connaître par ailleurs ! Je lui dis que c'est souvent une leçon de la vie. Là où c'est simple c'est là où il est bon d'aller. Et pour cela, il s'agit de lâcher le goût du compliqué.

J'apprendrai par la suite que son atelier pour enfants s'est bien ouvert et que des propositions d'expositions sont venues de certains parents qui ont apprécié son travail.

CHAPITRE VI

Le tirage astrologique sur 12 cartes

Le tirage astrologique – ou tirage du zodiaque – représente un bilan complet, en relation avec les 12 maisons astrologiques. Il est souhaitable de le faire une fois par an, à proximité de sa date d'anniversaire. Toutefois, il peut se pratiquer à d'autres périodes de l'année, notamment lorsque le besoin d'un tour d'horizon complet se fait sentir. Ce tirage permet de faire le point, à un moment donné, sur les trois plans de la personne. Concrètement, il va situer les atouts et les difficultés ; psychiquement, il révèle les énergies fortes et en évolution et les problématiques ; enfin, spirituellement il évoque les idées maîtresses sur lesquelles le consultant peut s'appuyer et les pensées sombres à éclairer pour se dégager de leur emprise.

Ce tirage restructure et fournit des orientations précises dans les différents domaines de l'existence. Il est très énergétique et apporte une dynamique ou une tempérance dans les secteurs où cela est nécessaire. Il est donc utile aux personnes se sentant fatiguées et en perte d'énergie. Il offre un panorama d'ensemble au consultant et est efficace dans les cas où quelqu'un se sent morcelé, dans une certaine confusion, sa vie manquant d'unité. Enfin, par son déploiement, il permet aux personnes trop repliées sur elles-mêmes de trouver des pistes d'ouverture et d'évolution.

1. Pratique du tirage astrologique

Après avoir brassé les cartes dans tous les sens, le consultant tire successivement 12 cartes qui seront placées de la manière suivante :

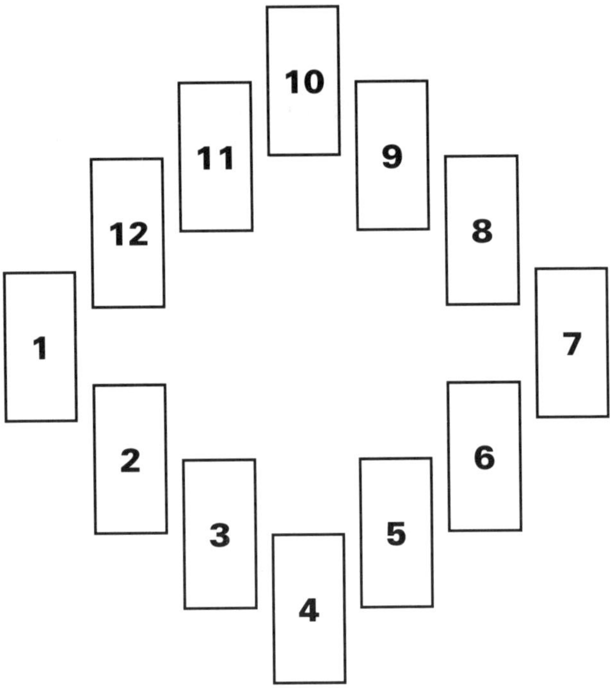

Chacune de ces places est en relation avec une maison astrologique. Voici leurs différentes fonctions :

Carte n° **1 :** le consultant, son état personnel sur les trois plans (corps, cœur, esprit), son ambiance actuelle et son éventuelle problématique.

Carte n° **2 :** le rapport du consultant au domaine matériel et notamment à l'argent. Comment vit-il son incarnation ?

Carte n° **3 :** les relations du consultant avec les autres (amis, connaissances, frères et sœurs). Comment communique-t-il ?

Carte n° **4 :** le rapport du consultant à sa maison et à sa famille personnelle. Comment vit-il l'intimité ?

Carte n° **5 :** le rapport du consultant avec l'amour, la créativité et les enfants. Comment vit-il son affectif et ses potentialités créatrices ? Quel parent est-il ?

Carte n° **6 :** le rapport du consultant avec le travail et la santé. Où en est-il de ses activités ? Comment se porte-t-il ?

Carte n° **7 :** le partenaire ou la partenaire du consultant. Comment vit-il la relation à l'autre ?

Carte n° **8 :** la relation du consultant à la sexualité, aux transformations profondes, à la mort. Comment vit-il ses désirs, et les étapes de sa vie ?

Carte n° **9 :** le rapport du consultant à la vie spirituelle, intellectuelle et culturelle. L'univers des voyages externes et internes. Comment le consultant pense-t-il le monde ?

Carte n° **10 :** le rapport du consultant à la société, sa place sociale, sa notoriété. Comment vit-il la société ?

Carte n° **11 :** les projets du consultant, ses relations amicales. Comment vit-il les associations et les actions au service du groupe ?

Carte n° **12 :** l'univers secret du consultant, l'inconscient, ses réserves, son domaine intérieur et spirituel. Comment vit-il son rapport à l'Inconnu ?

Nous avons défini douze domaines, représentant chacun un aspect de la vie du consultant, illustrés par douze cartes se présentant soit droites, soit inversées. Pour chacun de ces aspects, le consultant vit le domaine en question, mais aussi ce domaine vit le consultant. Il y a interaction entre le consultant et le domaine, chacun prenant alternativement la place de sujet et d'objet. Les deux points de vue peuvent être examinés, et cela apporte à la lecture de ce tirage une dimension diversifiée, parfois dérangeante, ce qui est source d'enrichissement. Par exemple, le consultant vit sur un certain mode ses relations à l'extérieur (Maison 3), mais ces dernières ont aussi une influence sur lui, ses actes, ses possibilités et même ses pensées et sentiments. Cette double lecture ouvre un champ nouveau de vision de la réalité. En acceptant cette double vision des choses, le consultant accepte de faire partie intégrante du monde et non plus de se percevoir comme un être séparé du reste de la planète. Sortir d'une vision individualiste et parcellaire peut apporter au consultant un accès à des aspects riches de sa personnalité, là où il rejoint l'inconscient collectif. Bien sûr, l'équilibre doit être maintenu avec la conscience de la spécificité du consultant en tant que sujet unique et distinct.

Le tirage sur 12 cartes nous apprend ce qu'il faut privilégier dans la situation actuelle du consultant. Les six premiers domaines représentent les aspects personnels et si des problématiques (cartes inversées) sont plus nombreuses dans cette première tranche du tirage, le consultant a besoin de renforcer son ego et sa capacité de réagir comme sujet distinct. Par contre, les six derniers domaines représentent les aspects sociaux et collectifs et les problématiques nombreuses dans cette partie du tirage indiquent le besoin du consultant de plus accepter de s'intégrer à la société et d'accepter ce qui vient de l'extérieur. Autrement dit, d'accepter d'être objet des choses et des relations qui se présentent à lui.

Ces deux nécessités, *être sujet* et *être objet,* correspondent à des âges différents de la vie. Jusqu'à la quarantaine, la personne a plutôt besoin de se construire et de s'affirmer personnellement, puis elle a besoin d'accepter de se laisser faire par la vie et d'en tirer les enseignements. Cette seconde période ne signifie pas une absence d'action, mais c'est adopter une attitude différente face aux événements. La reconnaissance d'éléments – qui relèvent non plus de notre ego individuel mais d'aspects collectifs dans le monde et en nous-même – est un élargissement de notre conscience. En même temps, c'est accepter de lâcher la toute-puissance du Moi pour qu'autre chose puisse nous advenir. L'exemple de tirage qui suit va illustrer ce propos.

2. Exemple de tirage astrologique

La consultante est une jeune femme qui a des problèmes de santé, notamment un dérèglement hormonal lié à des difficultés digestives. Cela lui enlève beaucoup de son énergie vitale alors qu'elle est une personne très active, vive et intelligente, menant son existence tambour battant. Cette fatigue chronique la déprime. Par ailleurs, elle a la sensation d'un manque quelque part dans sa vie, sans pouvoir mieux cerner ce dont il s'agit. Elle vit en compagnie d'un ami qu'elle aime et cela se passe bien. Elle n'a pas d'enfant. Elle travaille dans la publicité et apprécie son métier. Elle résume sa situation en disant : « Tout va bien et pourtant quelque chose ne va pas », ce que son corps confirme.

Son tirage :
Carte n° 1 : le Bateleur à l'envers.
Carte n° 2 : le Mat à l'envers.
Carte n° 3 : Tempérance.
Carte n° 4 : l'Impératrice.
Carte n° 5 : le Jugement.
Carte n° 6 : la Justice à l'envers.
Carte n° 7 : la Papesse.
Carte n° 8 : l'Arcane sans nom.
Carte n° 9 : le Soleil à l'envers.
Carte n° 10 : la Force.
Carte n° 11 : l'Amoureux.
Carte n° 12 : la Roue de fortune.

Ce tirage révèle tout de suite des problématiques plus nombreuses dans la zone personnelle que dans la zone sociale et collective. La consultante, malgré les apparences, n'a pas encore suffisamment affirmé sa personnalité. Son travail intérieur doit porter sur sa réalisation personnelle en priorité. Elle accepte bien cette donnée, reconnaissant que sous son aspect « fonceuse » elle manque de confiance et n'est pas toujours certaine de ce qu'elle semble affirmer avec fougue.

Le Bateleur à l'envers exprime une difficulté à s'affirmer personnellement et le besoin de trouver une façon d'être plus spontanée, plus joueuse, qui sera source d'une énergie nouvelle et d'idées neuves. La consultante doit être trop sérieuse par rapport à sa vraie nature, et ne pas s'autoriser à se montrer dans sa spontanéité. Effectivement, celle-ci réfléchit beaucoup avant de réagir ; on lui a fait remarquer son côté mûr, un peu vieux pour son âge ce qui, paradoxalement, ne l'empêche pas de faire des erreurs et des bêtises. C'est logique, car elle n'est pas dans son axe et ne peut saisir son intuition, le guide intérieur, donc ses réflexions l'égarent souvent. Une autre façon de le dire serait de parler d'un trop-plein d'énergie dans la tête et d'un manque dans d'autres parties du corps, par exemple dans les pieds. Cette hypothèse se confirme avec le Mat à l'envers qui exprime sa difficulté à trouver une démarche cohérente et le manque de sens concret à sa vie. Les objectifs de la consultante sont trop abstraits ; elle a besoin de les rendre plus tangibles, de se fixer des buts matériels et financiers.

Celle-ci confirme qu'elle se pose toujours les questions en termes intellectuels, son regard sur l'argent étant problématique. La poussant un peu plus loin, elle dit que l'on ne peut pas avoir d'intentions claires si on recherche un but financier. Je lui exprime que cette opposition est créée dans sa tête et que cela la coupe d'une partie de son incarnation. Voudrait-elle être un pur esprit, sans besoins matériels ? Quelque part oui, et c'est sans doute un problème.

Cependant, la consultante n'est pas aussi idéaliste dans tous les domaines, et notamment ses relations avec ses amis et connaissances sont excellentes. Là elle sait trouver le ton juste et la façon à la fois concrète et spirituelle qu'il convient pour entrer en communication avec autrui (Tempérance). Le choix de son métier est judicieux, car il fait appel à ses qualités de contact.

L'Impératrice la montre très présente et bien chez elle. Elle y tient une place de femme à l'écoute d'elle-même et de l'autre. La consultante sait créer un espace intérieur intime, créatif et propice aux échanges. Sa vie privée s'avère riche et agréable.

Le Jugement dans le domaine amoureux, la Papesse pour l'autre et l'Arcane sans nom pour la sexualité montrent une vie de couple active et plaisante, où les charmes de l'esprit et de la chair ont leur place. La consultante confirme que tout va très bien dans ce domaine et s'en félicite. Son ami semble un homme très réceptif et présent à lui-même. Cette qualité de présence, chez l'autre, est certainement un facteur essentiel de leur entente. Le contact physique ramène la consultante à elle-même et lui fait retrouver son centre. Il y a beaucoup d'amour entre eux et ils s'apprécient sur un plan spirituel aussi. C'est une belle histoire.

Par contre, la vie professionnelle de la consultante est plus problématique. La Justice à l'envers exprime un domaine de trop grande rigidité. Quelque chose n'est pas en ordre sur ce plan. Peut-être serait-il nécessaire qu'elle prenne des décisions quant à son activité, mais elle tarde à le faire, ce qui est préjudiciable à son bon équilibre. Cependant, sa position sociale est globalement bonne. Elle est même en position de force, comme l'indique la Force. La consultante a une place reconnue et appréciée, mais le contenu de son travail ou la façon dont elle le mène ne sont pas satisfaisants. La consultante ressent un blocage dans son travail, comme si elle ne faisait que des choses connues, ce qui l'ennuie. Son insatisfaction peut venir de là. Elle a besoin de trouver des idées neuves pour mettre en route une autre façon de vivre sa profession. Elle vit un arrêt de son évolution et seules des décisions venant de sa part sont de nature à faire bouger les choses.

Peut-être que ces décisions se sont déjà présentées à elle mais qu'elle n'a pas pu ou su les prendre ? La consultante, après un temps de réflexion, aborde le problème de sa place dans la société où elle travaille. Elle aurait pu déjà essayer d'occuper un autre poste avec de plus grandes responsabilités, mais elle n'a pas osé, craignant de ne pas y parvenir. Cela pèse aujourd'hui sur elle. Il est à présent nécessaire qu'elle s'arme pour le faire. Avec la Force en position sociale, l'Amoureux pour les amis et soutiens dans ses projets et la Roue de fortune en énergie cachée, la consultante a vraiment les moyens de réussir une situation nouvelle. Elle peut et se doit de prendre des risques et de se lancer. Car sa place est assurée, ses amis la soutiennent et sa dynamique créatrice est bonne. L'inconscient est ouvert à une créativité et au fait qu'elle prenne plus sa vie en main.

Pour ce faire, elle a à dépasser certaines idées négatives sur le travail en équipe notamment (le Soleil à l'envers). La consultante semble craindre ce qui vient de l'autre dans le travail. Peut-être a-t-elle tendance à se sentir agressée par les propositions d'autrui, ou se pense-t-elle en concurrence avec les autres ? Ce n'est pas le cas ; elle a un apprentissage à faire de l'action sur un plan d'égalité, sans recherche de pouvoir. La consultante confirme qu'elle craint et fuit les relations de pouvoir. Elle a eu déjà fort à faire avec des chefs, grands ou petits. Elle doit apprendre à se positionner différemment, c'est-à-dire accepter les places de responsabilité et dialoguer à égalité de personnes, tout en tenant compte de la fonction de l'autre et de la sienne. C'est un art qui nécessite une certaine ouverture de cœur. Je lui exprime qu'il va s'agir pour elle d'un véritable cheminement spirituel. Elle semble contente de ce programme et je l'en félicite à mon tour.

Nous avons vu l'ensemble des domaines de son tirage. En synthèse, je lui parle à nouveau de son évolution spirituelle et personnelle, car les problématiques de son jeu tournent autour de ce thème. La consultante a un chemin d'ouverture vers l'autre à faire, tout en restant à l'écoute de ses propres sentiments et de ses intuitions. Elle devra prendre des décisions importantes sur le plan professionnel, et sera soutenue de l'intérieur comme l'extérieur pour le faire. Quant à sa vie sentimentale, elle est sous le signe d'une belle entente et d'un bonheur bien incarné, ce qui montre que la consultante a déjà fait un important chemin intérieur. En s'appuyant sur ses acquis, elle peut aujourd'hui aborder la délicate question d'une ouverture sociale et d'un travail de véritable collaboration. Cela cst réellement nouveau pour elle. Je lui souhaite bonne chance.

Dans ce cas, la consultante peut s'appuyer sur des éléments de l'inconscient collectif qui vont lui apporter un soutien pour prendre en main la direction de sa vie, ce qu'indique la carte n° 12, la Roue de fortune. Cela me permet de souligner qu'une transformation personnelle, y compris sur des problématiques à caractère très individuel, peut bénéficier de l'aide d'une énergie commune qui vient des profondeurs de l'être et trouve son écho à l'extérieur, dans les rencontres et situations que propose la vie. Cet écho entre les profondeurs et la vie externe est très saisissant lorsque l'on suit l'évolution de quelqu'un.

La consultante a, par la suite, mis en œuvre un projet professionnel avec d'autres collègues, alliant diverses spécialités de son métier, et toutes les portes se sont ouvertes pour ce projet dont elle avait très peur, alors que nombre de ses projets personnels qu'elle portait à bout de bras n'ont pas abouti. Ici, il était nécessaire qu'elle accueille l'idée d'un travail en commun et, par-delà celle-ci, l'idée d'avoir besoin de l'autre et de pouvoir compter sur lui sans se trahir ou l'envahir. Ce fut certainement un grand pas dans sa vie. Il semble qu'elle en ait retiré les fruits également.

Je termine avec cet exemple les types de tirage des tarots.

Dans le cadre des diverses situations abordées par la suite, j'utilise aussi d'autres types de tirage, la plupart du temps courts et ciblés de façon très spécifique. Ils sont issus d'une réflexion sur le champ symbolique de chacun des 22 arcanes majeurs, qui m'a permis d'établir un cheminement psychique sous forme de questions associées à chaque arcane, évoquant chaque étape, du Bateleur au Monde, en passant par le Mat.

CHAPITRE VII

Le chemin des arcanes

Voici, en regard de chaque arcane majeur, la ou les questions que le consultant peut se poser avec l'aide des tarots. Cet ensemble constitue un chemin de développement personnel que le lecteur pourra expérimenter jour après jour. Ce chemin des arcanes dure vingt-sept jours. Le chiffre 27 est en relation avec la création. Selon Platon, cette dernière se diviserait en 7 degrés, le septième comprenant 27 parties. Quant aux Tibétains, ils enseignent que la durée de la vie est en rapport avec le chiffre 27, pour notre planète comme pour les hommes, les animaux, et les plantes (1).

Si l'on ajoute un jour à ce cycle de 27, on obtient le cycle lunaire traditionnel de 28 jours, qui correspond au rythme menstruel de la femme ainsi qu'au biorythme émotionnel humain. Ce cycle fut mis en évidence par le psychologue Swoboda et confirmé par les recherches du docteur W. Fliess qui découvrit aussi le biorythme physique de 23 jours. Enfin, le troisième biorythme intellectuel s'étend sur 33 jours ; il fut découvert par le professeur Teltscher.

Le chemin des arcanes qui suit est en relation avec le rythme physique (22 + 1) et le rythme psychique ou émotionnel de 28 jours.

---

1. Voir, de Christiama Nimosus : *Etude sur des nombres occultes* (Trédaniel).

Pour tous les tirages, brasser les 22 arcanes majeurs dans tous les sens, les rassembler et effectuer le tirage.

Je vous conseille de noter chaque jour votre tirage, c'est un outil de travail pour le développement personnel.

Premier jour : le Bateleur.

Quelle idée nouvelle, quel projet est-il opportun de mettre en œuvre aujourd'hui dans ma vie ?

Tirage d'une carte.

Deuxième jour : la Papesse.

Comment je me manifeste dans l'existence, quelle est la qualité de ma présence ?

Tirage d'une carte.

Troisième jour : l'Impératrice.

Comment je communique à autrui ce que je pense et ressens ?

Tirage d'une carte.

Quatrième jour : l'Empereur.

Quelle action est-il nécessaire que je fasse actuellement ?

Tirage d'une carte.

Cinquième jour : le Pape.

Que m'enseigne mon guide intérieur pour la période actuelle ?

Tirage d'une carte.

Sixième jour : l'Amoureux.

Quelle émotion ou quel sentiment ai-je à exprimer à mes proches ?

Tirage d'une carte.

Septième jour : le Chariot.

Comment mener mon existence pour aller vers une réussite ?

Tirage d'une carte.

Huitième jour : tirage libre sur une question personnelle à définir par le consultant. *Tirage sur une carte.*

Neuvième jour : la Justice.
Quels sont les deux aspects de ma vie que j'ai à équilibrer ?
Tirage sur deux cartes.

Dixième jour : l'Hermite.
Quelle est la part d'ombre que j'ai à éclairer et qu'est-ce que je peux en faire ?
Tirage sur deux cartes.

Onzième jour : la Roue de fortune.
Qu'est-ce qui me tient à cœur actuellement et qu'est-ce que je peux en faire ?
Tirage sur deux cartes.

Douzième jour : la Force.
Quelle est ma force actuelle et quelle est ma faiblesse actuelle ?
Tirage sur deux cartes.

Treizième jour : le Pendu.
Quel « lâcher prise » est nécessaire pour moi aujourd'hui et comment le faire ?
Tirage sur deux cartes.

Quatorzième jour : l'Arcane sans nom.
Qu'cst-ce que je peux transformer dans ma vie actuelle et comment le faire ?
Tirage sur deux cartes.

Quinzième jour : Tempérancc.
Quelles sont les deux parties de moi-même et de ma vie que je peux mettre en relation ?
Tirage sur deux cartes.

Seizième jour : le Diable.
Quel est mon désir actuel et qu'est-ce que je peux en faire ?
Tirage sur deux cartes.

Dix-septième jour : tirage libre sur une question du consultant et conseil. *Tirage sur deux cartes.*

Dix-huitième jour : la Maison-Dieu.
Quelle prise de conscience ai-je à avoir, quelle expérience ai-je à vivre, quel enseignement ai-je à retirer de ma vie actuelle ?
Tirage sur trois cartes.

Dix-neuvième jour : l'Etoile.
Qu'est-ce que j'ai à révéler de moi-même, comment me rendre utile et à quoi puis-je croire ?
Tirage sur trois cartes.

Vingtième jour : la Lune.
Quelle partie inconsciente peut alimenter ma vie présente, quel est mon rêve actuel et à quoi puis-je m'ouvrir sans craintes ?
Tirage sur trois cartes.

Vingt-et-unième jour : le Soleil.
Comment puis-je m'affirmer, montrer ma chaleur intérieure et être solidaire des autres ?
Tirage sur trois cartes.

Vingt-deuxième jour : le Jugement.
Qu'est-ce que je peux pardonner, où est ma source d'inspiration et comment puis-je me renouveler à l'heure actuelle ?
Tirage sur trois cartes.

Vingt-troisième jour : le Monde.
Quelle est ma place actuelle dans le monde, comment je peux la réaliser, et quel est le conseil de mon âme ?
Tirage sur trois cartes.

Vingt-quatrième jour : tirage libre sur une question du consultant. *Tirage sur trois cartes* (un aspect et l'autre de la question puis le conseil).

Vingt-cinquième jour : le Mat.
Vers quoi je vais ?
Tirage d'une carte.

Vingt-sixième jour : Ce que je n'ai jamais dit ou demandé. *Tirage d'une carte* de conseil sur cette question.

Vingt-septième jour : bilan ou synthèse pour le consultant sur sa situation actuelle sur les trois plans (concret, psychique, spirituel) et conseil.

Tirage sur quatre cartes.

Le *vingt-huitième jour,* vous pouvez relire les différents tirages effectués et vous en inspirer dans votre vie. Choisissez celui qui vous plaît le plus ou qui vous semble le plus parlant ou le plus important. Méditez-le pendant la journée. Ce tirage sera votre sceau, il vous portera chance.

CHAPITRE VIII

Exemples de pratique au travers de quelques grands problèmes

J'aborde ici les mécanismes cachés qui amènent une personne à vivre certaines situations difficiles.

Le travail d'entretien analytique avec les tarots permet de mettre en lumière non pas un aspect isolé, mais un ensemble cohérent d'actions et de réactions conscientes et inconscientes. Ainsi cette démarche apporte-t-elle un outil de compréhension essentiel pour la personne, dans la voie de son évolution.

Les tarots permettent de mieux cerner et de confirmer les processus à l'œuvre. De plus, ils constituent un soutien tout au long de ce travail analytique et apportent des perspectives, étape après étape.

1. Les états dépressifs

Les états dépressifs se manifestent sous des formes différentes. La plus classique est constituée par un état de fatigue chronique dès le matin, une certaine tristesse, des pleurs spontanés et une apathie générale tant morale que physique. La personne dit ne plus avoir goût à rien. Si cet état est très accentué, on parle de dépression et un soutien médical est alors nécessaire. Par contre, l'état dépressif – qui n'est pas une véritable dépression – porte les mêmes symptômes, mais moins marqués et intermittents. Dépression et états dépressifs peuvent se traiter sur le plan psychique, car ils recouvrent un problème d'énergie bloquée chez la personne. Cette dernière n'est pas dans sa force actuelle, et ce qu'elle devrait faire, elle ne le fait pas pour diverses raisons.

L'état dépressif se manifeste également par une hyperactivité et une tonicité forte. La personne vit en perpétuel mouvement. Elle ne supporte pas de s'arrêter, dit détester les vacances. Elle est constamment sur les nerfs mais ne le mesure pas très bien. L'hyperémotivité qui en résulte peut amener cette personne à s'interroger sur ce qui se passe en elle.

J'ai rencontré ces états dépressifs dans trois grands types de situations :

– Suite à un deuil, un accident, une séparation.
– Lorsqu'une énergie créatrice est refoulée.
– Avant un grand changement.

Voici des exemples sur chaque situation.

a) Marie-Claude, un deuil à faire

Marie-Claude vit difficilement le deuil récent de son oncle, le frère de sa mère, qui fut pour elle un père de substitution. Non que son père fut absent, mais il n'a pas été aussi attentif à la jeune fille que son oncle. Marie-Claude a trente ans,vit avec un compagnon depuis plusieurs années et cherche sa voie sur le plan professionnel entre une activité artistique personnelle et un travail à mi-temps dans une entreprise de médias.

Le décès de cet oncle, soutien moral pour elle, l'a mise dans un état dépressif où elle est apathique, dort mal et pleure souvent. Elle n'a pas envie d'entreprendre de nouvelles choses, bien qu'elle sache que cela lui serait nécessaire.

Son premier tirage sur cette situation :

– Comment se présente son état dépressif : la Maison-Dieu à l'envers.

– Un conseil immédiat : l'Etoile.

Marie-Claude est toute bouleversée par ce décès et ne voit plus la réalité bien en place. De ce fait, elle ne parvient pas à lire la situation qu'elle vit correctement. Ce n'est pas la tristesse qui est là, mais une position hystérique, comme si elle était emportée par des idées qui ne lui appartiennent pas et qui la font délirer. Le terme de délire est bien sûr trop fort, mais c'est l'esprit de ce qui se passe. Elle n'est plus maîtresse de ce qu'elle pense ; elle est envahie d'idées noires et cela la déprime. Par exemple, elle pense qu'elle n'est plus bonne à rien, qu'elle n'arrivera jamais dans aucun domaine, que son ami va finir par la quitter, etc. Marie-Claude établit un lien direct entre le décès de son oncle et l'aggravation de ce type de pensées qui l'habitaient parfois de temps en temps déjà. Elle remarque que c'est toujours dans des périodes de difficultés affectives que ces dernières reviennent. Compte tenu du tirage, je souligne qu'il s'agit là chez elle de pensées irréelles et qu'il est utile de le savoir, même si cette connaissance n'est pas suffisante pour les transformer.

Le conseil, avec l'Etoile, nous indique le lieu du corps du concret et de la relation à la matière. Il s'agit, pour Marie-Claude, de se montrer telle qu'elle est vraiment. C'est un travail de dépouillement. Le domaine des arts, notamment celui des arts plastiques, est en correspondance avec l'Etoile, aussi peut-elle exprimer dans sa relation créatrice à la matière son désarroi actuel. Mais, plus simplement, elle a besoin de repos et de se retrouver physiquement. Qu'elle profite des jardins et de la liberté de ne rien faire sans se culpabiliser. Il est plutôt nécessaire qu'elle se laisse guider dans la nuit, c'est-à-dire que son corps retrouve seul le chemin de l'ordre. Qu'elle fasse confiance à sa nature saine et à ce que la vie va lui amener. Pour elle, le ressourcement nécessaire se trouve dans la nature et la création artistique. Elle envisagera les choses autrement après cela.

Je lui fais préciser l'obstacle à dépasser pour y parvenir. Son tirage : le Soleil à l'envers.

Il manque un lien interne entre les deux parties d'elle-même, son pôle réceptif et son pôle actif, d'où la naissance d'une ombre, énergie refoulée et négativisée qui vient en obstacle dans sa situation actuelle. C'est le sentiment de manquer d'amour. En fait, c'est elle qui ne parvient pas à aimer suffisamment l'autre. N'est-il pas ici question de son compagnon ?

Marie-Claude reconnaît qu'elle ne ressent pas beaucoup d'amour pour lui en ce moment, car elle a le sentiment que c'est lui qui la néglige. Il est très difficile de sortir de ce cercle vicieux idées noires/sentiments négatifs en s'attaquant directement à ces énergies. Aussi est-il nécessaire de passer sur l'autre axe des énergies psychiques, c'est-à-dire la sensation, l'intuition. J'encourage Marie-Claude à se diriger vers ces domaines.

La semaine suivante un petit miracle s'est opéré. Marie-Claude est beaucoup mieux, mais ne crions pas victoire trop tôt. Elle a profité de promenades au vert et a même un peu peint. Elle est assez contente d'elle-même. Je la félicite et elle éclate en sanglots. Nous laissons passer l'émotion sans y attacher trop d'importance. Le tarot nous indique de travailler sur la Force et le Chariot.

Comment Marie-Claude peut-elle maîtriser ses pulsions et ne pas se laisser déborder par elles ? Nous utilisons la relaxation et une technique respiratoire pour renforcer son centre énergétique, en accord avec la Force. Puis je propose à Marie-Claude de mieux définir ce qu'elle a envie de réussir à l'heure actuelle (le Chariot). Ce qui prime pour elle est de réussir sa vie professionnelle et de trouver une vraie place dans la société. Mais dans ses relations avec les autres, elle est hésitante et a même tendance à les fuir. Je lui demande ce qui peut être spécifique à sa création, ce qui lui est vraiment personnel. Ce travail portera ses fruits, car les séances suivantes seront axées sur la définition du monde personnel de Marie-Claude, ce qui la sortira peu à peu de ses états dépressifs.

En définissant ce qui lui est personnel, nous avons désinvesti l'image de l'oncle qui portait la projection du côté actif de Marie-Claude. De ce fait, sa disparition apparaissait comme une catastrophe à la jeune femme, car elle croyait perdre, avec son oncle, son côté dynamique à elle, ce côté actif qui s'intéressait vraiment à elle pour l'aider à se réaliser, ce qu'avait fait en partie cet oncle, ce pourquoi la projection s'était portée sur lui. En prenant conscience que ce côté lui appartenait vraiment, elle a pu sortir de la dépression dans laquelle l'avait plongée le décès de son oncle. Restait alors la tristesse de la disparition de ce dernier, ce qui fut infiniment plus gérable pour Marie-Claude, et surtout ne lui retira pas d'énergie, au contraire.

Il est fréquent, dans le cas d'un deuil, de voir les projections faites sur la personne disparue revenir à la surface avec force, celles-ci n'ayant subitement plus de support charnel et vivant pour exister. Ce retour sur soi des projections inconscientes crée une dépression énergétique.

L'issue réside dans le fait d'éclairer la nature précise des projections faites sur le ou la disparu(e), afin de permettre à la personne de réintégrer ces énergies projetées, et à présent errantes comme des âmes en peine. La prise de conscience de celles-ci est facilitée par les tirages des tarots, comme support à l'expression de l'inconscient. Une fois ce travail réalisé et comme preuve qu'il est bien réalisé, le sentiment réel créé par la disparition de la personne n'est plus source d'accablement mais simplement vécu.

b) Franck, sortir de la grisaille

Franck travaille dans une compagnie d'assurances ; il n'est guère passionné par son métier de comptable, ce qui lui joue des tours car il a tendance à commettre des erreurs par étourderie ou manque d'intérêt. Il souffre de cette situation, car il aimerait être apprécié de ses supérieurs et accéder à d'autres responsabilités, mais il ne parvient pas à aimer ce qu'il fait.

Franck a des diplômes qui lui permettraient d'occuper un autre emploi mais, là encore, il ne se sent pas la force d'entreprendre quelque chose bien qu'il sache que cela lui serait utile. Il vit une sorte de routine couleur muraille et traîne un état dépressif qui se manifeste par des crises de déprimes et des insomnies. Il est aussi hypersensible à toutes réflexions à son égard, notamment sur son physique. Pourtant, cet homme de la quarantaine ne manque pas de charme. La question qui se pose à lui est de trouver une force en lui pour s'orienter vers une activité créatrice dans son existence afin de réaliser ses désirs de reconnaissance sociale et ainsi sortir de son état dépressif.

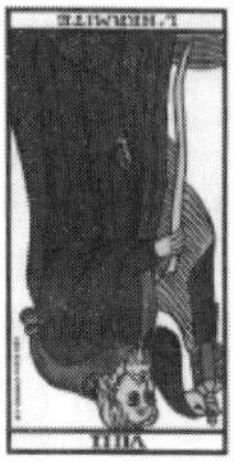

Il effectue le tirage suivant :

– D'où vient sa déprime : l'Hermite à l'envers.

– Que faire pour en sortir : le Soleil.

La force créatrice de cet homme est refoulée parce qu'il est trop seul. De fait, Franck vit en solitaire sans relation affective, hormis un couple d'amis et un vieux copain. C'est tout à fait insuffisant pour stimuler une énergie qui reste dans l'ombre et crée en lui un état dépressif. Franck est trop retiré et réservé. De plus, il a tendance à tout expliquer par ce qui se passe en lui. Par exemple, une collègue est-elle de mauvaise humeur qu'il s'en rend responsable, cherchant dans son attitude ce qui a pu créer cette situation. Cette façon de tout ramener à soi est typique d'un état dépressif dans lequel la personne ne parvient pas à s'ouvrir suffisamment sur l'extérieur du fait d'une énergie créatrice refoulée. Franck interprète mal les diverses situations qu'il traverse, et cela le confirme encore dans son isolement ; c'est un cercle vicieux dont il doit sortir.

Le conseil, avec le Soleil, est de développer ses relations affectives avec les autres. Il s'agit pour Franck d'accepter de se laisser toucher par l'autre et de toucher celui-ci affectivement. C'est l'ouverture du cœur qui lui est demandée.

Si sa collègue est de mauvaise humeur, c'est peut-être qu'elle a des soucis, Franck pourrait être plus intéressé et compatissant à son égard au lieu de se renfermer. Il découvrirait alors que cette femme est pareille à lui, avec des réactions humaines qu'il peut reconnaître en lui-même, d'où la possibilité que naisse en lui un sentiment de solidarité. Franck part très impressionné par ce premier tirage. Lorsqu'il revient il est fier de m'annoncer que, pour la première fois, il a pu discuter vraiment avec sa collègue, et que cela s'est très bien passé.

Nous abordons alors certaines de ses idées noires qui le rongent souvent. Franck se trouve laid et fait des complexes qui le dépriment et l'incitent à se replier sur lui-même, car il pense qu'il n'est ni aimable ni séduisant.

Le tirage sur cette question est le suivant :

– D'où vient ce complexe physique : le Pendu à l'envers.

– Que peut faire Franck : le Monde.

Visiblement, il s'agit d'un blocage de caractère affectif. Franck a dû se sentir délaissé, ses parents ne se sont pas suffisamment occupés de lui, enfant. Plusieurs souvenirs reviennent à sa mémoire. Par exemple, il lui arrivait souvent de saigner du nez et sa mère n'y prêtait pas grande attention. Il se sentait alors très seul.

Aujourd'hui, c'est à lui de prendre le relais de ses parents déficients et d'entourer d'attention l'enfant en lui.

Avec le Monde, on peut supposer que cet enfant souhaite se retrouver en compagnie d'autres – et peut-être d'une autre en particulier – qu'il espère vivre parmi le monde de façon ouverte et harmonieuse et sentir la société vibrer comme dans une danse. L'existence familiale était trop repliée sur elle-même et Franck reproduit cette dernière à son propre détriment. Pour lui, l'ouverture sociale est une nécessité. Il a besoin d'activités qui le mettent en contact avec une vie extérieure plus intense.

A l'issue de cette séance, Franck part en vacances. Lorsqu'il revient, il m'apprend qu'il est parti faire un stage de danse, chose qu'il n'aurait jamais osé entreprendre il y a peu de temps. Et dans ce stage il a rencontré une jeune femme. Il est heureux et inquiet à la fois. Il n'est plus déprimé.

Je reverrai Franck souvent, il abordera d'autres aspects de sa vie mais ses états dépressifs ne reviendront que très occasionnellement, puis pratiquement plus en trois ans.

Ici, c'est l'ouverture sur une activité corporelle qui a débloqué une énergie chez cet homme et lui a permis de sortir de sa solitude grâce à une rencontre. La vie à deux qui s'ensuivit a amené Franck à mieux accepter sa vie professionnelle et à y trouver un certain goût. Cela fut très nouveau pour lui. C'est comme si l'existence de sa compagne donnait un sens à sa vie active et lui permettait de l'investir positivement.

La libido de Franck n'avait pas d'objet valable pour s'investir avant cette rencontre et, de ce fait, restait refoulée, créant un état dépressif. Dès que le chemin affectif a été ouvert par l'activité corporelle (en l'occurrence la danse), la libido a pu se déverser sur la jeune femme rencontrée, créant une dynamique chez Franck, qu'il a ressenti dans tous les aspects de son existence.

c) Agnès, une grande lassitude

Agnès est pédiatre, elle aime beaucoup son métier mais, de façon incompréhensible pour elle, ressent depuis plus d'un an une lassitude extrême à l'exercer. Cela prend des dimensions qu'elle ne parvient plus à maîtriser, comme des retards de plus en plus importants. Cette situation la culpabilise et la déprime, sans que sa volonté parvienne à transformer cette dernière.

Agnès vit avec son mari et ses deux enfants. Sa vie familiale se porte globalement bien. A part cette grande lassitude, Agnès n'a pas de problème de santé. Elle exerce sa profession, seule, en libérale, et sa clientèle est satisfaisante. Devant un tableau aussi parfait, nous nous demandons où est la faille qui crée ces états dépressifs.

Son tirage :

– Quelle est la cause profonde de ses états dépressifs : la Maison-Dieu à l'envers.

– Le conseil : le Pape.

La Maison-Dieu à l'envers montre Agnès comme coupée de ses sensations profondes et de sa vérité intérieure. Ses pensées sont enfermées dans un système, telle une tour d'ivoire, dont elles ne parviennent pas à sortir. Agnès dit que tout va bien et qu'elle est heureuse, mais c'est sans compter sur toute une partie d'elle-même. Le système dans lequel Agnès est prisonnière a pris la forme du « tout va bien » et « la vie est positive ». C'est assez pernicieux car il n'y a rien à redire à unc philosophie de cette sorte. Et pourtant si. Le corps d'Agnès, qui refuse de se lever le matin, parle à sa place et dit, lui, que « tout ne va pas bien ».

Le conseil, avec le Pape, est de faire le lien entre les différents plans de la personne, entre ce qu'elle pense et ce qu'elle ressent. Il s'agit, pour Agnès, d'écouter son intuition, son guide intérieur qui est le seul à pouvoir lui exprimer ce qui ne va pas. Agnès me demande comment faire. Je lui parle de cette qualité très particulière qui est celle de l'écoute intérieure. C'est une façon d'être, où la concentration joue un grand rôle ainsi que l'abandon des désirs qui orientent la pensée vers telle ou telle chose. C'est l'alliance d'une vigilance et d'une vacuité qui permet de se mettre en état de réceptivité et ainsi d'entendre une voix interne.

Pour aider Agnès, je lui propose une relaxation active sur un arcane du tarot. Elle tire la Lune.

Après une phase de relaxation de tout le corps, je la fait rentrer dans l'univers de la Lune. Agnès semble découvrir un univers inconnu en elle, aquatique et flou, qui la surprend et l'inquiète un peu. Très vite, elle parle d'images de femmes perçues dans les filaments d'un palais aquatique. Ces femmes paraissent prisonnières. Agnès ressent une grande tristesse à leur vue. Cela lui étreint le cœur et elle se met à pleurer. Nous arrêtons cette séance sur cette émotion libérée.

Lorsque Agnès revient, elle est un peu désemparée. Rien ne va plus chez elle. Elle s'est disputée avec son mari et aussi avec ses enfants. Pour elle, qui est toujours d'un caractère égal, cela la perturbe beaucoup. Nous travaillons sur la culpabilité pour l'aider à se dégager de celle-ci et aborder l'objet de ces disputes. En fait, Agnès en a assez de passer derrière tout le monde et de ranger la maison ou de rattraper ce qui ne va pas. Cette réaction n'est pas surprenante et je lui rappelle la carte de tarot tirée en conseil à la première séance (le Pape).

Il s'agit, pour elle, d'entreprendre un nouveau mode de relation avec sa famille. Elle n'a plus « à faire » à la place des autres, mais à « faire faire ». Cela demande du doigté, de la réflexion et de la bienveillance.

Agnès comprend tout de suite la portée de cet exemple ; elle parle de sa façon de travailler et envisage un nouveau mode relationnel possible avec sa clientèle. En effet, elle prend trop en charge ceux qu'elle reçoit. A présent son attention est attirée sur cette question.

Nous parlons de ces femmes prisonnières, dans sa relaxation. Il est difficile d'être celle qui prend en charge, telle une mère universelle, et de vivre également sa sensibilité, représentée par ces femmes. En se détachant d'un rôle de mère obligatoire et permanent, Agnès pourra vivre les diverses facettes du féminin en elle, y compris celle de la mère.

Nous travaillerons avec Agnès plusieurs mois sur cette question. Peu à peu ses états dépressifs partiront. Puis, à chaque fois qu'une situation de ce genre se représentera à elle, elle sera en mesure de la reconnaître et de se poser les questions adéquates pour en sortir.

Par la suite, Agnès travaillera avec d'autres médecins et trouvera un épanouissement à cette collaboration, rendue possible par le fait qu'elle s'autorise à ressentir ce qui va et ce qui ne va pas.

Une telle situation était impossible, lorsqu'elle est venue me voir, car elle aurait alors tout pris sur elle pour garder l'harmonie du groupe et serait tombée plus gravement malade. Son inconscient l'a protégée de cela en la faisant dormir trop, donc en lui retirant l'énergie nécessaire à la mise en œuvre d'un travail en groupe. Quand elle a été prête, les choses se sont faites facilement.

Les états dépressifs d'Agnès sont caractéristiques des situations qui précèdent de grandes évolutions et, par voie de conséquences, des changements importants dans la vie d'une personne. Dans de tels cas nous avons un accès rapide et direct à l'énergie qui demande à émerger, pour Agnès ses autres facettes du féminin. Mais il faut souvent plus de temps pour que cette énergie arrive à la conscience totalement et soit intégrée et transformée en actions. Pour Agnès, ses énergies féminines l'ont amenée à passer d'un travail isolé à un travail en groupe, et cela a transformé en profondeur son existence. Sa famille aussi a bénéficié de ce changement, grâce à l'apport d'une énergie neuve et vivante due aux contacts professionnels enrichissants vécus par Agnès.

Tout se passe comme si l'énergie psychique nécessaire à une grande transformation devait s'accumuler dans l'inconscient, créant un état dépressif. Puis cette énergie en gestation, se libère lorsque les divers éléments de la transformation sont en place.

Dans une moindre mesure, un processus similaire existe chez certains acteurs qui connaissent une forte baisse de tension avant d'entrer en scène. Leur énergie se replie sur elle-même pour se libérer plus pleinement pendant le spectacle.

2. L'activisme ou le repos impossible

Il est des personnes qui ne peuvent pas se reposer. Elles sont constamment en train de faire quelque chose. L'absence d'action les angoisse, un sentiment de vide inacceptable s'engouffre dans leur vie et les pousse à remplir sans cesse ce tonneau des Danaïdes par des activités. En règle générale, une personne qui souffre d'activisme a beaucoup de mal à mener de véritables actes. Les activités qui l'occupent sont des bouche-trous sans réelle importance pour l'évolution de cette personne. Il en est ainsi, par exemple, de l'éternel étudiant, qui se plonge en permanence dans les livres et prend de copieuses notes, tout cela sans jamais en tirer quelque chose. Ou de la ménagère toujours occupée par des tâches présentes qu'il lui est impossible de remettre. Ou encore du célibataire qui remplit son carnet de rendez-vous pour ne surtout pas avoir un soir de liberté.

L'activisme est un processus complexe, car il vient compenser une autre problématique, celle d'une certaine vacuité dans l'existence de la personne. C'est l'illustration d'un manque refoulé et masqué par une activité prolifique. La personne a besoin de remplir sa vie d'actions pour échapper à la sensation du manque. Ce dernier peut être de différents types : il peut s'agir du manque d'un compagnon ou d'une compagne, comme du manque d'une réelle activité créatrice et nourrissante spirituellement.

L'activisme se distingue d'une activité importante par des actes de caractère répétitif qui n'apportent pas de véritable satisfaction à la personne, si ce n'est de remplir son temps.

A contrario, une activité même grande, se manifeste par des actes créatifs qui se renouvellent et qui apportent à la personne une énergie vitalisante, dans la limite de ses forces.

La première étape – et non des moindres – pour une personne atteinte d'activisme, est de pouvoir accepter de reconnaître cet état de fait. Car très souvent l'activiste s'accroche à son activisme comme à une bouée de sauvetage. Or, il est impossible que quelque chose d'autre et de positif puisse arriver à cette personne si elle ne laisse pas la place nécessaire pour que cela advienne.

L'activiste a à traverser une phase délicate de « lâcher prise », où il risque de ressentir le vide auquel il cherche à échapper. C'est pourquoi il est préférable de parcourir ce chemin accompagné par un professionnel dont le rôle est alors de soutenir et de guider l'autre durant cette phase de transformation. Car il y a alors transformation et, du fait de la place laissée, une énergie, des idées et des comportements neufs peuvent émerger.

La confiance dans les ressources vitales de l'inconscient est nécessaire et, dans ce cas, cela ne peut que fonctionner ainsi.

De plus, si la personne ne parvient pas à réaliser ce « lâcher prise » la première fois, ou même après, ce n'est pas grave ; ce n'est tout simplement que partie remise jusqu'à ce qu'elle y parvienne. Parfois il faut beaucoup de temps, parfois c'est très rapide. Tous les cas de figures existent.

Nous allons voir deux exemples de cette problématique : un activisme professionnel et un activisme ménager.

a) Denis, le dévoreur de dossiers

Denis a trente-cinq ans. Il vit seul après avoir eu une liaison assez longue avec une jeune femme, qui s'est achevée il y a trois ans. Depuis, il effectue sa traversée du désert affective. Son travail dans une grande compagnie d'assurances l'absorbe totalement. Il espère une promotion à laquelle il estime avoir droit au vu de ses efforts et de la quantité de travail qu'il déploie. Mais celle-ci ne vient pas. Denis dit que son chef le bloque sans motifs sérieux, si ce n'est un manque d'affinité.

Denis reste souvent à son bureau après ses collègues et, parfois, emporte des dossiers sur lesquels il travaille tout le week-end. Il m'avouera que c'est même très fréquent, alors que personne ne lui demande un pareil rendement. Denis vient me voir parce qu'il est malheureux de ne pas être reconnu dans son travail.

Son premier tirage des tarots :
– Sa problématique : le Pape à l'envers.
– Un conseil : le Diable à l'envers.

Le Pape à l'envers exprime une difficulté à entendre une véritable loi intérieure. Denis n'a pas de limites, il ne sait pas s'arrêter dans son travail et cela ne lui rapporte rien de positif. Son attitude n'est pas juste et ne correspond pas à la réalité de la situation professionnelle qu'il vit. Aussi n'a-t-il pas la reconnaissance de ses supérieurs. Denis n'est pas à l'écoute de son intuition ; sans doute ne lui a-t-on jamais appris à le faire. Comme il n'est pas dans l'axe de sa vraie nature et de ses vraies possibilités, Denis ne bénéficie pas des fruits de son travail et ce dernier s'avère stérile.

Le premier conseil, avec le Diable à l'envers, est de prendre conscience du refoulement qu'il opère sur ses désirs. Denis ne connaît pas les pulsions de son corps, il ne veut pas en entendre parler car il en a peur. Il craint notamment d'être trop violent et ne peut s'autoriser cela. Je le comprends bien sur ce point, mais lui affirme qu'il sera nécessaire de prendre connaissance de ses désirs refoulés. Le chemin de ceux-ci reste à débroussailler, ce qui peut se faire sans violence, celle-ci n'étant pas forcément concomitante de l'émergence des désirs. Au contraire, la violence est très souvent le fruit d'énergies comprimées et refoulées, et non pas d'énergies qui se libèrent.

Devant ses craintes, je lui propose de tirer un arcane sur « le comment » peuvent se libérer ses désirs profonds. Il tire Tempérance.

L'arcane est très parlant de lui-même. Il montre un flux énergétique qui s'écoule librement et calmement d'un pôle à l'autre. Tout ici indique l'harmonie et la modération. Denis part un peu rassuré sur l'avenir.

Les séances suivantes, Denis évitera d'aborder le sujet de son travail pour parler de sa vie sentimentale. Quand il y reviendra, il exprimera sa lassitude et son désappointement devant les réactions décidément négatives de son chef à son égard.

Je lui propose un tirage sur 4 cartes qui donne ceci :

– Ce qui motive les réactions du chef : l'Impératrice à l'envers.

– Ce qui motive l'attitude de Denis : le Chariot à l'envers.

– Le conseil pour Denis : la Roue de fortune.

– L'aide sur ce chemin : le Pape.

Ce qui ressort de ce tirage est la difficulté de Denis à communiquer réellement avec son chef, car il fait un complexe à l'égard de celui-ci. En effet, Denis le considère très mal, comme une personne assez incapable et pas bien à sa place.

Je lui souligne le message de son inconscient via les tarots : il serait nécessaire d'envisager la situation différemment, et notamment d'une manière positive, pour désamorcer ce complexe qui allie un sentiment de supériorité et d'infériorité chez lui. Se faisant, Denis aurait tout intérêt à écouter ce que dit vraiment son chef, et cela sans le juger au préalable, car c'est là son aide, contrairement à ce qu'il pense. De la même façon, il pourrait lui demander ce qu'il souhaite : être reconnu et promu dans son travail s'il l'envisage en chef positif et non en obstacle à sa propre évolution. Le fait que cet homme ait des défauts ne doit pas interférer dans son attitude. Denis a besoin d'adopter une position plus basée sur l'esprit et la réflexion, alors qu'il se laisse emporter par des sentiments négatifs.

Communiquer avec son chef lui paraît vraiment difficile, c'est là la base de son problème. Autrement dit, ce qui fonde son activisme est une fuite du véritable contact avec l'autre.

Denis évoque les relations difficiles avec son père, aujourd'hui décédé, qui était un homme rigide et violent. Hélas ! son chef évoque en lui ce même type de personnalité. Alors, est-ce que Denis peut changer de service et quitter ce chef pour un autre, qui sera forcément différent ? Denis doute de trouver quelqu'un de vraiment différent. Ce genre de réaction révèle qu'il ne veut pas encore quitter la relation négative à son père inscrite en lui. Il y a un conflit en Denis entre la part qui souhaite le changement et celle qui ne le veut pas.

Je demande aux tarots : « Que faire dans l'immédiat ? » Ils me confirment mon sentiment avec le Pendu : attendre que l'énergie positive de l'esprit s'intègre chez Denis, et l'aider dans ce sens.

Pour cela, je demande à Denis s'il ne souhaiterait pas suivre une formation professionnelle. Cela aurait le double avantage pour lui de faire travailler autrement son esprit et de le mettre en contact avec d'autres personnes. Il y avait vaguement pensé mais, trop pris par ses dossiers au jour le jour, reportait sans cesse une telle décision. Nous nous quittons sur cette question.

Les séances suivantes, Denis sera très stressé, ne me laissant pas placer un mot, parlant sans cesse. C'est une des formes de son activisme. La proposition de formation professionnelle doit le travailler, du moins je le suppose et m'arme de patience et de foi. En effet, Denis finit par aborder le sujet pour dire qu'il n'ose pas en parler à son chef, car une telle demande de formation doit passer par lui. Je le félicite d'en parler ainsi : la prise de conscience et l'aveu de sa difficulté vont l'aider à la dépasser.

C'est ce qui se produit et Denis m'annonce un jour, comme incidemment, qu'il a demandé à son chef de suivre une formation professionnelle et que ce dernier n'a fait aucun commentaire et a promis de la transmettre. Je lui manifeste mon sentiment de plaisir à cette nouvelle.

Cette étape sera décisive dans le traitement de Denis. A partir de là, il pourra faire l'expérience, dans d'autres secteurs de sa vie, de se montrer dans sa réalité et ses faiblesses. Cela le mettra toujours plus en position de les dépasser, ce qui restait totalement impossible tant qu'il les cachait à lui-même comme aux autres. Ainsi son activisme finit-il par s'atténuer puis disparaître, n'ayant plus de raison d'être. Denis a accepté de laisser à son père le mode rigide et d'être différent de ce dernier.

b) Annick, le ménage ou encore le ménage

Annick est une femme de cinquante ans dont les enfants sont grands et ont quitté le foyer, le dernier tout récemment. Elle ne travaille plus à l'extérieur depuis longtemps et se retrouve seule chez elle, son mari étant toujours très pris par sa vie professionnelle. Elle a longuement pensé à cette situation prévisible et s'était programmée, dans la tête, une série d'activités intéressantes pour ce moment-là. Malheureusement, rien ne se passe comme elle le pensait. Au lieu d'aller s'inscrire à ces activités, de sortir, d'apprendre des choses nouvelles, Annick s'enferme toujours plus chez elle et développe une manie du ménage. Elle n'a plus une seconde de libre dans cette maison toujours poussiéreuse où il faut chaque jour et chaque semaine refaire les mêmes tâches. Prenant conscience de cela avec effroi, Annick vient me voir, très désespérée d'elle-même.

Son premier tirage :

– Comment se présente cette « ménagite » : l'Amoureux.

– Premier conseil : le Jugement.

Annick a toujours tenu sa maison propre et accueillante par respect et par amour pour ses enfants et son mari. Aujourd'hui encore cet aspect, qui fut positif et fonda une part essentielle de sa vie, est présent, mais il occupe toute la place à un moment où il n'est plus adéquat. Aussi le tarot conseille-t-il à Annick de s'élever au-dessus des relations affectives pour accéder à l'univers de l'esprit, cela sans renier ce qui a été, bien au contraire. Annick a besoin de s'appuyer sur son expérience de femme et de mère pour trouver une issue nouvelle et personnelle dans sa vie. Sans doute a-t-elle besoin de se déculpabiliser de laisser un peu le ménage pour se consacrer à autre chose. Oui, Annick ressent une culpabilité. C'est comme si elle ne pouvait pas faire autre chose que de s'occuper de son foyer.

Je lui fais toutefois remarquer que si son activité ménagère s'est brusquement intensifiée, c'est sans doute pour cacher une autre énergie qui voudrait surgir d'elle. Elle en convient et demande à réfléchir à la question. Je l'invite à réfléchir et aussi à noter ses rêves, car ils peuvent lui être d'un soutien précieux et la guider en la matière.

Annick revient avec un rêve à travailler en séance. Elle n'a rien compris à celui-ci : « Elle est allongée, seule et nue dans un lit inconnu, la chambre est quasi vide de meubles et les volets sont mi-clos. Soudain, quelqu'un veut entrer. Elle a peur et pousse une table contre la porte. L'intrus essaie de forcer celle-ci. Annick crie mais rien ne se passe. Puis elle se retrouve dans un grand champ verdoyant, près d'une école où des enfants jouent. L'un d'eux vient vers elle et lui lance des pierres, d'autres également. Annick s'enfuit. Elle croise une cousine qui la prend sur sa bicyclette et l'emmène dans une ville assez sombre. C'est la nuit, elles s'arrêtent près d'un hôtel où elles vont dormir. Une marchande de rubans veut leur en vendre et finit par donner à Annick un ruban rouge et un autre vert. »

Nous faisons un grand tirage sur ce rêve :
– L'intrus : la Force.
– La peur d'Annick : l'Amoureux à l'envers.
– Les enfants qui jettent des pierres : le Jugement à l'envers.
– La cousine : la Justice.
– La marchande : Tempérance à l'envers.
– Les rubans : le Mat.
– Le sens général du rêve : le Soleil.

L'intrus qui veut s'introduire dans l'univers clos et assez vide d'Annick est une énergie positive en elle, qu'elle ne connaît pas encore mais qu'elle refuse énergiquement de côtoyer. Elle éprouve un sentiment négatif à l'égard de cette énergie, elle n'aime pas ça, le « ça » étant à définir dans sa vie. Je lui propose de mieux regarder l'arcane la Force et d'en parler. Annick remarque surtout le chapeau de la femme qui lui semble fait de rubans et de divers autres éléments. Je lui demande si elle aime la mode. Elle ne répond pas franchement à la question, puis parle de la bête de la carte qu'elle trouve agressive, s'étonnant de la facilité qu'a la femme à la tenir. Je repars sur les rubans, ce qui lui rappelle la réaction de moquerie de sa mère lorsqu'elle en portait dans ses cheveux à cinq ans, pour plaire à son papa.

Est-ce qu'Annick considère l'attitude de sa mère comme agressive ? Non, simplement un peu méchante. Nous laissons le sujet pour le moment.

Les enfants, jeunes et proches des pulsions de la nature, sont négatifs et la jugent mal, comme si très jeune elle avait appris à mal se juger elle-même. Cela éveille quelque chose chez Annick, qui reconnaît qu'elle s'interdisait par exemple d'exprimer son désir de rester le soir avec ses parents, seul moment où elle aurait pu voir son père qui rentrait tard du travail. Comme son mari d'ailleurs. Cette autocensure se retournait contre elle et elle pleurait de rage, seule dans son lit.

Sa cousine apparaît comme quelqu'un qui remet de l'ordre dans la vie d'Annick. Elle l'emmène ailleurs dans une ville, c'est une énergie positive qui ramène Annick vers une certaine culture, loin d'une nature agressive. Annick aime bien cette cousine et acquiesce à cette interprétation.

Je lui précise qu'il s'agit de l'énergie de cette cousine en elle, et pas forcément de la cousine réelle, bien que cela puisse également arriver.

La marchande est mal perçue par Annick qui n'a pas encore la possibilité d'un contact réel avec cette énergie lointaine, dans le noir. Cependant, cette dernière lui offre des rubans qui semblent constituer un fil d'Ariane pour la guider sur son chemin et ainsi lui permettre d'avancer. Les couleurs des rubans n'évoquent rien de spécial, mais la relation d'Annick avec son père, par l'intermédiaire du regard maternel, est ici en jeu.

Son père, c'est aussi tout le rapport au monde extérieur et comment Annick peut se positionner à l'égard de celui-ci. Nous retrouvons sa problématique actuelle. Le rêve apporte globalement un éclairage nouveau et intense sur la situation présente d'Annick. Nous nous quittons sur ce constat.

Les séances suivantes seront marquées par une grande difficulté pour Annick à communiquer avec moi. Elle se retranche dans des phases silencieuses et ne semble pas vouloir poursuivre ce travail. Cependant, sa « ménagite » s'est presque interrompue. Elle ne fait rien pendant de longs moments. Je lui demande si elle boude.

Oui, elle boude. Pourquoi ? Elle n'est pas contente d'avoir vu clair en elle. J'éclate de rire, elle aussi. Ouf !

Cette crise fut salutaire. Annick poursuivra son travail d'analyse, ses rêves nombreux l'y aideront beaucoup. Un jour, elle décide de s'investir dans l'apprentissage de la décoration et se met à peindre des motifs pour tissus. Il semble qu'elle en soit à un début de commercialisation de ses créations. L'activisme ménager est loin et nous en rions parfois ensemble, car Annick s'est révélée un tempérament très gai.

3. Les idées obsessionnelles

Les idées obsessionnelles se manifestent par une activité incessante du mental, qui ressasse un ou plusieurs motifs sans que la personne puisse faire cesser cette machine à penser. En général, les idées ressassées sont négatives, tels des complexes du type : « Je ne suis pas beau, aussi personne ne peut m'aimer… J'attends que Bill me téléphone, il ne me téléphone pas, c'est un salaud… C'est de la faute de ma sœur si je suis inhibée, je lui en veux toujours… »

Ce qui caractérise le côté obsessionnel est le sentiment d'impossibilité dans lequel se trouve la personne de transformer une situation. Quelque chose la fait souffrir et qui est la source de l'idée obsédante, et la personne n'a pas l'énergie nécessaire pour s'extirper de cette vision de sa vie et agir.

Le travail thérapeutique va consister à faire grandir l'énergie vitale susceptible de sortir le sujet du cercle vicieux dans lequel il se trouve enfermé. Car il y a bien, dans ces cas-là, une notion d'enfermement dans sa problématique, ce qui accroît la souffrance lorsqu'il en devient conscient.

Cet enfermement provient d'une vision déformée de la réalité, fruit de l'éducation et aussi des complexes conscients et inconscients transmis par la famille, comme les complexes sociaux. Ceux-ci peuvent se traduire par : « Chez nous on ne fait pas telle ou telle chose », ce qui peut conduire la personne à un grave conflit avec sa nécessité personnelle et l'enfermer dans une idée fixe. Mettre en lumière le complexe originel de ces idées obsédantes constitue une étape décisive dans la guérison de l'obsession. Toutefois, il est aussi fréquent qu'un travail créateur puisse transformer la personne et la sortir de l'obsession sans que le complexe originel ait été clairement défini. Cela n'est donc pas indispensable. La chose importante est d'amener quelqu'un à se débarrasser de façon positive de ses idées fixes. Je souligne la nécessité du côté créatif et positif, car il ne s'agit pas de remplacer un symptôme par un autre, mais d'apporter une solution à la problématique, solution qui se traduit toujours par des choses réelles dans l'existence de la personne.

Voici quelques exemples de personnes possédées par des idées obsessionnelles.

a) Jean, ou la séduction impossible

Jean a trente ans. C'est un homme bien planté mais qui semble tout faire pour disparaître derrière un costume couleur grisaille qui ne lui va vraiment pas. Jean est instituteur en primaire ; il aime son métier et rêve d'une mutation à l'étranger. Mais son dossier n'est pas passé deux années de suite et il désespère d'y arriver. Cependant, son plus gros problème n'est pas là. Jean souffre de sa vie de célibataire. Il se voit laid, incapable de séduire une femme, du moins celles qui lui plairaient. La solitude lui pèse ; il espère fonder une famille car il aime les enfants. Jean n'a connu que très peu de femmes, peut-être même aucune. Son inhibition est trop forte pour qu'il puisse en aborder une de façon satisfaisante. Son idée fixe l'empêche de réussir une rencontre. Lorsqu'une femme répond à l'une de ses avances, il fuit. Ainsi, il peut continuer de ruminer qu'il n'est pas beau et ne peut pas plaire. Jean fuit parce qu'il a trop peur de commencer à s'attacher à quelqu'un qui va forcément se rendre compte de sa laideur et le quitter. Alors il aura mal. Aussi préfère-t-il fuir cette prévision malheureuse. Jean est enfermé dans ce cercle vicieux où il souhaite faire une rencontre et la fuit en même temps.

Son premier tirage :

– Quelle est l'origine de son idée fixe : l'Etoile à l'envers.

– Premier conseil : l'Impératrice à l'envers.

Jean a dû se cacher plus jeune, ne pas montrer sa vraie nature. Y avait-il un tabou particulier dans sa famille à l'égard du corps et de la nudité ? Est-ce qu'il y a eu un événement précis où il a dû se cacher, ou cacher ce qu'il ressentait ? Jean exprime surtout le tabou à l'égard du corps. On ne parlait pas de ces choses-là, ces « choses-là » pouvant aller des simples besoins de la nature à la sexualité bien sûr. Se disant, Jean devance le premier conseil des tarots, qui est d'aborder ce qui n'a pas été dit, ce qui a été censuré au niveau de la parole.

Lors de cette première séance, Jean ne se rappelle rien de précis à ce sujet, ses propos restant généraux, mais il en retire le sentiment très net qu'il y a bien eu des interdits de parler de tout ce qui touche au corps. Nous laissons là le sujet et échangeons amicalement sur sa situation actuelle. Nous y reviendrons plus tard, il est inutile de brusquer les choses aujourd'hui.

La séance suivante, Jean se plaint amèrement de sa situation. La solitude lui pèse et il a passé une nuit blanche à se répéter son leitmotiv. Je crains que Jean n'enclenche ce système de plaintes à l'égard de son travail thérapeutique, aussi je tente de le conduire ailleurs, par exemple sur d'éventuels rêves ou des souvenirs revenus ou sur d'autres aspects de sa vie. Peine perdue, Jean s'accroche à sa complainte. Je lui propose donc un tirage sur ce thème.

Son tirage :

– Qu'en est-il de son rapport à son corps : l'Impératrice.

– Que peut-il faire pour améliorer cela : la Maison-Dieu.

– Par où commencer : l'Empereur à l'envers.

Jean exprime qu'il est laid et c'est ce qu'il pense de lui. C'est ainsi qu'il communique avec son corps, par l'intermédiaire du mental. Le tarot lui propose de changer de mode relationnel et de faire véritablement l'expérience de son physique en risquant la confrontation concrète avec l'extérieur. La Maison-Dieu l'incite aussi à pratiquer la matière, pas seulement celle de son corps – ce qui pourrait se traduire par un sport, un art martial, de la danse, etc. – mais par une approche du concret en faisant des choses qu'il n'a pas l'habitude de faire. Il semble nécessaire qu'il se donne des objectifs précis et limités lui paraissant réalistes.

Jean parle directement de sa sexualité. Voilà une chose inhabituelle pour lui qu'il aimerait concrétiser. Je suis surprise de voir qu'il devance, une fois de plus, la lecture de son tirage, sur un terrain cependant délicat. Je l'en félicite, lui exprimant qu'il possède vraiment de l'intuition et du courage.

Jean aborde sa difficulté à reconnaître son désir. Quand il pense désirer une femme, celle-ci ne l'accepte pas. Il a souvent vécu cela. Sinon, lorsqu'une femme se rapproche de lui, il ne pense pas la désirer. Je lui fais remarquer que le corps est curieusement absent de son discours. Pourtant, c'est un guide précieux pour faire une rencontre. Jean n'y avait jamais pensé !

Je ne lui laisse pas le temps de souffler et lui propose une relaxation. Il s'agit d'emmagasiner tout de suite l'acquis, sans laisser le temps au mental de reconstruire ses défenses obsessionnelles. Nous nous quittons après la relaxation, sans commentaires.

A la séance suivante, je questionne le tarot sur la suite à donner à notre travail. Il sort le Jugement.

Je précise à Jean qu'il s'agit de travailler à la fois sur le souffle, la déculpabilisation du corps et le pardon aux parents et à soi-même. Vaste programme. Nous commençons par une relaxation active qui travaille sur la respiration. Ce qui ressort de cette dernière est la crainte de Jean d'aller vers l'inconnu, plus particulièrement l'étranger. C'est contradictoire avec son désir de travailler à l'étranger.

Jean évoque son grand-père maternel, un émigré italien qu'il a connu comme un homme sévère et rigoureux, sortant peu et n'ayant pas d'amis. Il aimait bien ce grand-père mais sa façon de vivre très étriquée rendait l'atmosphère familiale quasi irrespirable.

Est-ce que Jean a des points communs avec ce grand-père ? Il s'en défend. Mais n'a-t-il pas là à pardonner à cet homme, et peut-être à lui-même, une façon d'être un peu trop retirée ?

Reconnaître cela ne doit pas l'empêcher de développer son souffle, au contraire. Jean fait la fine bouche. Visiblement, c'est un point sensible et ça ne lui plaît pas. Restons-en là pour le moment.

La séance suivante, Jean arrive avec un rêve : « Il est dans une ville avec des amis, ils marchent dans une rue le soir. Soudain, une bande de jeunes à moto fonce sur eux. Jean les évite de justesse, mais la poursuite s'engage. Il entre dans une maison et se retrouve dans une pièce où d'autres jeunes dînent. Ils l'invitent mais Jean refuse. Alors un chat se glisse entre ses jambes et l'empêche d'avancer. Jean essaie de s'en débarrasser. Puis il se retrouve dans une sorte de kermesse où l'on tire à la carabine. Il tire aussi et gagne un lot. C'est un grand éléphant vert et or. »

Que d'obstacles dans ce rêve ! Seule l'image finale de l'éléphant gagné apporte une note optimiste.

Son tirage sur le rêve :
– Les jeunes gens à moto : l'Amoureux à l'envers.
– Les autres qui dînent : le Mat à l'envers.
– Le chat : le Pendu.
– Jean tire et gagne : l'Hermite à l'envers.
– L'éléphant : la Force.
– Le sens du rêve : l'Etoile à l'envers.

Les amis avec lesquels Jean marche au début du rêve lui rappellent des copains de classe qui se moquaient de lui, notamment sur son physique, à propos de son nez ou de son menton. Jean a le sentiment que c'est leur présence qui amène les jeunes à moto qui l'agressent. Ce n'étaient pas vraiment des amis, ces copains. Jean acquiesce abondamment. Mais à l'époque il était tout le temps avec eux et ne se défendait pas. Pourquoi ?

Il craignait de riposter trop violemment. Il ne voulait pas non plus se retrouver isolé des autres, donc il mangeait de ce pain-là. Chose qu'il ne veut plus faire dans le rêve avec l'autre groupe, qui semble quasi identique au premier.

Quant au chat, Jean le repousse, ne voulant pas accepter cette pulsion car il a l'impression qu'elle l'entrave. Cependant, le tarot présente ce chat comme une énergie positive qui laisse passer la vie et pourrait être accueillie. Pour Jean, les chats sont des bêtes fausses et trop indépendantes, à la différence des chiens fidèles et affectueux. Mais peut-être que Jean a à développer les qualités du chat ?

Le tir à la carabine est une façon de défouler son agressivité dans un jeu. Mais cela n'est pas directement productif, c'est un retrait de la vie, si ce n'est le lot qu'il gagne. Ce lot est un encouragement et un signe pour Jean. L'éléphant est un animal sacré qui symbolise la puissance, la force et aussi la sagesse. C'est l'alliance des deux. Peut-être que Jean a à se donner pour objectif – en ligne de mire – d'acquérir ces deux qualités ensemble.

En synthèse, l'Etoile à l'envers indique à Jean de ne plus se laisser faire et de ne pas rester ainsi sans défenses. Avec l'éléphant gagné par son adresse, il possède des défenses et peut se sentir fort et en sécurité. Tout le contraire du jeune écolier, persécuté par ses camarades et qui n'osait pas se défendre de peur d'être rejeté.

Là, Jean fait un lien avec son grand-père maternel qui, en tant qu'émigré, avait très peur du rejet. Sa philosophie de la vie était de rester tranquille dans son coin, sinon il vous arrive des histoires… et des histoires il n'en voulait pas.

Je demande à Jean s'il y a une actualité à ce rêve, c'est-à-dire s'il n'ose pas dire ou faire quelque chose, ces temps-ci, de peur d'être rejeté ? Jean constate qu'il refoule tout ce qu'il pense dans la communication avec l'autre, en particulier avec les femmes, justement de peur d'être rejeté. Il se montre docile et conciliant, cherchant ce qui fait plaisir à l'autre et immanquablement obtient le contraire de ce qu'il recherche. Car une telle attitude a le don d'agacer la personne en face.

Le problème de Jean est de se construire une sécurité interne suffisante pour être lui-même sans craintes. Le travail que nous faisons peut l'y aider, notamment par l'apprentissage d'une nouvelle façon de communiquer avec l'autre.

Les séances suivantes seront essentiellement basées sur cette communication de façon à accoutumer Jean à exprimer ce qu'il ressent. A cet effet, je laisserai passer mes humeurs, bonnes ou mauvaises, car je ne suis pas une machine et vit aussi un ensemble de sentiments. Cette attitude sera exprimée ouvertement et Jean sait à quoi s'en tenir. Je ne cherche pas à le prendre en traître ou à le manipuler, mais plutôt à avoir une relation ouverte, dans le cadre professionnel où nous sommes.

L'apprentissage s'avérera efficace. Jean va nouer des relations amicales nouvelles dans le cadre de son travail. Cela va constituer un progrès important, mais pas encore satisfaisant pour lui. Jean souhaiterait élargir son champ de relations. Mais l'extérieur est encore difficile à atteindre.

Sur le conseil du tarot, qui propose la Papesse, nous reprenons un travail plus corporel. Cela sera décisif, car Jean va développer très rapidement des activités théâtrales et se montrer sur scène. Je l'y encourage vivement. Ses idées obsessionnelles ont presque totalement disparu. Hormis certains soirs de spleen où elles reviennent furtivement, Jean ne les subit pratiquement plus. Il respire, physiquement comme psychiquement.

Jean ne vit plus isolé ; gageons que ses nouvelles activités vont lui permettre de rencontrer l'âme sœur.

b) Nadine, la persécutée

Nadine a vingt-cinq ans. Elle vit seule, finit des études de biochimie et développe, depuis son adolescence, l'idée fixe de la victime. Cela peut se traduire par : « Tout le monde m'en veut. » Nadine est une jeune femme intelligente et elle sait très bien que cette idée est absurde et irrationnelle. Mais celle-ci la submerge régulièrement, ce qui lui crée des difficultés importantes dans la vie et la pousse notamment à dépenser une énergie hors du commun en stratagèmes pour échapper à certaines situations. Toute relation avec des personnes inconnues est pour elle source de circonvolutions pour réduire au minimum cette nécessité. Nadine souffre de cette situation et cherche à en sortir.

Son premier tirage :

– A quoi est lié le problème de cette idée fixe : le Pape à l'envers.

– Quelle attitude est souhaitable : l'Etoile.

– Comment y parvenir : le Pendu.

Tout de suite Nadine parle de l'éducation reçue de son père, qui fut déplorable. Ce dernier est un homme intelligent mais lui-même très perturbé par ses origines juives. Il a transmis à ses enfants une peur incompressible de l'autre. Nadine a beau comprendre ce que l'histoire a pu peser sur l'esprit de cet homme, elle voudrait se dégager de ce fardeau handicapant.

Elle ne comprend pas très bien le sens de l'Etoile y voyant une femme sans défenses, donc vulnérable. Je lui demande son avis sur la question. Elle n'aime pas être dans cette situation de dénuement, c'est bien trop dangereux. Cependant, c'est la leçon des tarots, donc de son inconscient. Nadine a à apprendre à se montrer telle qu'elle est véritablement, dans ses forces et dans ses fragilités.

Par exemple, elle a du mal à aller vers l'autre, pourquoi le nier ou le cacher ? Peut-être vaut-il mieux le montrer ouvertement, se l'avouer et parvenir à s'aimer ainsi. C'est le sens du Pendu : accepter ce que l'on est et apprendre à s'aimer dans ses imperfections et ses difficultés. Nadine acquiesce et ajoute que sa maman voulait sans doute avoir une fille parfaite. Parfaite signifiant telle que la maman pensait que devait être une fille. L'exprimer ainsi relativise tout de suite le sens de ladite perfection.

Nadine se montre très coopérante au cours de cette séance et, paradoxalement, très ouverte, alors même que son problème est une certaine fermeture à l'autre. Cela m'inquiète ; je le lui dis mais elle rit et se dit contente et soulagée par cet entretien. Lorsqu'elle part je reste avec mon inquiétude sans comprendre.

Je compris par la suite, car elle ne vint pas à son rendez-vous suivant et je n'eus plus aucune nouvelle d'elle.

Nadine n'était pas prête à lâcher prise sur sa problématique ainsi dévoilée. Sa trop facile acceptation était, malgré elle, une résistance à entreprendre un travail de transformation. Bien que je le lui ai souligné, elle n'a pas voulu l'entendre. Aussi ai-je ressenti l'inquiétude profonde qui l'habitait et qui n'est pas parvenue jusqu'à sa conscience. Sans doute l'injonction maternelle était-elle encore trop puissante pour laisser l'énergie monter à la surface, le refoulement trop grand par rapport à la force du nouveau en elle.

Cela me conduisit à réfléchir sur les façons de procéder avec les tarots. J'en conclus que le tarot avait besoin d'être complété par un travail énergétique immédiat pour renforcer l'énergie de vie et l'aider à gagner la partie face aux problématiques engrammées dans l'inconscient, c'est-à-dire dans le corps. Parfois la vérité n'est pas assez puissante seule pour mettre une personne sur le chemin de sa transformation, alors même que c'est le désir le plus cher de celle-ci.

Peut-être n'ai-je pas été assez affectueuse avec cette jeune femme si intellectuelle et dont le besoin de retrouver son corps et ses sentiments était pourtant très évident ? Nul n'est parfait.

Cette expérience me conduisit à travailler conjointement les tarots et le souffle. Et pour cette grande innovation dans mon travail, je bénis Nadine.

c) Bernard, ou « Je suis un clown »

Bernard a quarante-cinq ans. Il est cadre dans une entreprise de transport depuis peu. Sa position professionnelle est encore fragile et il craint pour sa place. Bernard est marié et a deux filles. Sa famille est relativement unie, quoiqu'il y ait eu une séparation momentanée il y a deux ans. Le problème de Bernard est de ne pas se prendre au sérieux. Il est sans cesse en train de plaisanter et se considère comme un clown. Ses pirouettes incessantes le desservent, notamment dans ses relations sociales. Il en est conscient et commence à désirer que cela change, ce qui le conduit à venir me voir.

Son premier tirage :

– Comment se traduit son attitude : l'Arcane sans nom à l'envers.

– D'où vient-elle : le Mat et le Diable.

– Comment la transformer : la Papesse.

Bernard se tourne lui-même en dérision parce qu'il ne tient pas compte de son existence concrète et psychologique. Il n'a pas conscience de ce que signifie « être une personne ». Pourquoi cette attitude ? Parce qu'il est emporté par son élan et son désir. Ceux-ci sont trop puissants par rapport à son sentiment d'existence personnelle. Bernard veut trop réaliser ce qu'il souhaite au détriment de son ressenti propre et de sa sécurité.

Bernard se reconnaît totalement dans ce portrait et amène des exemples de cet état de fait dans sa vie active. Il cherche trop souvent à bien faire et cela le dessert. Alors il fait le pitre.

Le conseil des tarots est de mieux prendre conscience de son corps et du vécu de ce dernier. Aussi je lui propose tout de suite un travail corporel.

Le travail thérapeutique avec Bernard ira très vite, car les séances de travail corporel introduites par le tirage d'une carte porteront leur fruit immédiatement. Bernard aura le sentiment d'une voix intérieure présente pour le guider de façon juste dans ses réactions. Cela le conduira à modifier son attitude à l'égard de ses collègues et supérieurs dans son travail. Cette évolution s'avérera essentielle, car il obtiendra un contrat fixe, son nouveau comportement ayant sécurisé ses patrons. Depuis, Bernard ne se prend plus pour un clown, il a regagné une estime de lui-même et son entourage réagit en le respectant.

Il est intéressant de noter que gagner le respect de soi-même passe ici par une prise de conscience de son incarnation, ou par une acceptation de celle-ci. Poussé par son désir d'Ailleurs, Bernard se moquait de lui et donnait une image de lui-même très dévalorisante. Aussi son entourage ne lui faisait-il pas confiance, d'où ses difficultés sociales et financières. En retrouvant la réalité de son existence physique – son corps – Bernard a reconstruit une image extérieure plus en accord avec ses capacités et les résultats ont été immédiats chez les autres. Ils l'ont reconnu, chose qui n'était pas jusqu'alors.

On peut voir aussi dans cet exemple une trop grande importance du subjectif au détriment de l'objectif. En rééquilibrant ces deux éléments, l'idée obsessionnelle d'être un clown est partie.

4. Le ressentiment, la jalousie, la colère

Il s'agit ici d'aborder les situations où une personne est débordée par une réaction affective qui l'affecte autant qu'elle peut affecter l'entourage. C'est une position très désagréable pour le sujet concerné qui se sent impuissant à transformer ou même à contenir son sentiment négatif. La réaction affective est de plus en plus envahissante, jusqu'à la crise inévitable ou la somatisation, selon la structure psychique de la personne. La volonté ne parvient plus à obtenir quoi que ce soit et semble même aggraver la situation. De fait, ce n'est pas par là qu'il faut prendre le problème. Les processus psychiques en jeu sont des refoulements de sentiments, accompagnés de mentalisation de ce que la personne vit.

L'énergie psychique « sentiment » refoulée crée un obstacle et devient du ressentiment, qui peut prendre diverses formes. La palette des sentiments négatifs peut en résulter, de l'agacement à la colère, de la dévalorisation personnelle à la jalousie... Et plus la personne cherche à comprimer cette énergie, plus elle prend de place.

Aussi est-il nécessaire d'aller à la source de ce ressentiment car, en règle générale, ce sont toujours les mêmes types de choses qui font réagir la personne. Ce type de situation sensible est à déceler pour comprendre ce qui se joue dans l'inconscient et ainsi le dénouer.

La mentalisation qui se met en place, très souvent en même temps que le ressentiment, est là pour rationaliser et justifier, aux yeux de la personne, cette chose irrationnelle qu'elle est amenée à vivre. Cette mentalisation est une recherche mal orientée de l'énergie « pensée », pour sortir de la situation de souffrance créée par le refoulement du sentiment.

Le travail avec les tarots est une aide pour permettre à la personne d'entrer en contact avec la situation originelle qui est la cause d'une attitude psychique programmée de refoulement du sentiment. Puis le tarot peut accompagner cette personne dans l'intégration qu'elle a à faire de ce qui s'est ainsi révélé.

J'ai souvent constaté que le type de situation à l'origine de cette problématique est l'émergence d'un sentiment trop fort ou d'une sensation trop puissante, que la personne n'est pas à même de gérer ou de comprendre et qu'elle ne peut donc pas intégrer. Alors se met en place un mécanisme compensatoire pour ne pas laisser cette zone psychique dans l'informel, et c'est un processus de refoulement du sentiment ou de la sensation.

La question qui se pose au thérapeute et au patient est de savoir si cette personne peut aujourd'hui intégrer ce qu'hier elle n'a pas pu faire. Si ce n'est pas le cas, il est nécessaire de commencer par un premier travail de renforcement de la structure de la personne jusqu'à ce qu'elle ait la force de supporter l'énergie psychique émergente de ce refoulement. Il n'est pas question de forcer les résistances, ce serait une erreur grave. Par contre, lorsque la personne est prête, elle apporte un concours actif à l'action thérapeutique et tout se passe très bien. Le thérapeute n'a pas de souci à se faire, son travail consiste à être suffisamment subtil et sensible pour reconnaître ce qui se passe et l'accompagner.

Tout travail thérapeutique sur des énergies refoulées demande un doigté d'artiste. C'est aussi un travail passionnant car il apporte des fruits très surprenants pour le plus grand plaisir du patient… et de son thérapeute lorsque le patient partage cela avec ce dernier.

Voici des exemples de situations de ressentiment traitées.

a) Emmanuelle, la souffrance impossible

Emmanuelle est une jeune femme soucieuse de faire un travail de développement personnel. L'analyse l'attire car elle souhaite rencontrer son inconscient. Elle ne vit ni bien ni mal, mais ressent un vague à l'âme et s'est sentie comme poussée de l'intérieur vers ce travail thérapeutique. Elle s'est décidée à venir me voir du fait que j'aborde une dimension spirituelle dans mon travail. Emmanuelle a reçu une éducation athée, mais elle se questionne sur le religieux et assiste fréquemment à des conférences sur des sujets liés à l'irrationnel et au mystère. En fait, elle cherche quelque chose sans bien pouvoir le définir.

Je lui propose un tirage sur ce qui la pousse à faire ce travail. Son tirage :

– Ce qui la motive : la Lune à l'envers.

– Qui provient de quoi : la Roue de fortune à l'envers.

– Cela débouche sur : la Force à l'envers.

– Qui se traduit dans le conflit suivant : d'un côté l'Arcane sans nom, de l'autre le Bateleur à l'envers.

Emmanuelle vit une certaine confusion qui provient d'une difficulté à cerner la réalité. Elle a tendance à se perdre dans des détails et à ne plus voir l'essentiel dans une situation donnée, d'où un sentiment d'incertitude et le fait d'être ballottée par la vie plutôt que de la prendre en main. Il en résulte un conflit permanent en elle-même et une impossibilité à gérer ses pulsions. Emmanuelle manifeste un vif enthousiasme devant ce portrait d'elle brossé par les tarots.

Le conflit se traduit par un heurt entre une très forte poussée de vitalité, une libido pleine de désir, et un mode de pensée négatif qui freine cette vitalité, s'opposant à elle et maintenant Emmanuelle dans une position infantile. Cette dernière explose littéralement de colère et se met tout de suite après à culpabiliser de cette manifestation émotionnelle.

C'est l'illustration parfaite de son tirage, elle en convient, mais sans manifester de surprise. Cela me surprend, moi. Je le lui dit. N'est-il pas étonnant qu'un tirage puisse révéler ce qui se passe en elle dès la première séance ?

Non, c'est normal pour Emmanuelle. Pourquoi ? Elle ne sait pas répondre ; visiblement elle ne s'est pas posé la question. Elle discerne alors qu'il y a là peut-être un problème dans son mode de fonctionnement. Sans la connaître le moins du monde, avec des petits bouts de cartes colorés, je lui parle de ce qui se joue en elle et cela lui paraît « normal ».

Enfin Emmanuelle réagit : non ce n'est pas normal, elle ne comprend pas comment cela est possible et même ce ne doit pas être vrai ; j'ai dit n'importe quoi et c'est le hasard qui a fait le reste !…

Je suis contente de l'entendre exprimer une opinion radicalement opposée à son attitude précédente de confiance aveugle. Je lui fais toutefois remarquer la contradiction. Emmanuelle en reste muette ; elle n'avait jamais supposé que ces deux aspects coexistaient en elle.

Nous pourrions arrêter la séance là, mais j'attends encore un peu.

Emmanuelle se met alors à parler de son père et de sa façon dictatoriale d'imposer son point de vue. Elle en avait peur, de ce verbe dominateur… C'est lui qui dirait que les tarots sont une absurdité pour bonnes femmes en mal de vivre.

Emmanuelle ressent la grande colère qu'elle porte contre cette voix-là mais, tout de suite elle s'interrompt, comme brisée dans son élan. Nous ne pouvons aller plus loin aujourd'hui. Je la félicite de cette première séance courageuse.

A la lumière de cette séance, je comprends qu'Emmanuelle a été profondément blessée dans son image de femme, ce qui a dû créer en elle un très grand ressentiment à l'égard des hommes, ressentiment qu'elle masque pour l'instant car elle n'a pas du tout abordé ses relations avec des hommes dans sa vie actuelle. Par contre, les idées religieuses sont présentes en elle, afin de compenser ce côté obscur qu'elle ne peut encore assumer.

Lors de la séance suivante, Emmanuelle arrive très abattue. Elle a passé une semaine épouvantable en ressassant des idées noires et en se disputant pour des riens avec tout le monde. Elle se sent très irritable et ne comprend pas pourquoi. Cela la gêne dans ses relations et dans l'image qu'elle se fait d'elle-même.

Son tirage :

– D'où vient son irritabilité : l'Hermite à l'envers.

– Que peut-elle en faire : l'Amoureux.

Visiblement, Emmanuelle s'est repliée sur elle-même et a pris une attitude de refus de contacts avec autrui ; aussi tout l'agace car elle est contrainte d'avoir des relations sociales.

– Oui, Emmanuelle en veut à la terre entière, c'est ce qu'elle dit de son attitude.

– Peut-être que la terre entière est au départ une personne précise ?

– Oui, c'est moi. Parce que je lui ai dit des choses qu'elle n'a pas aimé entendre lors de la séance précédente.

– Je suis très heureuse de sa capacité de discernement interne qui facilite grandement le travail. Le conseil du tarot est d'ouvrir le sentiment, c'est ce qu'elle vient de faire en reconnaissant que, contrairement à ce qu'elle a dit et montré, une part d'elle n'était pas heureuse d'entendre certaines choses. Certaines vérités ?

– Sa blessure en tant que femme. Emmanuelle ne veut plus être vulnérable.

– N'est-ce pas refuser ses sentiments ? Le tarot lui conseille exactement l'inverse. Sinon elle se construit du ressentiment qui sort, malgré elle et mal à propos, en agacement par exemple.

Il y a sûrement d'autres choses sous cette attitude apparente, est-ce qu'Emmanuelle se sent prête pour les aborder ?

Oui elle le désire ardemment, car elle en a assez de vivre comme elle vit, elle veut trouver un compagnon. Voilà, le manque est reconnu et nous avons fait un grand pas. Tant que cela n'était pas dit, il était impossible d'aller plus loin. D'ailleurs, Emmanuelle se sent soulagée de l'avoir exprimé.

Lors de la séance suivante, elle apporte un rêve où elle va se soulager aux toilettes puis rencontre des hommes qui l'accueillent très gentiment à leur table. La conversation s'engage, il est question de champignons. Le tirage sur le rêve :

– Ce qu'elle évacue aux toilettes : le Monde à l'envers.
– Les hommes : l'Hermite.
– Les champignons : le Pendu à l'envers.
– Le sens du rêve : le Pape.

Emmanuelle se soulage d'une mauvaise position à l'égard de l'extérieur. Elle évacue la sensation qu'elle n'a pas sa place dans le monde. Oui, aujourd'hui elle a droit à sa place, comme tout un chacun. Cette nouvelle attitude lui permet de prendre contact avec de nouvelles énergies – les hommes – qui sont capables d'éclairer son chemin et ce qui se passe en elle. Ces hommes parlent et ils parlent de champignons, ces moisissures qui peuvent être bonnes ou mauvaises. Emmanuelle associe les champignons aux maladies génitales et cela lui évoque le sexe de la femme. Il semble qu'une énergie y soit bloquée et pourrisse.

Cependant, le paradoxe de cette pourriture est de donner des choses qui peuvent être très comestibles et recherchées, les champignons. Emmanuelle évoque sa naissance et se perçoit comme une « merde à évacuer », une chose sans valeur dont il faut se débarrasser. C'est sans doute de cette problématique-là dont veulent parler les hommes de son rêve. Le sens général de ce dernier est un apprentissage de quelque chose de son histoire, sous l'œil bienveillant d'un maître, symbole d'un bon père.

La séance suivante Emmanuelle a un autre rêve qui met sa mère en scène. Cette dernière tord le cou d'un poulet en riant puis le jette aux orties. Emmanuelle est assise par terre et pleure. Puis une fermière donne à Emmanuelle une bague bleue et un pantalon. Le tirage sur le rêve :

– L'action de la mère : la Lune.
– Emmanuelle : l'Hermite.
– La fermière : la Maison-Dieu.

– La bague bleue : l'Amoureux
– Le pantalon : le Mat à l'envers.
– Le sens du rêve : la Justice.

La mère oblige Emmanuelle à passer sur le plan du symbolique et donc à quitter la position de l'enfance. La mère ne veut plus nourrir Emmanuelle qui doit apprendre à s'élever toute seule. Cette dernière le comprend et en est triste. C'est le deuil de l'enfance qu'elle est en train de faire. Elle sait qu'elle va devoir se lever, être grande. Quant à la fermière, elle symbolise un côté pragmatique et concret qui apporte à Emmanuelle une valeur nouvelle (le sentiment), mais aussi une autre problématique plus profonde (sa confusion d'identité sexuelle). Tout cela constitue une remise en ordre psychique générale. Emmanuelle fait une sorte de tri interne pour retrouver un nouvel équilibre. Elle se sent plus stable et moins irritable ces derniers temps.

Emmanuelle découvre que le désir de son père était qu'elle soit un garçon. Sa dureté à son égard était une façon de la traiter comme un homme et non comme une fille. Il voulait faire de sa fille un homme. Peut-être était-il trop gêné par le désir qu'aurait engendré en lui le fait d'accepter Emmanuelle en tant que fille, puis jeune fille et femme ? C'était trop dangereux pour lui. Pour plaire à son papa, Emmanuelle a opté inconsciemment pour le refoulement de sa sensibilité féminine.

Aussi lui était-il impossible de souffrir de cette situation, car cela aurait révélé l'incapacité du père à assumer sa paternité, ouvrant une béance psychique en Emmanuelle. Aujourd'hui, elle est capable de comprendre en mettant des mots sur cette situation, comblant ainsi cette béance. Cela la place dans la position de pouvoir accepter ce manquement du père, reconnaître sa souffrance à elle et adopter une autre attitude que celle du ressentiment à l'égard des autres.

Emmanuelle va changer de vie très rapidement suite à ce travail. Elle va faire plusieurs rencontres intéressantes. Dernièrement, elle a décidé de faire un enfant avec le compagnon qu'elle a choisi. Je la quitte à ce stade de sa vie.

Le travail d'Emmanuelle s'est fait très rapidement. La jeune femme était dans une période de sa vie où la nécessité d'une transformation profonde était aiguë. Elle y a remarquablement contribué par son ouverture aux éléments provenant de l'inconscient. Emmanuelle, dont le prénom est ambigu, a pu retrouver sa féminité en s'appuyant sur mon animus pour développer le sien, au travers notamment de la lecture des tarots, et ainsi briser le lien qui la fixait à son père. Ce lien la maintenait dans une ambiguïté sexuelle et dans le ressentiment. En développant son propre masculin, Emmanuelle n'a plus ressenti le besoin de s'appuyer sur son père et a pu le lâcher psychiquement. Sa féminité s'est alors épanouie sans entraves. Le ressentiment a fait place aux véritables sentiments.

b) Didier, la violence contenue

Didier est informaticien et peintre. Il vit seul, ce qui l'ennuie. Il vient me voir car il est sujet à de fortes poussées de violence qu'il contient tant bien que mal, dès que quelque chose n'est pas à son goût. Par exemple, lorsqu'il a l'impression que l'on se moque de lui (par une remarque dans son travail) ou qu'un commerçant ne fait pas attention à lui et sert quelqu'un d'autre. Il constate que ce sont de petites choses et que sa violence est tout à fait disproportionnée, mais il ne parvient pas à s'en défaire. Lorsqu'il refoule trop cette dernière, il se provoque des crises de foie. Son premier tirage :

– Les motifs de sa colère : l'Empereur.
– Conseil : Tempérance.

Didier a une énergie active très grande, mais il ne sait pas bien la canaliser au sens où il ne parvient pas à exprimer ses sentiments en actions. Le conseil des tarots est de développer son intuition pour mettre en relation les faits extérieurs et ce qu'il ressent intérieurement, car sa colère semble saine et issue d'un juste désir d'agir. Mais certainement rencontre-t-il des problèmes dans la façon dont il agit ?

Oui, Didier ne parvient pas à exprimer ce qui ne lui convient pas tant il est emporté par ses sentiments. En fait, ce qu'il nomme sentiment est plutôt une sensation énergétique dans le corps. Tout semble passer par le canal de la sensation alors que celui de l'intuition, le complémentaire, n'est pas utilisé. D'où le surplus énergétique d'un côté, créant cette colère envahissante.

Je lui explique que c'est comme si on faisait passer par un seul fil électrique des courants destinés à passer dans deux fils distincts : il en résulte une surchauffe. Il s'agit d'ouvrir le canal intuitif chez lui, pour que l'énergie se dissocie et prenne des chemins différents.

La question que l'on peut se poser est alors pourquoi ce circuit intuition est-il bloqué ? Et que faire pour le débloquer ?

Tirage :
– La cause du blocage de l'intuition : l'Etoile à l'envers.
– Que faire : l'Hermite.

Didier manque de confiance en lui-même et semble souffrir d'un manque de reconnaissance. De ce fait, il méconnaît sa véritable nature et semble se cacher à autrui volontairement. Cette attitude met les autres mal à l'aise à son égard et lui cause des désagréments en rendant difficiles ou ambiguës les relations. Didier se défend de se cacher volontairement. Je le crois bien volontiers, mais souligne que c'est sans doute l'impression qu'il donne, d'où des quiproquos et des pertes de temps et d'énergie, ce qui l'agace beaucoup.

Didier saisit le sens de certaines situations qu'il a vécues. Par exemple, on ne le laisse jamais effectuer certains travaux un peu complexes sur l'ordinateur alors qu'il s'en sent capable et aimerait le faire. Lorsqu'il pose la question, on l'éconduit par des raisons annexes. Didier souhaite faire évoluer cet état de fait. Mais cela lui évoque l'attitude de son père qui ne se défend jamais quand on l'attaque. Didier, de fait, n'a pas eu l'exemple d'un père suffisamment fort pour se construire en tant qu'homme. Quant à sa mère, elle criait beaucoup mais ne faisait rien. Là non plus, l'animus de la mère ne peut être un support pour Didier. Il doit se construire aujourd'hui sa capacité de se battre dans l'existence, car c'est parfois indispensable. D'ailleurs il n'a pas le choix ; il est acculé à le faire.

Je lui propose de regarder quel soutien lui est nécessaire.

Son tirage :
– Le soutien nécessaire : la Justice.

Didier a à se construire ses propres lois, en se mettant à l'écoute de son sentiment et aussi de ce qu'il ressent physiquement. Il n'a plus à se mettre dans la dépendance d'un regard extérieur, mais à renforcer son propre regard sur lui-même et les autres. Son activité de peintre est là d'un grand secours pour développer un tel projet. Car dans l'acte de peindre, la personne est amenée à faire un aller-retour entre ce qu'elle a fait et ce qu'elle en voit pour agir à nouveau.

Didier propose d'amener quelques-unes de ses œuvres pour travailler ainsi son regard. Plusieurs séances seront consacrées exclusivement à ce travail. Durant cette période, il ressentira sa colère diminuer et son rapport aux autres s'en trouvera amélioré sans effort particulier de sa part.

Ce travail sur le regard a eu des effets surprenants, car la situation de Didier dans son travail a été modifiée : il a obtenu une promotion qu'il n'a pas même demandée. Des démarches faites par lui pour exposer ont abouti également.

Enfin, quelques mois plus tard Didier débuta une relation avec une femme rencontrée dans son travail.

Cette transformation radicale de la vie de Didier a été amorcée par la modification du regard porté sur l'extérieur, source des sentiments. En construisant sa façon de voir, il a pu lâcher celle de ses parents et ainsi développer des sentiments positifs en lui. De ce fait, la colère n'avait plus d'objet et a disparu. Le fait que Didier peigne lui a permis d'accélérer ce processus. Car la peinture est un acte qui fait circuler l'énergie dans le corps et ainsi développe la dynamique de transformation de la personne.

5. Le manque de confiance en soi

Le manque de confiance en soi est fréquemment le cas de personnes qui n'ont pas eu de modèle masculin suffisamment fort pour se construire un capital confiance. Il est souvent associé à un ressentiment, comme dans l'exemple de Didier, contre les parents qui n'ont pas su ou pu apporter à l'enfant ce dont il avait besoin sur ce plan-là. En effet, les besoins de l'enfant pour grandir ne s'arrêtent pas au domaine matériel, ni même au domaine affectif. Il a aussi besoin d'apports sur le plan spirituel et la capacité de confiance en soi en est un aspect.

Un père qui ne montre pas un mode de pensée actif et a tendance à subir sa vie plutôt qu'à la mener va créer une carence sur le plan de l'esprit chez l'enfant. Il manque le souffle nécessaire à l'expansion de ce dernier. Il se peut que la mère apporte la compensation nécessaire si c'est une femme active et décidée, mais ce genre de femme vit rarement avec un homme passif. Aussi y a-t-il de grandes chances pour que l'enfant ne puisse pas trouver auprès de sa mère non plus cette énergie qui fait défaut chez son père. Parfois, ce manque est caché derrière des attitudes bravaches et une tendance à élever la voix. Cela peut tromper sur la nature réelle du parent, en faisant croire à quelqu'un de fort et d'autoritaire alors que c'est tout le contraire. Or, l'enfant ne se construit pas sur les apparences que veulent donner les parents, mais sur leur réalité profonde. C'est celle-là qu'il faut retrouver pour savoir ce qu'il en est vraiment. Il arrive qu'il existe une sorte de peur ancestrale de l'extérieur, au sein de la famille, peur qui se transforme en véritable interdit d'agir et vient faire un travail de sape permanent. La personne doit alors aborder les données de l'inconscient collectif transmis par la famille pour s'en libérer.

Françoise, le poids de l'émigration

Françoise est une jeune femme bardée de diplômes, très intelligente et fine, assez jolie et, avec tout ça, elle ne parvient pas à se trouver une situation en rapport avec ses connaissances et capacités. Elle travaille comme secrétaire dans une association où elle s'ennuie. Elle vit avec un homme gentil mais faible, souvent au chômage, et n'est pas très heureuse avec lui. Françoise est d'origine espagnole ; ses parents ont émigré juste après la guerre d'Espagne. C'est un milieu pauvre qui a connu les difficultés de l'émigration. Son père a poussé sa fille aînée à faire des études et Françoise a bien réussi en la matière. Elle est née en France et son prénom marque la volonté d'intégration de ses parents. Françoise manque de confiance en elle. Elle est très consciente de ce fait et de ses conséquences sur sa vie professionnelle et affective. Elle veut changer cela, et c'est ce qui la pousse à venir faire un travail sur elle.

Son premier tirage :

– Comment se traduit ce manque de confiance : Tempérance à l'envers.

– Son origine : le Mat.

– Ce dont elle a besoin : le Pape.

Son histoire personnelle croise celle de la grande histoire. C'est l'intolérance vécue en Espagne qui a obligé ses parents à quitter leur pays et vivre en étrangers, sans grands moyens ni famille, en France. La situation a pesé lourd dans l'éducation de Françoise. Elle ajoute sur ce point que son père est lui-même un être très intolérant.

Le Mat souligne l'aspect de l'errance qui est née de la fuite de l'Espagne. Errance psychologique accompagnant le départ réel.

Françoise ne parvient pas à s'installer dans l'existence, malgré ses aptitudes. Elle a besoin d'un père ou d'une autorité qui l'accueille et la bénisse comme enfant de la terre. Cette instance existe en elle, mais il s'agit d'amener Françoise à la contacter, ce qui lui apportera un apaisement et lui permettra de vraiment s'établir dans sa vie. Françoise acquiesce avec enthousiasme, mais tout de suite se met à douter de cette possibilité. C'est son scénario actuel, le doute. Je lui propose d'avancer avec lui, quand même.

A la séance suivante, Françoise revient très contente. Elle a pris la décision de changer de travail et a commencé à rechercher comment le faire. Cette décision la remplit d'énergie. Je lui souligne que c'est un moyen pour elle de reconnaître la justesse d'un acte. Si une action amène de l'énergie, elle va dans un sens d'ouverture pour la personne. A l'inverse, les actes qui fatiguent ne sont pas en accord avec la totalité de la personne et demandent à être révisés. Je lui propose un tirage pour accompagner son élan vers un nouveau travail.

Son tirage :
– Qu'est-ce qui peut l'aider : le Chariot à l'envers.
– Conseil : le Soleil.
– Le premier pas : la Roue de fortune.

Françoise doit tenir compte de ses difficultés à s'imposer qui l'incitent à mener sa vie seule, sans relation avec autrui. Cette attitude est négative car elle l'isole du monde. Françoise doit apprendre à travailler en équipe avec d'autres, et sur un pied d'égalité. Elle a intérêt à rechercher un travail où elle soit associée et non sous la dépendance d'un chef ou d'un patron, ce qui est sa situation actuelle et qu'elle supporte très mal. Pour cela, elle doit être inventive et créer elle-même des opportunités en regard avec l'extérieur.

Nous décidons de travailler sur un plan énergétique sur la zone du plexus pour faire bouger les énergies et faciliter le rapport entre la tête et le corps.

Après plusieurs séances de ce type, Françoise revient avec un rêve où elle tue son père, ce qui la soulage beaucoup. Ce rêve impressionnant ne la traumatise pas du tout, au contraire, elle ressent un bien-être. Son tirage :

– Ce que représente le père : l'Impératrice à l'envers.

– L'acte de le tuer : la Maison-Dieu à l'envers.

– Conseil : la Force.

Le père symbolise la façon de penser et de communiquer négative en Françoise. Elle veut se séparer de cette partie d'elle qui a un regard étroit sur les autres comme sur elle-même. C'est la source d'une forme de paranoïa chez elle, une crainte permanente de l'extérieur. Si son désir d'en finir avec cela est très justifié, les moyens pour y parvenir ne semblent pas appropriés.

Tuer le père n'est pas la solution pour transmuter cette énergie. Le tarot propose une autre voie, moins mentale, avec l'arcane la Force. Il s'agit de développer les énergies corporelles pour qu'une réelle force intérieure vienne prendre le relais de la place de l'énergie «père» qui est là uniquement pour combler le vide. Françoise accueille cette façon de voir avec un peu de circonspection. Elle est déçue de voir ses illusions tomber. Elle pensait en avoir fini avec le père. Je le voudrais bien aussi, mais ce n'est pas encore le cas. Par contre, une force est bien naissante en elle, qui la pousse déjà à cette révolte dans son rêve. C'est une étape positive, mais il ne faut pas tomber dans le piège de rester dans une attitude de révolte. Cette dernière doit jouer son rôle puis être abandonnée au profit d'une attitude plus large.

La compréhension de la réalité peut s'améliorer en acceptant de poser plus de questions aux autres pour en savoir plus long, au lieu de construire toute une série de scénarios possibles sur ladite réalité. Françoise reconnaît là son attitude habituelle.

La séance suivante est consacrée à sa vie de couple. Françoise a questionné son compagnon sur le pourquoi et le comment il se trouvait sans travail. Le résultat fut inattendu pour elle.

Elle a découvert un homme qui a des idées sur ce qu'il souhaite faire et qui considère que ce n'est pas encore possible pour lui de le réaliser; aussi attend-il son heure et vit-il au minimum pendant ce temps-là. Françoise en a été stupéfaite. Elle ne pensait pas cela de lui. Elle le croyait plutôt paresseux et pas très décidé. Cela la touchait et elle pouvait le soutenir. A présent Françoise est en colère contre lui. Elle réalise qu'il ne tient pas beaucoup compte de l'aspect matériel de la vie, de leur vie commune. Je lui demande si cela n'est pas un écho de sa propre situation ?

Peut-être, mais elle ne le souhaite pas. Nous poursuivons le travail énergétique pour permettre à Françoise de prendre de mieux en mieux contact avec son corps et s'incarner réellement.

Ce travail aura des conséquences surprenantes sur le couple car, au fur et à mesure de l'évolution de Françoise, son ami va se transformer aussi, alors même qu'il ne pratique pas de psychothérapie. J'ai déjà remarqué ce type d'influence entre les deux personnes d'un vrai couple. Par contre, si la relation est fausse, le couple éclate et chacun peut ainsi trouver un partenaire mieux adapté.

Conclusion

Une longue expérience des tarots pour éclairer les profondeurs d'une personne m'amène à en tirer l'enseignement suivant : le regard sur l'extérieur de notre vie, c'est-à-dire sur nos relations avec autrui et avec les choses, est un regard qui doit servir de support à un questionnement intérieur. C'est la clé de toute connaissance de soi et de toute possibilité de maîtrise et d'orientation des événements de notre existence. Le tarot s'avère un outil excellent pour le faire, mais encore faut-il que l'on en ressente le besoin.

Tant que la personne porte ses énergies vers la construction d'objectifs extérieurs sans recul interne, il lui est impossible d'intervenir sur le cours des choses. Par contre, le regard intérieur – celui qui explore les données inconscientes que révèlent les relations externes et qu'explicitent les tarots – est source d'un grand bonheur : celui de penser *sa* vie et d'avoir le sentiment de vivre *son* existence. En effet, découvrir les motivations secrètes de nos relations nous permet d'intervenir sur nos motivations, car tout est affaire de relations ou de façons de se positionner à l'égard des choses et des gens. En comprenant, notamment grâce aux tarots, le sens profond des attitudes psychiques que nous déployons la plupart du temps à notre insu, nous avons la possibilité de les modifier et pouvons ainsi transformer notre vie.

Bien sûr, il s'agit là d'une possibilité et non pas d'un « ticket » pour la transformation. Tout dépend ensuite de l'attitude de la personne. Va-t-elle accepter ce que les tarots lui révèlent d'elle-même ? Comment va-t-elle s'en servir ? Le libre-arbitre est bien là.

Par contre, je suis toujours émerveillée de constater qu'un tirage de tarot permet de mettre en lumière des éléments actifs dans le présent d'une personne, et non pas de vagues données psychiques dont le caractère universel pourrait convenir à tout un chacun. Ce qui se révèle est très personnel et précis. Lorsqu'il s'agit d'une énergie à révéler (arcane à l'endroit), son actualité est brûlante et la réponse n'a rien d'anodin. La personne ne pensait pas receler cela en elle. C'est une découverte accompagnée d'un sentiment de véracité. La qualité de ce qui est ressenti devant un tirage et une lecture de tarots est le gage de l'écho intérieur, donc de la réalité de ce que révèle le tirage.

Lorsqu'il s'agit d'une problématique (arcane à l'envers), je remarque, avec le consultant, qu'elle donne une image psychique à la difficulté majeure vécue dans l'actualité de ce dernier.

Cela permet de prendre une distance par rapport aux événements et déplace, au plan du symbolique, le plan concret ou mental. C'est ce déplacement au plan symbolique qui donne la possibilité d'intervenir sur le réel, car il semble que ce plan ait des relations avec les deux autres niveaux. C'est l'expérience que j'en ai : lorsque l'on déplace quelque chose au plan symbolique, cela déplace aussi ce quelque chose aux plans concret ou mental, soit aux deux. Or, lorsque l'on se retrouve impuissant devant des réalités concrètes malheureuses ou confronté à des pensées obsédantes, il est nécessaire de trouver un autre moyen d'action. Ce passage au symbolique apporte ce moyen qui, en retour, intervient sur le plan que l'on souhaite voir changer ou évoluer.

De plus, le niveau symbolique est aussi capable de présenter une image de lui-même et d'intervenir ainsi sur des problèmes qui se situeraient sur ce niveau-là. De même que dans les rêves, le Soi, centre psychique, donne des images de lui-même, les tarots proposent des représentations des archétypes et symboles qu'ils véhiculent. Ainsi, une souffrance affective, qui est d'ordre psychique, se donne-t-elle à voir sous la forme d'une image symbolique. La distance est prise par rapport à la souffrance elle-même. Nous travaillons alors sur son image et là, il devient possible de faire bouger justement des éléments sans souffrance.

Si nous reprenons les différents plans, les questions de sentiments sont d'ordre psychique, les questions d'argent ou de santé sont d'ordre concret et, enfin, les questions de choix et d'orientations sont d'ordre mental. Les tarots, outil symbolique, interviennent également sur le plan du symbole. Je rappelle que chaque carte de tarot comporte trois niveaux : l'esprit avec la case du chiffre, le symbolique avec la case de l'image et enfin le concret avec la case du nom. Chaque carte de tarot peut donc nous renvoyer à un travail de conseil sur l'un de ces plans. Le choix du niveau d'intervention ou de lecture sera déterminé par l'intuition, en relation avec la connaissance du sujet. Et s'il n'est pas possible d'avoir connaissance du contexte, l'intuition seule déterminera la lecture.

La pratique du tarot requiert que l'on fasse usage et que l'on développe cette fonction première qu'est l'intuition. Nous en sommes tous pourvus et il est tout à fait possible de la développer (1). C'est un travail du même ordre que celui qui consiste à développer la mémoire. Le tarot est un outil pour faire grandir notre intuition. Cette dernière, grande délaissée de notre culture occidentale, est une fonction précieuse pour s'orienter et pour faire émerger des idées nouvelles. Développer son intuition permet de réharmoniser et d'équilibrer les données internes qui nous constituent, ce que Jung a nommé les quatre grandes fonctions psychiques : la pensée, la sensa-

1. Voir l'ouvrage de Judee Gee : *Comment développer votre intuition* (Editions Dangles, 1995).

tion, l'intuition et le sentiment. Cette boussole intérieure peut ainsi devenir une structure solide pour se repérer dans une époque où tant de points de repères externes sont en mutation.

Bibliographie

Aroneanu, P. : *Le Maître des signes* (Syros).

Aun Weor, S. : *Cours ésotérique de Kabbale* (Ganesha).

Bayard, Jean-Pierre : *La Pratique du Tarot. Symbolisme, tirages et interprétations* (Dangles).

Changeux, J.-P. : *L'Homme neuronal* (Fayard).

Chevalier, G. et Gheerbrant, A. : *Dictionnaire des symboles* (Robert Laffont).

Darche, Claude : *Initiation au Tarot. Tirages et interprétations divinatoires à la portée de tous* (Dangles).

Dicta et Françoise : *Mythes et tarots* (Mercure de France) – *Tarot de Marseille* (Mercure de France).

Dolto, Françoise : *Tout est langage* (Le Livre de Poche).

Franz, Marie-Louise von : *C. G. Jung* (Buchet Chastel) – *La Voie de l'individuation dans les contes de fées* (La Fontaine de Pierre) – *La Psychologie de la divination* (Poiesis) – *Rêves d'hier et d'aujourd'hui* (Albin Michel).

Gee, Judee : *Comment développer votre intuition* (Dangles).

Gérardin, Lucien : *Le Mystère des nombres* (Dangles).

Grant, M. et Hazel, J. : *Dictionnaire de la mythologie* (Mara bout).

Haich, E. : *Sagesse du tarot* (Randin).

Halfon, R. : *Le Zodiaque des nombres* (Randin).

Hark, Helmut : *La Force de guérison de l'Arbre de vie* (Editions Dangles).

Huang, Kerson & Rosemary : *Yi Jing. Le sens originel du « Livre des mutations »* (Dangles).

Julien, N. : *Le Dictionnaire Marabout des symboles* (Marabout).

Jung, Carl Gustav : *L'Ame et le soi* (Albin Michel) – *Ma Vie* (Folio) – *Types psychologiques* (Georg) – *Mysterium conjonctionis* (Albin Michel) – *Psychologie et alchimie* (Buchet-Chastel) – *Dialectique du Moi et de l'inconscient* (Folio) – *L'Ame et la vie* (Buchet-Chastel).

Knight, G. : *Guide pratique du symbolisme de la Qabal* (Ediru).

Korenfeld, E. : *Les Paroles du corps* (Payot).

Leslie, Joanne : *La Cartomancie pour tous. Manuel pratique de divination à partir de simples cartes à jouer* (Dangles).

Nataf, A. : *Mythes et légendes des grandes civilisations* (Amarande).

Papus (Dr Gérard Encausse) : *Le Tarot divinatoire. Clef du tirage des cartes et des sorts* (Dangles).

Paquin, Y. : *Le Tarot idéographique du Kébek* (Editions de Mortagne).

Perrot, Etienne : *Les Rêves et la vie* (La Fontaine de Pierre).

Roger, Bernard : *A la découverte de l'alchimie* (Dangles).

Roussel, D. : *Le Tarot psychologique* (Editions de Mortagne).

Souzenelle, Annick de : *Le Symbolisme du corps humain. De l'arbre de vie au schéma corporel* (Dangles).

Steiner, Rudolph : *Douze harmonies zodiacales* (Triades).

Wirth, Oswald : *Le Tarot des imagiers du Moyen Age* (Sand).

Méditation sur les arcanes du tarot (anonyme ; Aubier).

Table des matières

L'impression de cet ouvrage
a été réalisée par CLERC S.A.
18200 SAINT-AMAND-MONTROND – Tél. : 48-96-41-50
pour le compte des EDITIONS DANGLES
18, rue Lavoisier – 45800 ST-JEAN-DE-BRAYE
Dépôt légal Editeur n° 1975 – Imprimeur n° 5748
Achevé d'imprimer en janvier 1995

***"Grand angle** / Santé" :*

Helmut HARK :

LA FORCE DE GUÉRISON DE L'ARBRE DE VIE.

Traduit de l'allemand par Daniel Béresniak.
Format 15 x 21 ; 272 pages (avec 10 cartes couleurs détachables).

L'Arbre de vie, l'ancien système symbolique des kabbalistes du Moyen Âge, véhicule des archétypes dont le symbolisme nous renvoie directement à nos racines judéo-chrétiennes, à nos empreintes spirituelles et culturelles occidentales. Philosophe et psychothérapeute jungien, Helmut Hark nous montre ici, de manière tout à fait concrète, comment chacun peut utiliser les **forces contenues dans l'Arbre de vie** pour se soigner lui-même. Il inaugure ainsi une méthode psychosomatique unique, qui fera certainement école.

Conçus comme des champs énergétiques, les séphiroth offrent un terreau privilégié pour la guérison et le mieux-être, tant psychique qu'organique ou spirituel. *Malkhuth* (l'inconscient collectif), *Netsah* (la connaissance), *Binah* (la dimension affective), *Hokhmah* (mort et transformation), *Kether* (sagesse et clairvoyance)... nous proposent leurs symboles, leurs idées forces, leurs énergies. Le lecteur est d'abord invité à répondre spontanément à des questionnaires afin de déterminer sa relation personnelle privilégiée avec l'une des séphiroth, et découvrir pourquoi et comment il peut y trouver de l'aide. Ensuite, pour chaque séphirah, il trouvera de nombreux conseils concrets pour accomplir un véritable travail thérapeutique : méditation, travail sur les couleurs, suggestions et affirmations, thèmes, symboles, analyse de rêves, travail sur les archétypes, conseils pour les thérapeutes, modalités de relations psychosomatiques... Grâce également à 10 cartes couleurs évocatrices des champs d'énergie de chaque séphirah, chacun pourra exercer son intuition et entreprendre un travail méditatif.

Autour de l'image du Christ guérisseur, Helmut Hark nous rappelle que **la santé reste avant tout Amour.** Amour de soi, d'autrui, de Lui... Chacun peut alors plonger dans cette source de vie et en utiliser la force millénaire pour améliorer ses facultés créatrices et son équilibre.

EXTRAIT DE LA TABLE DES MATIÈRES :

Les cartes détachables en couleurs des dix séphiroth.
Introduction : Les colonnes et les niveaux – Les approches de l'Arbre de vie – Les couches profondes...
1. **Malkhuth –** Les images originelles du jardin paradisiaque des rêves – L'inconscient collectif – Les formes embryonnaires de l'âme...
2. **Yesod –** Renforcer les effets des expériences positives – Les manifestations névrotiques – Équilibre et équité...
3. **Hod –** Formation de l'espace vital – Limites et rapport avec l'environnement – Comment tirer profit de ces significations...
4. **Netsah –** Aptitude au plaisir et sens de la beauté – Biorythmes et forces naturelles de la santé – Une image de soi à construire...
5. **Tiphereth –** La puissance curative du plexus solaire – Symboles du milieu intérieur – Le Christ psychosomatique – Accomplissement et guérison...
6. **Geburah –** Des fortifiants pour le combat quotidien – Les pouvoirs de métamorphose des énergies vitales – Accomplissement et guérison...
7. **Hesed –** Bienveillance et cordialité – Tendresse et érotisme – Éros et le dialogue...
8. **Binah –** Plans de vie et image de soi – De la confusion des idées à une nouvelle échelle des valeurs – Pressentiments et rêves de mort...
9. **Hokhmah –** Les conseils de dame Sagesse – Les pressentiments dans le rêve prémonitoire...
10. **Kether –** Plénitude, accomplissement et spiritualité – L'être humain androgyne – La fonction transcendante...

Pour chaque séphirah : Première approche, questionnaire-reflet de la séphirah, suggestions et affirmations, conseils aux thérapeutes...
Annexes : L'Arbre de vie et les organes du corps et de l'âme – Les couleurs de l'Arbre de vie – Les mots clefs – Quelques notions essentielles...

*Collection **« Initiation »** :*

Claude DARCHE :

INITIATION PRATIQUE AU TAROT.
Tirages et interprétations divinatoires à la porté de tous.

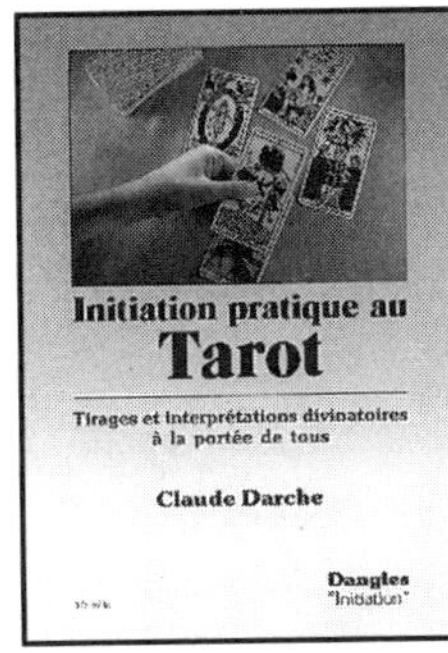

Format 15 x 21 ; 200 pages ; illustré.

Le tarot s'adresse avant tout à notre inconscient. Les symboles graphiques de ses 22 arcanes majeurs constituent un chemin de sagesse et de connaissance spirituelle, mais également un guide précieux pour gérer votre quotidien de façon très concrète. Le tarot vous amènera à mieux vous connaître et à découvrir les autres, à comprendre vos réactions et celles de votre entourage. Il vous permettra d'analyser vos défauts et erreurs et de mettre en valeur vos qualités et aptitudes. Il vous aidera également à soulever le rideau masquant votre destinée.

Ce livre pratique est un **guide d'initiation** s'adressant à tous, même aux plus néophytes. Il vous explique en détails plusieurs méthodes simples de tirage : *« en croix », « par trois », « en pyramide »* jusqu'au tirage de *« la roue astrologique »*. Ensuite, bien entendu, il vous fait découvrir le symbolisme et le sens de chaque arcane en vue d'une utilisation divinatoire, avec des exemples concrets de tirages et d'interprétations.

Nous sommes des êtres de langage pour qui le symbole est chose familière, même si nous n'en avons le plus souvent pas conscience. Le tarot nous permet justement de retrouver ces symboles et archétypes peuplant notre inconscient, richesses inestimables sans lesquelles nous ne pouvons accéder à la plénitude d'un esprit conscient de ce qu'il est et de qui il est. Cela n'a rien de magique ; il s'agit simplement d'utiliser toutes nos potentialités, de redécouvrir notre intuition et notre clairvoyance.

EXTRAIT DE LA TABLE DES MATIÈRES :

L'origine des tarots – Le tarot de Marseille – Le symbolisme des couleurs – La terminologie.

Première partie : **SYMBOLISME ET INTERPRÉTATION DES 22 ARCANES MAJEURS**
I. Le Bateleur – II. La Papesse – III. L'Impératrice – IIII. L'Empereur – V. Le Pape – VI. L'Amoureux – VII. Le Chariot – VIII. La Justice – VIIII. L'Hermite – X. La Roue de fortune – XI. La Force – XII. Le Pendu – XIII. L'Arcane sans nom – XIIII. La Tempérance – XV. Le Diable – XVI. La Maison-Dieu – XVII. L'Étoile – XVIII. La Lune – XVIIII. Le Soleil – XX. Le Jugement – XXI. Le Monde – Le Mat.

Deuxième partie : **LES TIRAGES ET LES INTERPRÉTATIONS**
Conseils généraux pour les tirages.
Le tirage en croix – Le monde à l'envers – Le tirage – Exemples concrets.
Le tirage en trois – Un tirage rapide – La pratique – Exemples.
Le tirage en pyramide – Le symbolisme – Le tirage – Exemple.
Le tirage de la roue astrologique – Les maisons astrologiques – Exemple.

Troisième partie : **LES 56 ARCANES MINEURS**
Les arcanes mineurs – Utilité des arcanes mineurs – Les couleurs.
Les rois – Les reines – Les cavaliers – Les valets – Les as : absolu et commencement – Les deux : association ou conflit – Les trois : concrétisation et création – Les quatre : Travail et solidité – Les cinq : lutte et changement – Les six : hésitation et choix – Les sept : maîtrise et réflexion – Les huit : le destin, la justice – Les neuf : valeur initiatique – Les dix : l'espérance.
Tirage complet avec les arcanes mineurs.

Conclusion : **LE TAROT : VOIE INITIATIQUE.**

*"**Grand angle** / Psycho-épanouissement" :*

Will PARFITT :

COMMENT ABATTRE NOS MURS INTÉRIEURS.
L'élimination de nos blocages.

Traduit de l'anglais par Caroline Van Landschoot.
Format 15 x 21 – 288 pages – illustré.

Chacun a en soi des barrières – ou « murs intérieurs » – qui toutes nous entravent dans la réalisation de notre vrai et plein potentiel ; elles peuvent être issues de notre enfance, de notre éducation, d'expériences passées, de notre relation aux autres ou nous pouvons tout simplement les dresser nous-même, inconsciemment. L'auteur envisage ici le processus de transformation et d'évolution personnelles sous l'angle d'une **chute progressive de ces murs – ou blocages.**

La démarche proposée est ordonnée, progressive et prend en compte l'être humain dans sa totalité. Elle nous apprend d'abord à nous situer par rapport au monde extérieur, à nous vivre à la fois séparés de ce monde et en relation avec lui. Ensuite, nous sommes conduits à l'exploration de notre être dans ses différents aspects ou couches et dans ses facultés essentielles : conscient et inconscient, mémoire, désirs, perceptions, imagination, corps, attachements, volonté et pouvoir, intuitions, leurres, énergies subtiles... afin de nous constituer un canevas solide de réflexion et d'expérience. Puis nous nous tournons à nouveau vers le monde extérieur pour intégrer nos acquis dans la double relation extérieur/intérieur et intérieur/extérieur.

Le fondement théorique est ici psychologique (psychosynthèse, gestalt, psychologie transpersonnelle surtout) et ésotérique. Will Parfitt (psychothérapeute et cabaliste) est spécialiste de l'un et l'autre domaine, et son travail s'appuie sur des connaissances sûres et étendues. Sa vision de l'homme et de l'univers est très actuelle, rejoignant également celle qui a cours chez les nouveaux scientifiques. Les **nombreux exercices** – de progression judicieuse – sont conçus avec soin et plaisants à exécuter. L'ensemble est capable de transformer radicalement notre vie par l'élimination progressive de nos blocages.

EXTRAIT DE LA TABLE DES MATIÈRES :